∷ 中華文化促進會主持編纂

∷ 國家"十一五"重點圖書出版規劃項目

∷ 中國社會科學院哲學社會科學創新工程學術出版資助項目

出品人 王石 段先念

今注本二十四史

金史

一五

傳〔六〕

元 脱脱等 撰

張博泉 程妮娜 主持校注

中国社会科学出版社

金史　卷一〇四

列傳第四十二

納坦謀嘉　鄒谷　高霖　孟奎　烏林荅與　郭俣
温迪罕達　王擴　移剌福僧　奥屯忠孝　蒲察思忠
紇石烈胡失門　完顏寓　斡勒合打　蒲察移剌都

納坦謀嘉，上京路牙塔懶猛安人。[1]初習策論進士，[2]大定二十六年，[3]選入東宫，[4]教鄆王琮、[5]瀛王瓌讀書。[6]以終場舉人試補上京提刑司書史，[7]以廉能著稱。承安元年，[8]契丹陀鎖寇掠韓州、信州，[9]提刑司問諸書史“誰入奏者”?[10]皆難之，謀嘉請行。五年，特賜同進士出身，[11]調東京教授、[12]湯池主簿、[13]太學助教。[14]丁母憂，服闋，累除翰林修撰，[15]兼修起居注、[16]監察御史。[17]貞祐初，[18]遷吏部員外郎、[19]翰林待制、[20]侍御史。[21]

[1]上京路牙塔懶猛安：女真族行政建置名稱。猛安相當於防禦州。上京路治所在今黑龍江省阿城市白城。牙塔懶，水名，即雅

達瀾水。今爲何水看法不一，一説是雙陽河，在吉林省長春市附近；一説是鴨蛋河，在黑龍江省蘿北縣；一説在拉林河附近。

[2]策論進士：即女真進士。世宗大定十三年（1173）開設，每場策一道，免鄉試、府試，止赴會試、御試。大定二十年（1180）定制，以策、詩試三場，策用女真大字，詩用女真小字。

[3]大定：金世宗年號，章宗即帝位後仍沿用一年（1161—1189）。

[4]東宫：通常指太子。這里指爲東宫屬官。

[5]鄆王琮：即完顔承慶，顯宗子。本書卷九三有傳。鄆王，封爵名。大定格，次國封號第二十一位。

[6]瀛王瓌：即完顔桓篤，顯宗子。本書卷九三有傳。瀛王，封爵名。大定格，次國封號第二十四位。

[7]上京提刑司書史：提刑司屬官。具體職掌不詳。上京提刑司治所在上京會寧府，今黑龍江省阿城市白城。

[8]承安：金章宗年號（1196—1200）。

[9]陀鎖：契丹人。章宗朝曾官爲特滿群牧，承安元年（1196）十一月反金。　韓州：治所在今吉林省梨樹縣北偏臉古城。　信州：治所在今吉林省公主嶺市秦家屯古城。

[10]提刑司：官署名。地方監察機構。掌審察刑獄，察舉官吏，舉廉能，劾不法，糾正官邪，勸農桑。

[11]進士出身：金朝皇帝對有政績却不是科舉入仕的高層文職官員的一種恩寵。

[12]東京教授：府學屬官。掌教誨諸生，官品不詳。東京治所在今遼寧省遼陽市。

[13]湯池主簿：縣官名。縣令的副佐。正九品。湯池，縣名。治所在今遼寧省營口市東南湯池堡。

[14]太學助教：國子監太學屬官。掌教誨諸生。正員四人，正八品。

[15]翰林修撰：翰林學士院屬官。分掌詞命文字，分判院事，

銜帶“同知制誥”。不限員，從六品。

[16]修起居注：記注院屬官。掌記帝王言行，一般以他官兼之。

[17]監察御史：御史臺屬官。掌糾察内外官員非違之事。正員十二人，正七品。

[18]貞祐：金宣宗年號（1213—1217）。

[19]吏部員外郎：吏部屬官。分判曹務及參議事，掌文武選，流外選用，官吏差使行止名簿，封爵制誥，以及掌勳級酬賞、承襲用蔭、循選、致仕、考課、議謚之事。正員四人，從六品。

[20]翰林待制：翰林學士院屬官。分掌詞命文字，分判院事。不限員，正五品。

[21]侍御史：御史臺屬官。掌奏事，判臺事。正員二人，從五品。

完顏寓舉謀嘉才行，[1]志在匡國，可預軍政。充元帥府經歷官。[2]中都被圍，[3]食且盡，胥鼎奏[4]“京師官民能贍足貧民者，計所贍遷官，皆先給據”，謀嘉不受據而去。中都危急，謀嘉曰：“帥臣統數萬衆不能出城一戰，何如自縛請降邪?”宣宗議遷都，[5]謀嘉曰：“不可。河南地狹土薄，[6]他日宋、夏交侵，[7]河北非我有矣。[8]當選諸王分鎮遼東、[9]河南，中都不可去也。”不聽。頃之，除唐州刺史。[10]入爲太常少卿兼左拾遺，[11]遷鄭州防禦使。[12]改左諭德，[13]轉少詹事，[14]攝御史中丞，[15]未幾，攝太子詹事。[16]興定元年，[17]潼關失守，[18]遷河南統軍使兼昌武軍節度使，[19]攝簽樞密院事，[20]行院許州，[21]汰去冗食軍士二千餘人。上書諫伐宋，不聽。

[1]完顔寓：女真人。即完顔訛出。本卷有傳。

[2]元帥府經歷官：元帥府屬官。掌出納文移等事。

[3]中都：都名。金海陵王貞元元年（1153）至金宣宗貞祐二年（1214）爲金朝的國都，治所在今北京市。

[4]胥鼎：本書卷一〇八有傳。

[5]宣宗：廟號。即完顔吾睹補，漢名珣。金朝第八任皇帝。1213年至1223年在位。

[6]河南：指南京路，地域與今河南省大體相當。

[7]宋：指南宋（1127—1279）。　夏：西夏，党項人建立的地方政權名（1038—1227）。

[8]河北：指河北東、西路，今河北省中部與南部地區。

[9]遼東：地名。指今遼河以東，鴨緑江以西地區。

[10]唐州刺史：州長官。掌一州財政訴訟、宣導風俗等各種政務，獨不領兵。正五品。唐州治所在今河南省唐河縣。

[11]太常少卿：太常寺屬官。掌禮樂、郊廟、社稷、祠祀之事。正五品。　左拾遺：諫院屬官。掌諫正百司非違，糾正官邪。正七品。

[12]鄭州防禦使：州長官。掌一州軍、政事務。從四品。鄭州治所在今河南省鄭州市。

[13]左諭德：東宫屬官。掌贊諭道德，侍從文章。正五品。

[14]少詹事：東宫屬官。掌總統東宫内外庶務。從四品。

[15]御史中丞：御史臺屬官。御史大夫的副佐，佐掌糾察朝儀，彈劾官邪，審刑獄不當之事。從三品。

[16]太子詹事：東宫屬官。掌總統東宫内外庶務。從三品。

[17]興定：金宣宗年號（1217—1222）。按本書卷九九《李革傳》，貞祐四年（1216）“大元兵破潼關”；卷一〇一《僕散端傳》，貞祐四年“大元兵入潼關”；卷一〇二《必蘭阿魯帶傳》，貞祐四年“潼關失守”；卷一〇三《完顔仲元傳》，貞祐四年十月“潼關

失守”；卷一一〇《楊雲翼傳》，貞祐四年“大元及西夏兵入鄜延，潼關失守”。所記皆在貞祐四年，與此異。《金史詳校》卷八下，“‘興定元年’當作‘貞祐四年’”。

[18]潼關：地名。位於今陝西省潼關縣東北。

[19]河南統軍使：掌督領軍馬，鎮守邊陲，分營衛，視察奸。正三品。河南統軍司治於開封府，即今河南省開封市。　昌武軍節度使：總管一州軍政事務，掌鎮撫諸軍防刺，總判本鎮兵馬之事，兼本州管内觀察使事。從三品。昌武軍，州軍名。治所在今河南省許昌市。

[20]攝簽樞密院事：樞密院屬官。佐掌國家軍務機密之事。正三品。攝，代理或兼任。

[21]行院許州：行樞密院長官。金章宗承安年間在與西北游牧民族的戰争中，始置行樞密院。衛紹王大安三年（1211）金蒙交戰，金宣宗貞祐二年（1214）遷都南京（今河南省開封市），戰火逐漸擴展到金朝各地，自貞祐三年後於各主要戰略要地皆置行樞密院，以節制各地兵馬。許州治所在今河南省許昌市。

三年，降潁州防禦使。[1]有告宋人將襲潁州者，已而宋兵果至，謀嘉有備，乃引去。有司上功，不及告者，謀嘉請而賞之。四年，召爲翰林侍講學士兼兵部侍郎，[2]同修國史。五年，卒。

[1]潁州：治所在今安徽省阜陽市。

[2]翰林侍講學士：翰林學士院屬官。掌制撰詞命，凡應奉文字，銜内帶“知制誥”。從三品。　兵部侍郎：兵部屬官。佐掌兵籍、軍器、城隍、鎮戍、厩牧、鋪驛、車輅、儀仗、郡邑圖志、險阻、障塞、遠方歸化之事。正四品。

鄒谷字應仲，密州諸城人。[1]中大定十三年進士第，累官瀋王府文學。[2]尚書省奏擬大理司直，[3]上曰："司直争論情法，折正疑難，谷非所長也。"宰臣曰："谷有吏才，陝西、河南訪察及定課皆稱職。"上以谷爲同知曹州軍州事。[4]召爲刑部主事，[5]轉北京臨潢提刑判官，[6]入爲大理寺丞。[7]

[1]密州：治所在今山東省諸城市。　諸城：縣名。治所在今山東省諸城市。

[2]瀋王府文學：親王府屬官。掌贊導禮義，資廣學問。從七品。瀋王，封爵名。大定格，次國封號第七位。

[3]尚書省：官屬名。海陵王正隆官制改革以後，是金朝最高權力機構。　大理司直：大理寺屬官。掌參議疑獄，披詳法狀。正員四人，正七品。

[4]同知曹州軍州事：州屬官。通判州事。正七品。曹州治所在今山東省菏澤市。

[5]刑部主事：刑部屬官。掌受事付事，檢勾稽失省署文牘，兼知本部宿直，檢校架閣。正員二人，從七品。熙宗皇統四年（1144），主事始用漢族士人。世宗大定三年（1163），用進士，非特旨不得擬用吏人。章宗承安五年（1200），增女真主事一人。

[6]北京臨潢提刑判官：提刑司屬官。佐掌審察刑獄、照刷案牘、糾察濫官污吏豪猾之人、私鹽酒麴並應禁之事。正員二人，從六品。北京臨潢府路提刑司治於臨潢府，治所在今内蒙古自治區巴林左旗新羅鎮。

[7]大理寺丞：大理寺屬官。掌審斷天下奏案，詳斷疑獄。從六品。

尚書省點差接送伴宋國使官，[1]令史周昂具數員呈請，[2]左司都事李炳乘醉見之，[3]怒曰："吾口舉兩人即是，安用許爲？"命左右攬昂衣欲杖之，會左司官召昂去乃已，[4]詈諸令史爲奴畜。明日語權令史李秉鈞曰：[5]"吾豈惟箠駡，汝進退去留，亦皆在我！"群吏將陳訴，會官劾奏，事下大理寺議，[6]差接送伴官事當奏聞，炳謂口舉兩人，當科"違制"。谷曰："口舉兩人，一時之言，當杖贖。攬昂衣欲加杖，當决三十。"上曰："李炳讀書人，何乃至是？"宰臣對曰："李炳疾惡，衆人不能容耳。"上曰："炳誠過矣，告者未必是也。"乃從谷議。

[1]接送伴宋國使官：爲臨時派遣的官員，一般以他官兼之。

[2]令史：指尚書省令史，爲尚書省下屬吏員。　周昂：本書卷一二六有傳。

[3]左司都事：左司屬官。掌本司受事付事，檢勾稽失，省署文牘，兼知省内宿直檢校架閣等事。正員二人，正七品。　李炳：章宗朝曾任吏部侍郎，曾與章宗元妃李師兒通譜，宰臣畏其横，不敢言。

[4]左司：官署名。隸屬尚書省，掌吏、户、禮三部受事付事。

[5]李秉鈞：章宗朝任尚書省官員。

[6]大理寺：官署名。掌審斷天下奏案，詳斷疑獄之事。

歷濟南、彰德府治中，[1]吏部郎中，[2]河東按察副使，[3]沂州防禦使。[4]歷定海、泰寧軍節度使。[5]泰和六年，[6]致仕。貞祐初，卒。

[1]濟南、彰德府治中：治中，不見《百官志》記載。金世宗

後期，逐漸以治中取代府少尹，掌通判府事。官品當與少尹同，正五品。濟南，府名。治所在今山東省濟南市。彰德府治所在今河南省安陽市。

[2]吏部郎中：吏部屬官。正員二人。一員掌文武選、流外選用、官吏差使行止名簿、封爵制誥；一員掌勳級酬賞、承襲用蔭、循選、致仕、考課、議謚之事。從五品。

[3]河東按察副使：按察司屬官。掌審察刑獄、照刷案牘、糾察濫官污吏豪猾之人、私鹽酒麯並應禁之事，兼勸農桑。正四品。河東按察司全稱河東南北路按察司，治於汾州，今山西省汾陽市。

[4]沂州：治所在今山東省臨沂市。

[5]定海、泰寧軍節度使：節度州長官。從三品。定海，州軍名。治所在今山東省萊州市。泰寧軍，州軍名。治所在今山東省兗州市。

[6]泰和：金章宗年號（1201—1208）。

高霖字子約，東平人。[1]大定二十五年進士，調符離主簿。[2]察廉，遷泗水令，[3]再調安國軍節度判官。[4]以父憂還鄉里，教授生徒，恒數百人。服除，爲絳陽軍節度判官。[5]用薦舉，召爲國史院編修官。[6]建言："黄河所以爲民害者，皆以河流有曲折，適逢隘狹[7]，故致湍决。按《水經》當疏其阸塞，[8]行所無事。今若開鷄爪河以殺其勢，[9]可免數埽之勞。凡捲埽工物，皆取於民，大爲時病。乞並河堤廣樹榆柳，數年之後，堤岸既固，埽材亦便，民力漸省。"朝廷從之。遷應奉翰林文字兼前職，[10]改監察御史。丁母憂，起復太常博士。[11]改都水監丞，[12]簽陝西路按察司事，[13]體訪官員能否，仍赴闕待對。時南征調發繁急，民稍稽滯，有司皆坐失誤軍期罪。霖言其枉，悉出之。授都水少監。[14]

[1]東平：府名。治所在今山東省東平縣。

[2]符離：縣名。治所在今安徽省宿州市。

[3]泗水令：縣長官。掌按察所部，勸課農桑，平理獄訟，捕除盜賊，宣導風化，兼管常平倉及通檢推排簿籍等事。從七品。泗水，縣名。治所在今山東省泗水縣。

[4]安國軍節度判官：節度州屬官。掌紀綱節鎮衆務、僉判兵馬之事，兼判兵、刑、工案事。正七品。安國軍，州軍名。治所在今河北省邢臺市。

[5]絳陽軍：州軍名。治所在今山西省新絳縣。

[6]國史院編修官：國史院屬官。正員八人，女真人與漢人各四員，正八品。

[7]徠：原作“徠”，中華點校本改作“狹”。

[8]《水經》：書名。一説爲漢代人桑欽撰，一説爲三國人撰。

[9]鷄爪河：不詳。

[10]應奉翰林文字：翰林學士院屬官。分掌詞命文字，分判院事。不限員，從七品。

[11]太常博士：太常寺屬官。掌檢討典禮。正員二人，正七品。

[12]都水監丞：都水監屬官。正員二人，内一員外監分治。正七品。

[13]簽陝西路按察司事：按察司屬官。正五品。金章宗承安四年（1199）設。　陝西路按察司：治於平涼府，今甘肅省平涼市。

[14]都水少監：都水監屬官。佐掌川澤、津梁、舟楫、河渠之事。宣宗興定五年（1221）以後兼管勾河漕運之事。金章宗明昌年間增一員，衛州分治。從五品。

大安初，[1]爲耀州刺史。[2]三年，遷河北東路按察副使，[3]改韓王傅，[4]兼翰林直學士。[5]崇慶初，[6]改工部侍郎兼直學士。[7]至寧元年八月，[8]霖奉儲偫迎宣宗至新城，[9]勅霖南迎諸妃。既至，賜錢千貫，遷官三階。貞祐二年，[10]除河平軍節度使兼都水監。[11]霖請城宜村爲衛州以護北門，[12]上從之。入爲兵部尚書，[13]知大興府事，[14]俄權参知政事，[15]與右丞相承暉行省于中都。[16]尋改中都留守，[17]兼本路兵馬都總管。[18]

[1]大安：金衛紹王年號（1209—1211）。

[2]耀州：治所在今陝西省耀縣。

[3]河北東路按察副使：官署名。全稱爲河北東西大名路按察司，治所在河間府，今河北省河間市。

[4]韓王傅：親王府屬官。掌師範輔導，參議可否，若親王在外，亦兼本京節鎮同知。正四品。韓王，封爵名。明昌格，次國封號第四位。

[5]翰林直學士：翰林學士院屬官。掌制撰詞命，凡應奉文字，銜内帶“知制誥”。不限員，從四品。

[6]崇慶：金衛紹王年號（1212—1213）。

[7]工部侍郎：工部屬官。佐掌修造營建法式、諸作工匠、屯田、山林川澤之禁、江河堤岸、道路橋梁之事。正四品。

[8]至寧：金衛紹王年號（1213）。

[9]偫（zhì）：爲儲備之意。　新城：縣名。治所在今河北省定興縣東。

[10]貞祐二年：原脱“貞祐”二字。局本補“貞祐”二字。“至寧”僅一年，又據本書卷一四《宣宗紀上》，貞祐三年（1215）中都爲蒙古軍攻破，高霖死於難。此當爲貞祐二年。

[11]河平軍：州軍名。治所在今河南省衛輝市。　都水監：都水監長官，金宣宗興定五年（1221）以後兼管勾河漕運之事。正四品。

[12]宜村：縣名。治所與衛州同。　衛州：治所在今河南省衛輝市。

[13]兵部尚書：兵部長官。正三品。

[14]知大興府事：知府事一職，本書《百官志》不載。世宗大定年間始設，官品高於同知，或低於府尹。章宗朝及以後，不授府尹，以知府事代之，掌宣風導俗，肅清所部，總判府事。官品或與府尹同，正三品。大興府治所在今北京市。

[15]權參知政事：尚書省屬官。爲執政官，宰相的副佐，佐治尚書省事。正員二人，從二品。權爲代理之意，尚未正式任命。

[16]右丞相：尚書省屬官。海陵正隆官制確立一省制後，是國家重要輔弼大臣之一，地位僅次於左丞相，掌丞天子，平章萬機。從一品。　承暉：女真人。姓完顔氏，宗室出身。本書卷一〇一有傳。　行省：行省長官。金章宗以來，因用兵、河防等事涉及諸路，臨時設行尚書省，總掌一方軍政事務。此爲臨時官職。

[17]留守：留守司長官，兼本路兵馬都總管。掌管一路軍政事務。正三品。

[18]兵馬都總管：一路最高軍政長官。掌統諸城隍兵馬甲仗，總判府事。正三品。

平章政事抹撚盡忠棄中都南奔，[1]霖與子義傑率其徒夜出，[2]不能進，謂義傑曰："汝可求生，吾死於此矣。"霖死，義傑伏群屍中以免。贈翰林學士承旨，[3]令立碑鄉里，歲時致祭，訪其子孫録用，謚文簡。

[1]平章政事：尚書省屬官。宰相成員之一，爲丞相的副佐。

正員二人，從一品。　抹撚盡忠：女真人。本書卷一〇一有傳。

［2］高義傑：其他事迹不詳。

［3］翰林學士承旨：翰林學士院長官。掌制撰詞命，凡應奉文字，銜内帶“知制誥”。正三品。宣宗貞祐三年（1215）升從二品。

孟奎字元秀，遼陽人也。[1]大定二十一年進士，[2]調黎陽主簿。[3]丁母憂，服闋，調淄州軍事判官，[4]遷汲縣令。[5]察廉，改定興令。[6]補尚書省令史，[7]從參知政事馬琪塞澶淵决河，[8]改中都左警巡使。[9]平章政事完顔守貞禮接士大夫在其門者，[10]號“冷巖十俊”，[11]奎其一也。改都轉運司支度判官、[12]上京等路提刑判官。

［1］遼陽：府名。治所在今遼寧省遼陽市。

［2］大定二十一年進士：按本書卷一〇〇《宗端脩傳》，“端脩好學，喜名節，中大定二十二年進士第”。本書共有六處記載大定二十二年（1182）進士。又卷九七《張大節傳》，“巖叟字孟弼，大節子也。大定十九年進士”。本書不見記載有大定十八年進士。金朝科舉爲三年一試，大定二十一年非科舉年。故“二十一”爲“二十二”之誤。

［3］黎陽：縣名。治所在今河南省浚縣。

［4］淄州軍事判官：《百官志》州官條下僅有“判官”一職，職掌又與軍事無關，但《金史》中軍事判官極爲常見，很少見州判官。是《百官志》脱“軍事”二字，還是傳記記載有誤，很難定奪。判官掌簽判州事，專管通檢推排簿籍。從八品。淄州治所在今山東省淄博市南。

［5］汲縣：治所在今河南省衛輝市。

［6］定興：縣名。治所在今河北省定興縣。

[7]尚書省令史：尚書省下屬吏員。

[8]馬琪：本書卷九五有傳。　澶淵：地名。在今河南省濮陽縣西南。

[9]中都左警巡使：警巡院屬官。掌平理獄訟，警察所部，總判院事。《百官志》載警巡院長官爲使一員，中都警巡院長官分左、右使，正六品。

[10]完顏守貞：女真人。本書卷七三有傳。

[11]冷巖十俊：冷巖爲完顏守貞的自號，見《中州集》卷四《冷巖行賦》原題下注，及《歸潛志》卷一〇。十俊，指完顏守貞結交的當時名流，如路鐸、孟奎等人。

[12]都轉運司支度判官："支度"，原作"度支"。本書卷五七《百官志三》都轉運司條下有支度判官，中華點校本據此乙正。都轉運司支度判官掌勾判、分判支度案事，正員二人，從六品。

初，遼東契丹判余里也嘗殺驛使、大理司直，[1]有契丹人同名者，有司輒縶之獄，奎按囚速頻路讞而出之，[2]既而果獲其殺司直者。遷同知西京路轉運使事。[3]置行樞密院于鎮寧，[4]充宣差規措所官給軍用。改簽河東南北路按察司事、[5]武州刺史。[6]上言三事，其一曰："親民之寄，[7]今吏部之選頗輕，[8]使武夫計資而得，權歸胥吏。每縣宜參用士人，使紀綱其事。"未幾，改曹州刺史，再調同知中都路都轉運使事。[9]旱，詔審録中都路冤獄，多平反。

[1]遼東契丹判："判"字其上脱官署名，其下脱官名。《金史詳校》卷八下認爲，"'判'下當加'官'"。　余里也：疑爲契丹人。其他事迹不詳。　驛使：金太宗天會二年（1124）正月，始自

京師（上京）至南京每五十里置驛站。驛使當是驛站的官員。

[2]速頻路：地區級路名。隸屬於上京路，治所在今俄羅斯烏蘇里斯克。

[3]同知西京路轉運使事：轉運司屬官。掌税賦錢穀、倉庫出納、權度量衡之制。從四品。西京路轉運司治於大同府，治所在今山西省大同市。

[4]鎮寧：指鎮寧軍，州軍名。治所在今内蒙古自治區烏蘭察布市興和縣。

[5]河東南北路按察司：治於汾州。

[6]武州：治所在今山西省五寨縣北。

[7]親民之寄：此句文義不完全，施國祁《金史詳校》認爲當在其前加“縣令佐”。

[8]吏部：掌文武選授、勳封、考課、出給制誥之政。

[9]中都路都轉運司：官署名。治於大興府，治所在今北京市。

大安初，除博州防禦使，[1]凡屬縣事應赴州者，不得泊於逆旅，以防吏姦，人便之。改山東東西路安撫副使，[2]遷北京臨潢等路按察轉運使，[3]以本官爲行六部侍郎。[4]劾奏監軍完顔訛出虚造功狀，[5]訛出坐免官。詔以奎爲宣差都提控。[6]貞祐初，以疾卒，謚莊肅。

[1]博州：治所在今山東省聊城市。

[2]山東東西路安撫副使：安撫司屬官。掌鎮撫山東東西兩路人民、譏察邊防軍旅、審録重刑事，勸農桑。正三品。山東東路治所在今山東省青州市，山東西路治所在今山東省東平縣。

[3]北京臨潢等路按察轉運使：按察轉運司屬官。掌拘榷錢穀，糾彈非違。原按察司與轉運司爲兩個機構，治所也不同。金章宗泰和八年（1208）十一月，以轉運司權輕，州縣不畏，不能規措錢

穀，遂詔中都路都轉運司依舊專管錢穀事，其餘諸路按察使並兼轉運使。宣宗貞祐三年（1215）以四方兵動，罷按察使和勸農使，只存轉運使。正三品。北京臨潢等路按察轉運司治於臨潢府，治所在今內蒙古自治區巴林左旗林東鎮。

[4]行六部侍郎：行六部屬官。金章宗以來，因用兵、河防等事涉及諸路，臨時設行六部，到金末遍布全國。

[5]監軍：指元帥左監軍，元帥府屬官。掌征討之事。正三品。完顏訛出：即完顏寓。本卷有傳。

[6]都提控：金元時對管事人或衙役的稱呼，金末多是領兵官。

烏林荅與本名合住，大名路納鄰必刺猛安人。[1]充奉職、[2]奉御、[3]尚食局直長，[4]兼頓舍。[5]除監察御史，累官武勝軍節度使、[6]北京按察轉運使、太子詹事、武衛軍都指揮使。[7]貞祐二年，知東平府事，權宣撫副使。改西安軍節度使，[8]入爲兵部尚書。上言："按察轉運司拘榷錢穀，糾彈非違，此平時之治法。今四方兵動，民心未定，軍士動見刻削，乞權罷按察及勸農使。"[9]又曰："東平屯兵萬餘，可運濱鹽易粮芻給之。"[10]又曰："潼關及黃河津要，將校皆出卒伍，類庸懦不可用。乞選材武者代之。"又曰："兖、曹、濮、滚諸郡皆可屯重兵，[11]勑州縣官勸民力穡，至於防秋，則清野保城。"下尚書省，竟不施行。新制科買軍器材物稽緩者並的決，與奏："有司必督責趣辦，民將不堪，可量罰月俸。"從之。坐前在陝州市物虧直，[12]降鄭州防禦使。[13]尋召爲拱衛直都指揮使，[14]復爲兵部尚書。興定三年，卒。[15]

［1］大名路納鄰必剌猛安：女真行政建置名稱。大名路又稱大名府路，治所在今河北省大名縣。納鄰必剌，水名。即上京納鄰河，今黑龍江省拉林河。此猛安是從上京遷來。

［2］奉職：宣徽院下屬吏員。

［3］奉御：宣徽院下屬吏員。

［4］尚食局直長：宣徽院下屬尚食局屬官。掌總知御膳，進食先嘗，兼管從官食。正八品。

［5］頓舍：殿前都點檢司屬官。職掌不詳。正員二人，正八品。

［6］武勝軍：州軍名。治所在今河南省鄧州市。

［7］武衛軍都指揮使：武衛軍都指揮使司屬官。掌防衛都城，警捕盜賊。從三品。

［8］西安軍：州軍名。治所當在今甘肅省，時爲金與夏邊界地區，不能確指。

［9］勸農使：勸農司屬官。掌勸課天下力田之事。正三品。

［10］濱：州名。治所在今山東省濱州市。

［11］兗：州名。治所在今山東省兗州市。　濮：州名。治所在今山東省鄄城縣北。　浚：州名。治所在今河南省浚縣。

［12］陝州：治所在今河南省三門峽市西。

［13］鄭州：治所在今河南省鄭州市。

［14］拱衛直都指揮使：宣徽院拱衛直使司屬官。掌總統本直，謹嚴儀衛。從四品。舊名龍翔軍，海陵正隆二年（1157）更名爲神衛軍，世宗大定二年（1162）更名爲拱衛司。

［15］興定：金宣宗年號（1217—1222）。

郭俣字伯有，澤州人。[1]大定二十二年進士，調長子主簿、[2]萊州觀察判官、[3]萊陽縣令，[4]補尚書省令史，知管差除。除大理司直。丁母憂，起復太常博士、左司都事。御史臺舉俣及前應奉翰林文字張檝、[5]吏部主事王質、[6]刑部主事抹撚居中、[7]通事舍人完顔合住、[8]弘文校理把掃合、[9]吏部架閣管勾烏古論和尚、[10]尚書省令史温迪罕思敬皆才幹可用。[11]詔各升一等，遷除俣平陽府治中、[12]張檝國子博士、[13]王質昭義軍節度副使、[14]抹撚居中大理司直、完顔合住侍儀司令、[15]把掃合同知弘文院事、[16]烏古論和尚利涉軍節度副使、[17]温迪罕思敬同知定武軍節度事。[18]

[1]澤州：治所在今山西省晋城市。

[2]長子：縣名。治所在今山西省長子縣。

[3]萊州觀察判官：節度州屬官。掌紀綱觀察衆務，分判吏、户、禮案事，通檢推排簿籍。正七品。萊州治所在今山東省萊州市。

[4]萊陽縣：縣名。治所在今山東省萊陽市。

[5]御史臺：官署名。中央監察機構。糾察彈劾内外百官善惡，凡内外刑獄所屬理斷不當，有陳述者付臺治之。　張檝：其他事迹不詳。

[6]吏部主事：吏部屬官。掌知管差除，校勘行止，分掌封勳資考之事，惟選事則通署，及掌受事付事，檢勾稽失省署文牘，兼知本部宿直，檢校架閣。正員四人，從七品。熙宗皇統四年（1144），主事始用漢族士人。世宗大定三年（1163），用進士，非特旨不得擬用吏人。章宗承安五年（1200），增女真主事一人。　王質：字敬叔。參見本書卷九六《王賁傳》。

[7]抹撚居中：女真人。其他事迹不詳。

[8]通事舍人：疑爲禮部屬官。爲祭祀大典上的導向小官。　完顔合住：女真人。其他事迹不詳。

[9]弘文校理：弘文院屬官。掌校譯經史。正八品。　把掃合：女真人。其他事迹不詳。

[10]吏部架閣管勾：吏部屬官。掌吏、兵兩部架閣，兼檢校吏部行止，以識女真、契丹、漢字人充。正八品。　烏古論和尚：女真人。其他事迹不詳。

[11]温迪罕思敬：章宗朝曾任尚書左司郎中，宣宗朝任吏部尚書、鎮南軍節度使等職。

[12]平陽府：治所在今山西省臨汾市。

[13]國子博士：國子監下屬國子學屬官。分掌教授生員，考藝業。正員二人，正七品。

[14]昭義軍節度副使：州屬官。佐掌鎮撫諸軍防刺，判本鎮兵馬之事。從五品。昭義軍，州軍名。治所在今山西省晋城市。

[15]侍儀司令：宣徽院下屬侍儀司長官。掌侍奉朝儀，率捧案、擎執、奉輦各給其事。從六品。

[16]同知弘文院事：弘文院屬官。掌校譯經史。從六品。

[17]利涉軍：州軍名。治所在今吉林省農安縣城。

[18]同知定武軍節度事：節度州屬官。正五品。定武軍，州軍名。治所在今河北省涿鹿縣。

久之，俁召爲同知登聞鼓院兼祕書丞，[1]遷禮部郎中、[2]滕州刺史、[3]同知真定府事。[4]上言："每季合注巡尉官，[5]吏、刑兩部斟酌盗賊多寡處選注。"[6]詔議行之。改中都西京按察副使，[7]遷國子祭酒。[8]泰和六年，伐宋，充宣差山東安撫副使。七年，遷山東宣撫副使。大安元年，遷遼東按察轉運使，改中都路都轉運使、[9]泰定軍節度使、[10]陝西東路按察轉運使。[11]貞祐三年，罷按察司，仍充本路轉運使，行六部尚書。[12]改河北西路轉運使，[13]致仕。元光二年，[14]卒。

[1]同知登聞鼓院：登聞鼓院屬官。掌奏進告御史臺、登聞檢院理斷不當事。章宗承安二年（1197）以諫官兼。　祕書丞：秘書監屬官。掌經籍圖書。正六品。

[2]禮部郎中：禮部屬官。從五品。

[3]滕州：治所在今山東省滕州市。

[4]同知真定府事：州屬官。掌通判府事。從四品。真定府治所在今河北省正定縣。

[5]巡尉官：當指各府州掌巡捕盜賊的官員。

[6]刑部：官署名。掌管律令、刑名、赦詔、懲没、官吏改正，以及宫、監户（官奴婢口）、良賤身份訴訟、功賞捕亡等諸種事務。

[7]中都西京按察司：官署名。治於大同府，在今山西省大同市。

[8]國子祭酒：國子監長官。掌學校。正四品。

[9]中都路都轉運使：都轉運司長官。正三品。中都路都轉運司治於大興府。

[10]泰定軍：州軍名。治所在今山東省兖州市。

[11]陝西東路按察轉運使：轉運司屬官。陝西東路按察轉運司全稱陝西東西路按察轉運司，治於平凉府。

[12]行六部尚書：行六部長官。

[13]河北西路轉運使：轉運司屬官。河北西路轉運司全稱爲河北東西大名路轉運司，治於真定府，治所在今河北省正定縣。

[14]元光：金宣宗年號（1222—1223）。

温迪罕達字子達，本名謀古魯，蓋州按春猛安人。[1]性敦厚，寡言笑。初舉進士，廷試搜閲官易達藐小，謂之曰："汝欲求作官邪？"達曰："取人以才學，不以年貌。"衆咸異之。明昌五年，[2]中第，調固安主簿。[3]以憂去官，服除，調信州判官。丞相襄辟行省幕府。[4]改順州刺史，補尚書省令史，[5]除南京警巡使。居父喪，是時伐宋兵興，起復，給事行尚書省。大安初，遷德興府判官，[6]再遷監察御史。宣宗遷汴，[7]以本職護送衛士妻子。復被詔運大名粟，[8]由御河抵通州，[9]事集，遷一官，轉户部員外郎、[10]左司郎中。[11]遇繼母憂，起復太常少卿，充陝西元帥府經歷官。

[1]蓋州按春猛安：蓋州治所在今遼寧省蓋州市。按春，地名，日本學者三上次男認爲在今吉林省琿春河附近（《金代女真研究》，黑龍江人民出版社1984年版，第486頁）。

[2]明昌：金章宗年號（1190—1196）。

[3]固安：縣名。治所在今河北省固安縣。

[4]丞相：即左丞相，尚書省屬官。國家重要輔弼大臣。從一品。　襄：女真人。姓完顔氏，宗室出身。本書卷九四有傳。

[5]改順州刺史，補尚書省令史：按上下文，唯此官職明顯高於其他官職，疑“刺史”二字有誤。順州治所在今北京市順義區。

[6]德興府判官：府屬官。掌紀綱衆務，分判吏、户、禮案事，專掌通檢推排簿籍。從六品。德興府治所在今河北省涿鹿縣。

[7]宣宗遷汴：宣宗貞祐二年（1214），在蒙古大軍的威逼下，宣宗將都城由中都遷往汴京，從此金朝走向全面衰退。

[8]大名：即大名府路。

[9]御河：在今北京市。　通州：治所在今北京市通州區。

[10]户部員外郎：户部屬官。正員三人。一員掌户籍、物力、鹽鐵、酒麯、礦冶、榷場、市易等事；一員掌度支、國用、俸禄、錢帛、貢賦、租税、積貯、度量衡等事。從六品。

[11]左司郎中：左司長官。熙宗初年爲左司侍郎，天眷三年（1140）更爲郎中，掌吏、户、禮三部受事付事，兼帶修起居注官。正五品。

興定元年，召還，攝侍御史，上疏論伐宋，略曰：“天時向暑，士馬不利，宜俟秋凉，無不可者。”又曰：“遼東興王之地，移剌都不能守，[1]走還南京。度今之勢，可令濮王守純行省蓋州，[2]駐兵合思罕，[3]以繫一方之心。昔祖宗封建諸王，錯峙相維，以定大業。今乃委諸疏外，非計也。”宣宗曰：“一子非所愛，但幼不更事，詎能辦此？”逾月，復上言：“天下輕重，係于宰相，邇來每令權攝，甚無謂也。今之將帥，謀者不能戰，戰者不能謀。今豈無其人，但用之未盡耳。”宣宗曰：“人才難知，故先試其稱否，卿何患焉。所謂用之未盡者爲誰？”對曰：“陝西統軍使把胡魯忠直幹略，[4]知延安府古里甲石倫深沉有謀，[5]能得士心，雖有微過，不足以累大。”宰相高琪、高汝礪惡其言。[6]俄充陝州行樞密院參議官。[7]二年，召爲户部侍郎。[8]改刑部，[9]兼左司諫，[10]同知集賢院。[11]改大理卿，[12]兼越王傅。[13]尋遷河南統軍使、昌武軍節度使，[14]行六部，攝同簽樞密院，行院許州。[15]改集慶軍節度使。[16]

[1]移剌都：女真人。姓蒲察。本卷有傳。

[2]濮王：封爵名。明昌格，小國封號第一位。　守純：女真人。姓完顏氏，宣宗第二子。本書卷九三有傳。

[3]合思罕：地名。據本書卷二四《地理志上》，“有化成關，國言曷撒罕關”。曷撒罕關即合斯罕、合思罕，亦即化成關，地在今大連灣北岸。

[4]陝西統軍使：統軍司屬官。正三品。陝西路統軍司治於京

兆府，治所在今陝西省西安市。　把胡魯：女真人。本書卷一〇八有傳。

［5］延安府：治所在今陝西省延安市。　古里甲石倫：女真人。本書卷一一一有傳。

［6］高琪：女真人。姓术虎氏。本書卷一〇六有傳。　高汝礪：本書卷一〇七有傳。

［7］陝州：治所在今河南省三門峽市西。　行樞密院參議官：行樞密院屬官。掌參議行樞密院事務。

［8］户部侍郎：户部屬官。正員二人，正四品。

［9］刑部：此指刑部侍郎。刑部屬官。正四品。

［10］左司諫：諫院屬官。掌諫正百司非違，糾正官邪。從五品。

［11］同知集賢院：集賢院屬官。金宣宗貞祐五年（1217）設置，參議軍國事。從五品。

［12］大理卿：大理寺長官。正四品。

［13］越王：封爵名。明昌格，大國封號第九位。

［14］昌武軍：州軍名。治所在今河南省許昌市。

［15］許州：治所在今河南省許昌市。

［16］集慶軍：州軍名。治所在今安徽省亳州市。

是時，東方荐饑，達上疏曰："亳州户舊六萬，[1]今存者無十一，何以爲州？且今調發數倍于舊，乞量爲減免。"是歲大水，碭山、下邑野無居民，[2]轉運司方憂兵食，達謾聞二縣無主稻田且萬頃，收可數萬斛，即具奏。朝廷大駭，詔户部尚書高夔佩虎符專治其事，[3]所獲無幾，夔坐累抵罪。達自念失奏，因感愧發病，尋卒。

[1]亳州：治所在今安徽省亳州市。

[2]碭山：縣名。治所在今安徽省碭山縣。　下邑：縣名。治所在今河南省夏邑縣。

[3]户部尚書：户部長官。正三品。　高夔：宣宗朝曾任監察御史。

王擴字充之，中山永平人。[1]明昌五年進士，調鄧州録事，[2]潤色律令文字。[3]遷懷安令。[4]猾吏張執中誣敗二令，[5]擴到官，執中挈家避去。改徐州觀察判官，[6]補尚書省令史，除同知德州防禦使事。[7]被詔賑貸山東西路饑民，棣州尤甚，[8]擴輒限數外給之。

[1]中山：府名。治所在今河北省定州市。　永平：縣名。治所在今河北省順平縣。

[2]鄧州録事：諸府節鎮録事司屬官。掌平理獄訟，警察所部，正八品。鄧州治所在今河南省鄧州市。

[3]潤色律令文字：《金史詳校》卷八下，"'事'下當加'不遣仍令"。按元好問《遺山集》卷一八《嘉議大夫陜西東路轉運使剛敏王公神道碑銘》云："明昌五年甲科，釋褐鄧州録事，朝廷更定律令，留公不遣。"是擴因需爲朝廷潤色律令，留朝未赴鄧州任。中華點校本據此認爲此處有脱文而致文義不明。

[4]懷安：縣名。治所在今河北省懷安縣東南。

[5]張執中：其他事迹不詳。

[6]徐州：治所在今江蘇省徐州市。

[7]同知德州防禦使事：州屬官。掌通判防禦使事。正六品。德州治所在今山東省德州市。

[8]棣州：治所在今山東省惠民縣北。

泰和伐宋，山東盜賊起，被安撫使張萬公牒提控督捕。[1]擴行章丘道中，[2]遇一男子舉止不常，捕訊，果歷城大盜也。[3]衆以爲有神。再遷監察御史，被詔詳讞冤獄。是時，凡鬬殺奏决者，章宗輒減死，[4]由是中外斷獄，皆以出罪爲賢。擴謂同輩曰："生者既讞，地下之冤云何！"是時，置三司治財，[5]擴上書曰："大定間，曹望之爲户部，[6]財用殷阜，亦存乎人而已。今三司職掌，皆户部舊式，其官乃户部之舊官，其吏亦户部之舊吏，何愚於户部而智於三司乎？"既而三司亦竟罷。張煒職辦西北路糧草者數年，[7]失亡多，尚書省奏擴考按，會煒亦舉王謙自代，[8]王謙發其姦蠹，擴按之無所假借。煒舊與擴厚，使人諉擴曰："君不念同舍邪？"擴曰："既奉詔，安得顧故人哉！"

[1]安撫使：安撫司長官。掌鎮撫人民、譏察邊防軍旅、審録重刑事，勸農桑。從一品。　張萬公：本書卷九五有傳。　提控督捕：掌捕盜賊。官品不詳。

[2]章丘：縣名。治所在今山東省章丘市。

[3]歷城：縣名。治所在今山東省濟南市。

[4]章宗：廟號。即完顔麻達葛，漢名璟。金朝第六任皇帝。1189 年至 1208 年在位。

[5]三司：官署名。金章宗泰和八年（1208）將户部的鹽鐵和度支的職掌，與勸農使司的職掌劃歸三司，使三司財權高於尚書省户部之上，成爲國家理財的核心部門。宣宗貞祐年間罷。

[6]曹望之：本書卷九二有傳。　户部：此處指户部尚書。

[7]張煒：本書卷一〇〇有傳。　西北路：地區級路名。隸屬於西京路，治所在今内蒙古自治區錫林郭勒盟正藍旗。

［8］王謙：時任中都轉運户籍判官。其他事迹不詳。

大安中，同知横海軍節度事，[1]簽河東北路按察事。貞祐二年，上書陳河東守禦策，[2]大概謂："分軍守隘，兵散而不成軍。聚之隘内，軍合則勢重。饋餉一塗，以逸待勞，以主待客，此上策也。"又曰："軍校猥衆，分例過優，萬户一員，[3]其費可給兵士三十人。本路三從宜，萬户二百餘員，十羊九牧，類例可知。乞以千人爲一軍，擇望重者一人萬户，[4]兩猛安、四謀克足以教閲約束矣，[5]豈不簡易而省費哉。"又曰："按察兼轉運，本欲假糾劾之權，以檢括錢穀。邇來軍興，糧道軍府得而制之。今太原、代、嵐三軍皆其州府長官，[6]如令通掌資儲，則弊立革，按察之職舉矣。"又曰："數免租税，科糴益繁，民不爲恩，徒增廩給，教練無法，軍不足用。"書奏，不見省。

［1］横海軍：州軍名。治所在今河北省滄州市東南。

［2］河東：指河東南、北路，大致相當於今山西省地區。

［3］萬户：軍官名。金制一萬户統十猛安，約統兵萬人。金末軍制已破壞，統兵數量顯著減少。

［4］一人萬户：語義不通，《金史詳校》卷八下認爲，"'人'下當加'爲'"。

［5］猛安：軍官名。金制軍隊一猛安統十謀克，約統兵千人。謀克：軍官名。金制軍隊一謀克約統兵百人。

［6］太原：府名。治所在今山西省太原市。　代：州名。治所在今山西省代縣。　嵐：州名。治所在今山西省嵐縣北。

遷汴後，召爲户部侍郎，遷南京路轉運使。太府監奏羊瘦不可供御。[1]宣宗召擴詰問。擴奏曰："官無羊，皆取於民，今民心未安，宜崇節儉。廷議肥瘠紛紛，非所以示聖德也。"宣宗首肯之。平章政事高琪閱尚食物，謂擴曰："聖主焦勞萬機，賴膳羞以安養，臣子宜盡心。"擴曰："此自食監事，何勞宰相！"高琪默然，銜之。有司奪市人衣，以給往戍潼關軍士，京師大擾。擴白宰相，請三日造之。高琪怒不從。潼關已破，大元兵至近郊，[2]遣擴行六部事，規辦潼關芻糧。偕户部員外郎張好禮往商、虢，[3]過中牟不可進。[4]高琪奏擴畏避，下吏論死。宣宗薄其責，削兩階，杖七十，張好禮削三階，杖六十。降爲遥授隴州防禦使，[5]行六部侍郎，規辦秦、鞏軍食。[6]逾月，權陝西東路轉運使，[7]行六部尚書。致仕。興定三年，卒，謚剛毅。擴博學多才，梗直不容物，以是不振於時云。

[1]太府監：太府監長官。掌出納國家財用錢穀之事。正四品。

[2]大元：指蒙古汗國，後建立元朝。

[3]偕户部員外郎張好禮往商、虢：原無"偕"字。《金史詳校》卷八下，"'往商虢'，此下當加'偕'"。中華點校本據文義補"偕"字。今從之。　張好禮：衛紹王時曾任禮部令史。　商：州名。治所在今陝西省商州市。　虢：州名。治所在今河南省靈寶市。

[4]中牟：縣名。治所在今河南省中牟縣。

[5]遥授：金末一些城池已爲元軍攻陷，仍以其地授虚職官與人，稱爲遥授。　隴州：治所在今陝西省千陽縣西北。

[6]秦：州名。治所在今甘肅省天水市。　鞏：州名。治所在

今甘肅省隴西縣。

[7]權陝西東路轉運使：元好問《中州集》卷八《王擴傳》記載爲“權陝西西路轉運使”，貞祐二年（1214）五月“遷陝西東路轉運使”。

移剌福僧，東北路烏連苦河猛安人。[1]以廕補吏部令史，[2]轉樞密院，[3]調滕州軍事判官，歷甄官署直長、[4]豳王府司馬、[5]順義軍節度副使。[6]部内世襲猛安木吞掠民婦女，[7]藏之窟室，人頗聞之，無敢發其罪者。福僧請于節度使，願自効，既迹得其所在，率衆入索之，得婦女四十三人，木吞抵罪。徙横海軍，轉同知開遠軍節度事，[8]簽北京、臨潢按察事，興中治中，[9]莫州刺史。[10]上言：“沿邊軍官私役軍人，邊防不治，及擾動等事，按察司専一體究，各路宣差提控嚴勒禁治。”詔尚書省行之。

[1]東北路烏連苦河猛安：女真行政建置名稱。東北路，地區級路名。隸屬於北京路，治所在今吉林省洮南市東。烏連苦河，可能與黑龍江省齊齊哈爾市西南的烏拉貴河有關。此處屬於東北路境内。

[2]廕補：是金朝官員入仕的途徑之一。熙宗天眷年間，一品至八品皆不限所廕之人。海陵貞元二年（1154）定廕叙法，一品至七品皆限以數，削八品用廕之制。詳見本書卷五二《選舉志二》。吏部令史：吏部下屬吏員。

[3]樞密院：此指樞密院令史。樞密院屬官。爲低級官吏。

[4]甄官署直長：工部下屬甄官署屬官。掌斵石及製作土器之事。正八品。

［5］豳王府司馬：親王府屬官。掌同檢校門禁、總統府事。從六品。豳王，封國名。明昌格，次國封號第六位。

［6］順義軍：州軍名。治所在今山西省朔州市。

［7］世襲猛安：女真、契丹等族地方行政設置長官的名稱。從四品。　木吞：或爲契丹人。其他事迹不詳。

［8］開遠軍：州軍名。治所在今内蒙古自治區呼和浩特市西南。

［9］興中：府名。治所在今遼寧省朝陽市。

［10］莫州：治所在今河北省任丘市。

大安初，改沃州，[1]同知興中府事。[2]福僧督民繕治城郭，浚濠爲禦守備，百姓頗怨。頃之，兵果至，攻其北城。福僧戰其北，使備其西，薄暮果攻其西，以有備乃解去。尋改廣寧。[3]

［1］沃州：治所在今河北省趙縣。

［2］同知興中府事：掌通判府事。正四品。

［3］廣寧：府名。治所在今遼寧省北寧市。

崇慶元年秋，福僧被牒如鄰郡，大兵薄城，其子銅和尚率家奴拒戰，[1]廣寧賴之以完。福僧還，悉放奴爲良，終不言子之功，識者多之。未幾，充遼東宣撫副使。歲大饑，福僧出沿海倉粟，先賑其民，而後奏之，優詔獎諭。至寧元年，除鞏王傅兼吏部郎中。[2]胡沙虎作難，[3]福僧稱疾不出。宣宗封胡沙虎澤王，[4]百官皆賀，福僧不往，胡沙虎欲摭而罪之。詔除福僧壽州防禦使。[5]貞祐三年，遷山東西路按察轉運使。是歲按察司罷，仍充轉運使。久之，致仕。

[1]銅和尚：契丹人。其他事迹不詳。

[2]鞏王：封爵名。明昌格，小國封號第二十六位。

[3]胡沙虎作難：胡沙虎即紇石烈執中。此指衛紹王末年胡沙虎發動政變，殺衛紹王立宣宗。

[4]澤王：封爵名。明昌格，次國封號第十位。

[5]壽州：治所在今安徽省鳳臺縣。

興定二年十一月庚辰，宣宗御登賢門，[1]召致仕官，兵部尚書完顏蒲刺都、[2]户部尚書蕭貢、[3]刑部尚書僕散偉、[4]工部尚書奧屯扎里吉、[5]翰林學士完顏孛迭、[6]轉運使福僧、[7]河東北路轉運使趙重福、[8]沁南軍節度使豬奮、[9]鎮南軍節度使石抹仲温、[10]泰定軍節度使李元輔、[11]中衛尉完顏奴婢、[12]原州刺史紇石烈孛吉賜食，[13]訪問時政得失。福僧乃上書曰："爲今之計，惟先招徠糺人。[14]選擇糺人舊有宿望雄辨者，諭以恩信，彼若内附，然後中都可復，遼東可通。今西北多虞，而南鄙不敢撤戍，芻糧調度，仰給河南，賦役頻繁，民力疲弊。宜開宋人講和之端，撫定河朔，[15]養兵蓄鋭，策之上也。"又曰："山東殘破，群盜滿野，官軍既少，且無騎兵。若宋人資以糧餉，假以官爵，爲患愈大。當選才幹官充宣差招捕，以恩賞諭使復業。募其壯悍爲兵，亦致勝之一也。"又曰："自承安用兵，[16]軍中設監戰官，論議之間，動相矛盾，不懲其失，反以爲法。若輩平居，皆選材勇自衛，一旦有急，驅疲懦出戰，寧不敗事？罷之爲便。"書奏，朝廷略施用焉。元光元年，卒。

[1]登賢門：當爲南京宫城門，但本書《地理志》中無載。

[2]完顔蒲剌都：女真人。本書卷一〇三有傳。

[3]蕭貢：契丹人，本書卷一〇五有傳。

[4]刑部尚書：刑部長官。正三品。　僕散偉：女真人。其他事迹不詳。

[5]工部尚書：工部長官。正三品。　奥屯扎里吉：女真人。其他事迹不詳。

[6]翰林學士：翰林學士院屬官。掌制撰詞命，凡應奉文字，銜内帶“知制誥”。不限員，正三品。　完顔孛迭：女真人。其他事迹不詳。

[7]轉運使福僧：轉運使上脱路名。

[8]趙重福：本書卷一二八有傳。

[9]沁南軍：州軍名。治所在今河南省沁陽市。　豬奮：人名。其他事迹不詳。

[10]鎮南軍：州軍名。治所在今河南省汝南市。　石抹仲温：契丹人。本書卷一〇三有傳。

[11]李元輔：宣宗朝官至工部尚書。

[12]中衛尉：衛尉司屬官。掌總中宫事務。從三品。　完顔奴婢：女真人。衛紹王時曾任延安路兵馬總管，金宣宗貞祐四年（1216）九月曾出使宋爲賀宋生日使。

[13]原州：治所在今甘肅省鎮原縣。　紇石烈孛吉：女真人。其他事迹不詳。

[14]乣人：由西北、西南、東北三路招討司統領的由契丹人和北部其他游牧民族組成的軍政合一的社會組織稱乣，爲金朝鎮戍北部邊境。

[15]河朔：地名。泛指黄河以北地方。

[16]承安：金章宗年號（1196—1200）。

贊曰：宣宗急於求賢，而使小人間之；悦於直言，而使邪説亂之。貞祐、興定之間，豈無其人哉。是故直言蔽於所惑，群才詘於見忌耳。自納坦謀嘉以下，可考見焉。

奥屯忠孝字全道，本名牙哥，懿州胡土虎猛安人。[1]幼孤，事母孝。中大定二十二年進士科，調蒲州司候。[2]察廉，遷一官，除校書郎兼太子司經。[3]三遷禮部員外郎。[4]遷翰林待制，權户部侍郎，佐參知政事胥持國治決河，[5]以勞進一階。除河平軍節度使，[6]兼都水監，遂疏七祖佛河及王村、周平、道口、鷄爪、孫家港，復開東明、南陽岡、馬蹄、孫村諸河。[7]忠孝常曰："河之爲患，不免勞民。復壘石爲岸十餘里，民不勝其病矣。"改沁南軍，坐前在衛州勾集妨農、軍借民錢不令償，[8]由是貧富不相假貸，軍民不相安，降寧海州刺史。[9]改滑州，[10]歷同知南京留守，[11]遷定國軍節度使，[12]復爲沁南軍。入爲太子少傅兼禮部尚書。[13]

[1]懿州胡土虎猛安：女真行政建置名稱。懿州治所在今遼寧省阜新市東北八十里繞陽河西岸的塔營子屯古城。胡土虎，水名。《中國歷史地圖集》認爲是繞陽河。日本學者三上次男《金代女真研究》認爲是繞陽河的支流。張博泉認爲是今新開河南某水，猛安約在今舊廟附近（張博泉《金史論稿》第一卷，吉林文史出版社1986年版，第310－311頁）。

[2]蒲州司候：州司候司屬官。掌驗户口。正九品。蒲州，宣宗興定五年（1221）升蒲縣爲蒲州，治所在今山西省蒲縣。

［3］校書郎：秘書監屬官。掌校勘在監文籍。從七品。　太子司經：東宮屬官。掌經史圖籍筆硯等事。正八品。

［4］禮部員外郎：禮部屬官。從六品。

［5］胥持國：本書卷一二九有傳。

［6］河平軍：州軍名。治所在今河南省衛輝市。

［7］七祖佛河、王村、周平、道口、鷄爪、孫家港、東明、南陽岡、馬蹄、孫村：河名。不能確指，待考。

［8］坐前在衛州勾集妨農、軍借民錢不令償：《金史詳校》卷八下，"'勾集妨農軍'當作'勾集河防軍妨農事'"。中華點校本據本書卷二七《河渠志》疑"妨農軍"或爲"河防軍"之誤，或當作"勾集河防軍妨農事"。然據下文言："勾當河防，河朔居民不勝其病。軍負民錢，抑不令償。"似以"軍借民錢不令償"爲一句，如此就不存在"妨農軍"一説，且上下文義通順。故此斷句當爲"坐前在衛州勾集妨農、軍借民錢不令償。"衛州，治所在今河南省衛輝市。

［9］寧海軍：州軍名。治所在今山東省烟臺市東南牟平區。

［10］滑州：治所在今河南省滑縣東。

［11］同知留守：留守司屬官。帶同知本府尹兼本路兵馬都總管。正四品。

［12］定國軍：州軍名。治所在今陝西省大荔縣。

［13］太子少傅：東宮屬官。掌保護東宮，導以德義。正三品。　禮部尚書：禮部長官，正三品。

貞祐初，議降衛紹王，[1]忠孝與蒲察思忠附胡沙虎議，[2]語在《思忠傳》。頃之，拜參知政事。中都圍急，糧運道絶，詔忠孝搜括民間積粟，存兩月食用，悉令輸官，酬以銀鈔或僧道戒牒。[3]是時，知大興府事胥鼎計畫軍食，奏許人納粟買官，鼎已籍者忠孝再括之，[4]令百姓兩輸，欲爲己功。左諫議大夫張行信上疏論之曰：[5]“民食止存兩月，而又奪之，使當絶食，不獨歸咎有司，而亦怨朝廷之不察也。”宣宗善行信言，命近臣與忠孝同審取焉。謂忠孝曰：“國家本欲得糧，今既得矣，姑從民便可也。”

[1]衛紹王：廟號。即完顔興勝，漢名允濟，章宗時避顯宗允恭諱，詔改“允”爲“永”，是爲永濟。1209年至1213年在位。

[2]蒲察思忠：女真人。本卷有傳。

[3]銀鈔：金代貨幣的一種。

[4]鼎已籍者忠孝再括之：“孝”，原作“存”。據《永樂大典》卷三五八七引文，中華點校本改之。今從之。

[5]左諫議大夫：諫院長官。掌諫正百司非違，糾正官邪。正四品。　張行信：本書卷一〇七有傳。

頃之，行信復奏曰：“參政奥屯忠孝平生矯僞不近人情，急於功名，詭異要譽，慘刻害物，忍而不恤。勾當河防，河朔居民不勝其病。軍負民錢，抑不令償。東海欲用胡沙虎，[1]舉朝皆曰不可，忠孝獨力薦。及胡沙虎作難，忠孝自謂有功。詔議東海爵號，忠孝請籍没其子孫，及論特末也則云不當籍没，[2]其偏黨不公如此。無事之時，猶不容一相非才，況今多故，乃使此人與政，如社稷何！”宣宗曰：“朕初即位，當以禮進退大臣，卿語其親知，諷之求去可也。”行信以語右司郎中把胡魯，[3]把胡魯以宣宗意白忠孝，忠孝靦然不聽。頃之，罷爲太子太保，[4]出知濟南府事，改知中山府。尋薨，年七十，謚惠敏。

［1］東海：指衛紹王，宣宗即位初，降衛紹王爲東海郡侯。

［2］特末也：女真人。姓紇石烈，紇石烈執中之弟，金宣宗初年，由同知河南府擢任殿前都點檢。

［3］右司郎中：右司長官。熙宗初年爲右司侍郎，天眷三年（1140）更爲郎中，掌本司奏事，總察兵、刑、工三部受事付事，兼帶修注官。正五品。

［4］太子太保：東宫屬官。掌保護東宫，導以德義。正二品。

蒲察思忠本名畏也，隆安路合懶合兀主猛安人。[1]大定二十五年進士，調文德、濼陰主簿，[2]國子助教，[3]應奉翰林文字，太學博士，[4]累遷涿州刺史、[5]吏部郎中，遷潞王傅。[6]被詔與翰林侍讀學士張行簡討論武成王廟配等列，[7]思忠奏曰："伏見武成王廟配享諸將，不以世代爲先後。按唐祀典，[8]李靖、李勣居吴起、樂毅上。[9]聖朝太祖以二千之衆，[10]破百萬之師，太宗克宋，[11]成此帝業，秦王宗翰、[12]宋王宗望、[13]婁室、[14]谷神與前代之將，[15]各以功德間列可也。"思忠論多矯飾，不盡録，録其頗有理者云。遷大理卿，兼左司諫，[16]同修國史。

［1］隆安路合懶合兀主猛安：女真族行政建置名稱。隆安路即隆安府，治所在今吉林省農安縣。合懶合兀主，意爲"合懶河頭"，曷懶河，即今吉林省延邊地區的海蘭江，此猛安原在海蘭江上源，後由曷懶路遷至隆安。

［2］文德：縣名。治所在今河北省宣化縣。　濼陰：縣名。治

所在今北京市通州區南。

[3]國子助教：國子學屬官。掌教誨諸生。正員二人，女真人、漢人各一員，正八品。

[4]太學博士：國子監太學屬官。掌教誨諸生。正員四人，正七品。

[5]涿州：治所在今河北省涿州市。

[6]潞王：封爵名。大定格，次國封號第五位。

[7]張行簡：本書卷一〇六有傳。　武成王廟：即太公望廟。

[8]唐：朝代名（618—907）。

[9]李靖：唐朝人。《新唐書》卷六五有傳。　李勣：唐朝人。著名將相。《新唐書》卷九三有傳。　吴起：戰國時衛國人。《史記》卷六五有傳。　樂毅：戰國時燕國大將。《史記》卷八〇有傳。

[10]太祖：廟號。即完顏阿骨打，漢名旻。金朝開國皇帝。1115年至1123年在位。

[11]太宗：廟號。即完顏吴乞買，漢名晟。金朝第二任皇帝。1123年至1135年在位。

[12]秦王：封爵號。天眷格，大國封號第四位。　宗翰：女真人。姓完顏氏，宗室出身。本書卷七四有傳。

[13]宋王：封爵名。天眷格，大國封號第三位。　宗望：女真人。姓完顏氏，太祖之子。本書卷七四有傳。

[14]婁室：女真人。姓完顏氏。本書卷七二有傳。

[15]谷神：女真人。即完顏希尹。本書卷七三有傳。

[16]左司諫：掌諫正百司非違，糾正官邪。

泰和六年，平章政事僕散揆宣撫河南，[1]詔以備禦攻守之法，集百官議于尚書省。廷臣尚多異議，思忠曰："宋人攻圍城邑，動至數千，不得爲小寇。但當選擇賢將，宜攻宜守，臨時制變，無不可者。"上以爲然。

頃之，遷翰林侍講學士兼左諫議大夫，大理卿、同修國史如故。再閱月，兼知審官院正職，[2]外兼四職自思忠始。宋人請和。賜銀五十兩、重綵十端。丁母憂，起復侍講學士，兼諫議、修史、知審官院，轉侍讀，兼兵部侍郎。

[1]僕散揆：女真人。本書卷九三有傳。

[2]知審官院：審官院長官。掌奏駁除受失當事，若注擬失當，止令御史臺官論列。從三品。

貞祐初，胡沙虎請廢衛紹王爲庶人，思忠與奧屯忠孝阿附胡沙虎，曰："竊人之財，猶謂之盜，況偷天位以私己乎！"宣宗不從。頃之，遷太子太保兼侍讀、修國史。二年春，享于太廟，思忠攝太尉，[1]醉毆禮直官，[2]御史臺劾奏，降祕書監兼同修國史。頃之，[3]遷翰林學士同修國史，卒。

[1]太尉：三公之首，論道經邦，燮理陰陽。正一品。

[2]禮直官：當爲太常寺屬官。即祭祀禮儀行事中的小官吏。

[3]祕書監：秘書監長官。掌經籍圖書。從三品。

紇石烈胡失門，上京路猛安人。明昌五年進士，累官補尚書省令史，除中都路度支判官，調河北東路都勾判官，[1]累官翰林直學士、大理卿、右諫議大夫。[2]興定二年，伐宋，充元帥左都監紇石烈牙吾塔參議官。[3]牙吾塔至楚州，[4]不待行省僕散安貞節制，[5]輒進兵。宋人堅壁不出，野無所掠，軍士疲乏，餓死相望，直前至江而復。安貞劾奏之，牙吾塔坐不奉詔約，胡失門不矯正，特詔原之。改同知彰德府事。五遷吏部尚書。五年，拜御史大夫。[6]元光元年，兼大司農。[7]二年，薨，宣宗輟朝，百官致奠。

[1]都勾判官：轉運司屬官。掌紀綱衆務，分判勾案。從六品。

[2]右諫議大夫：諫院長官。正四品。

[3]興定二年：按本書卷一五《宣宗紀中》："三年春正月庚午，吕子羽至淮，宋人不納而還。詔伐宋。" 元帥左都監：元帥府屬官。正三品。 紇石烈牙吾塔：女真人。本書卷一一一有傳。 參議官：有校正指揮官失誤的職責。

[4]楚州：宋州名。治所在今江蘇省淮安市東。

[5]僕散安貞：女真人。本書卷一〇三有傳。

[6]御史大夫：御史臺長官。掌糾察、彈劾百官，復審内外刑獄所屬理斷不當案件。從二品。

[7]大司農：司農司長官。掌采訪公事，察官吏臧否而升黜之。正二品。宣宗興定六年（1222）置。

完顔寓本名訛出，西南路猛安人。[1]大定二十八年進士，累調河東北路提刑司知事，[2]改同知遂州軍州事，[3]召爲國史院編修官，[4]遷應奉翰林文字、南京路轉運副使。[5]丁父憂，起復太府監丞，[6]改吏部員外郎。大安初，除知登聞檢院，[7]累遷右司郎中、翰林待制，[8]兼侍御史。貞祐初，議衛紹王事，語在《衛紹王紀》。

[1]西南路猛安：女真行政建置名稱。西南路，地區級路名。

隸屬西京路，治所在今内蒙古自治區呼和浩特市東，此猛安在西南路轄境内，具體地點不能確指。

[2]提刑司知事：提刑司屬官。正八品。

[3]遼州：治所在今山西省左權縣。

[4]國史院編修官：國史院屬官。正員八人，女真人與漢人各四員，正八品。

[5]轉運副使：轉運司屬官。正五品。

[6]太府監丞：太府監屬官。正員二人，從六品。

[7]知登聞檢院：登聞檢院屬官。掌奏禦進告尚書省、御史臺理斷不當事。從五品。

[8]右司郎中：右司長官。熙宗初年爲右司侍郎，天眷三年（1140）更爲郎中，掌本司奏事，總察兵、刑、工三部受事付事，兼帶修注官。正五品。

中都圍急，詔於東華門置招賢所，[1]内外士庶皆得言事，或不次除官，由是閭閻細民，往往衒鬻求售。王守信者，[2]本一村夫，敢爲大言，以諸葛亮爲不知兵，[3]寓薦于朝。詔署行軍都統，[4]募市井無賴爲兵，教閱進退跳擲，大概似童戲。其陣法大書“古今相對”四字於旗上，作黄布袍、緇巾、钁牌各三十六事，牛頭響環六十四枚，欲以怖敵而走之，大率皆誕妄。因與其衆出城，殺百姓之樵采者以爲功。賈耐兒者，[5]本歧路小説人，俚語詼嘲以取衣食，製運糧車千兩。是時材木甚艱，所費浩大，觀者皆竊笑之。草澤李棟在衛紹王時嘗事司天監李天惠，[6]依附天文，假托占卜，趨走貴臣，俱爲司天官。棟嘗密奏白氣貫紫微，主京師兵亂，幸不貫徹，得不成禍。既而高琪殺胡沙虎，宣宗愈益信之。

［1］東華門：當爲中都宮城門名。但本書《地理志》無載。

［2］王守信：其他事迹無考。

［3］諸葛亮：三國人。蜀國名相。《三國志》卷三五有傳。

［4］行軍都統：軍官名。統兵官。

［5］賈耐兒：其他事迹無考。

［6］李棟：其他事迹無考。　司天監：秘書監下屬司天臺屬官。掌天文曆數、風云氣色，密以奏聞。　李天惠：其他事迹不詳。

左諫議大夫張行信奏曰："狂子庸流，猥蒙拔擢，參預機務，甚無謂也。司天之官，占見天象，據經陳奏，使人主飭己修政，轉禍爲福。如有天象，乞令諸監官公同陳奏，所見或異，則各以狀聞，不宜偏聽也。"上召行信與寓面訂守信事，復與近侍就决于高琪。高琪言守信不可用，上乃以行信之言爲然。

頃之，寓遷禮部侍郎，[1]改東京副留守、隴州防禦使，[2]遷安化軍節度使，[3]兼山東路統軍副使。[4]興定元年四月，詔寓以本官權元帥左都監，行元帥府事，[5]和輯苗道潤、移剌鐵哥軍事，[6]語在《道潤傳》。十二月，密州破，寓爲亂軍所殺。

［1］禮部侍郎：禮部屬官。禮部尚書的副佐。正四品。

［2］東京副留守：留守司屬官，帶本府少尹兼本路兵馬副都總管。從四品。

［3］安化軍：州軍名。治所在今山西省寧武縣南。

［4］山東路統軍副使：統軍司屬官。正四品。山東路統軍司治於益都府，治所在今山東省青州市。

[5]行元帥府事：行元帥府長官。衛紹王大安三年（1211）金蒙交戰，宣宗貞祐二年（1214）遷都南京，戰火逐漸擴展到金朝各地，自貞祐三年始於各主要戰場設行元帥府，以統領各地兵馬。

[6]苗道潤：本書卷一一八有傳。　移剌鐵哥：契丹人。時爲宣宗朝河間宣撫使。

斡勒合打，蓋州本得山猛安人。以蔭補官，充親軍，調山陰尉。[1]縣當兵衝，合打率土豪官兵身先行陣。貞祐初，以功遷本縣令。縣升爲忠州，[2]合打充刺史。州被兵久，耕桑俱廢，詔徙其民于太和嶺南。[3]合打遥授同知太原府事，[4]仍領其衆。俄以本官遥授彰國軍節度使，[5]權河東北路宣撫副使，督糧餉往代州。[6]合打不欲行，因與宣撫使完顏伯嘉争辨。[7]合打恐伯嘉奏聞，乃先奏伯嘉辱己。御史臺廉得其事，未及奏，伯嘉、合打皆改遷。合打改武寧軍節度使。[8]數月，召爲勸農使。久之，爲金安軍節度使。[9]興定元年，復爲勸農使，歷知河間府，[10]權元帥右都監，[11]行元帥府事，駐兵蔡、息間。[12]權同簽樞密院事，守河清，[13]改知歸德府事。[14]合打屢守邊要，無他將略，雖未嘗敗北，亦無大功。元光元年，卒。

[1]調山陰尉："山陰"，原作"陰山"，局本作"山陰"。本書卷二四《地理志上》西京路應州下有山陰縣，中華點校本據改。今從之。山陰尉，縣屬官，掌巡捕事，正九品。山陰縣治所在今山西省山陰縣西南。

[2]忠州：金宣宗貞祐二年（1214）升山陰縣爲忠州，治所在今山西省山陰縣東南。

[3]太和嶺：當在今山西省代縣北邊，長城從此處經過。

[4]同知太原府事：府屬官。掌通判府事。從四品。

[5]彰國軍：州軍名。治所在今山西省應縣。

[6]代州：治所在今山西省代縣。

[7]完顔伯嘉：女真人。本書卷一〇〇有傳。

[8]武寧軍：州軍名。治所在今江蘇省徐州市。

[9]金安軍：州軍名。治所在今陝西省華縣。

[10]河間府：治所在今河北省河間市。

[11]元帥右都監：元帥府屬官。從三品。

[12]蔡：州名。治所在今河南省汝南縣。　息：州名。治所在今河南省息縣。

[13]河清：鎮名。位於今河南省孟州市西。

[14]歸德府：治所在今河南省商丘市。

蒲察移剌都，東京猛安人。[1]父吾迭，[2]太子太傅致仕。移剌都勇健多力，充護衛十人長，[3]調同知秦州防禦使事、武衛軍鈐轄，[4]以憂去官。起復武器署令。[5]從軍，兵潰被執。貞祐二年，與降兵萬餘人俱脱歸。遷隆安府治中，[6]賜銀百兩、重幣六端，遥授信州刺史。有功，遷蒲與路節度使兼同知上京留守事，[7]進三階，改知隆安府事。逾年，充遼東、上京等路宣撫使兼左副元帥。[8]再閲月，就拜尚書右丞。[9]

[1]東京猛安：女真行政建置名稱。在東京路境内，即今遼河以東到吉林省南部，不能確指。

[2]父吾迭：即蒲察吾迭。女真人。其他事迹無考。

[3]護衛十人長：殿前都點檢司屬官。統領護衛的小官。

[4]武衛軍鈐轄：武衛軍都指揮使司下屬鈐轄司屬官。掌管轄軍人、防衛警捕之事。正員十人，正六品。

[5]武器署令：武器署屬官。掌祭祀、朝會、巡幸及公卿婚葬鹵簿儀仗旗鼓笛之事。從六品。

[6]隆安府：治所在今吉林省農安縣。

[7]蒲與路：地區級路名。隸屬上京路，治所在今黑龍江省克東縣東。

[8]左副元帥：元帥府長官之一。正二品。

[9]尚書右丞：尚書省屬官。爲執政官，宰相的副佐，佐治尚書省政務。正二品。

移剌都與上京行省蒲察五斤争權，[1]及賣隆安戰馬，擅造銀牌，[2]睚眦殺人，已而矯稱宣召，棄隆安赴南京，宣宗皆釋不問。除知河南府事，[3]俄改元帥左監軍，權左副元帥，充陝西行省參議官。[4]無何，兼陝西路統軍使。興定二年四月，改簽樞密院事，權右副元帥，[5]行樞密院於鄧州。御史臺奏移剌都在軍中，買沙覆道，盗用官銀，矯制收禁書，指斥鑾輿，使親軍守門，護衛押宿，[6]擬前後衛仗，婢妾効内人妝飾等數事。詔吏部尚書阿不罕斜不失鞫之，[7]坐是誅。

[1]蒲察五斤：女真人。金宣宗貞祐三年（1215），以拱衛直都指揮使爲賀宋正旦使，其後任權遼東路宣撫使、權參知政事、行尚書省、元帥府於上京，元帥左監軍、右副元帥、行省遼東。

[2]銀牌：金制。軍官猛安須配帶銀牌。

[3]河南府：治所在今河南省洛陽市。

[4]行省參議官：行省屬官。參議行省事務，有諫正長官行爲

的職責。

[5]右副元帥：元帥府長官之一。正二品。

[6]護衛：有皇帝護衛、東宫護衛、妃護衛、東宫妃護衛之分，由殿前左、右衛将軍與衛尉司掌領。選取五品至七品官子孫及宗室並親軍、諸局分承應人，有才行及善射者充任。

[7]阿不罕斜不失：女真人。其他事迹無考。

贊曰：讀《金史》，至張行信論奥屯忠孝事，曰：嗟乎，宣宗之不足與有爲也如此！夫進退宰執，豈無其道也哉！語其親知，諷之求去，豈禮邪？是故奥屯忠孝、蒲察思忠之黨比，紇石烈胡失門之疲衆，完顔寓之輕信誤國，斡勒合打之詆訟上官，於是曾不之罪，失政刑矣，豈小懲大誡之道哉！

金史　卷一〇五

列傳第四十三

程寀　任熊祥　孔璠 子拯　范拱　張用直　劉樞　王僘　楊伯雄 兄伯淵　蕭貢　温迪罕締達　張翰　任天寵

程寀字公弼，燕之析津人。[1]祖冀，[2]仕遼廣德軍節度使。[3]冀凡六男，父子皆擢科第，士族號其家爲“程一舉”。冀次子四穆，[4]遼崇義軍節度使。[5]

[1]燕：京名。金初名爲燕京，同時又曰南京，金海陵王遷都於此，改曰中都，治所在今北京市。　析津：府名。治所在今北京市。

[2]程冀：遼人。其他事迹不詳。

[3]遼：朝代名（916—1124）。　廣德軍：遼州軍名。治所在今遼寧省北寧市南。　節度使：遼州軍官名。總管一州軍政事務。官品不詳。

[4]程四穆：遼人。其他事迹不詳。

[5]崇義軍：遼州軍名。治所在今遼寧省義縣。

宷，四穆之季子也。自幼如成人。及冠，篤學，中進士甲科，累遷殿中丞。[1]天輔七年，[2]太祖入燕，[3]授尚書都官員外郎、錦州安昌令，[4]累加起居郎，[5]爲史館修撰，[6]以從軍有勞，加少府少監。[7]

[1]殿中丞：遼殿中司屬官。掌殿庭禮儀等事。官品不詳。

[2]天輔：金太祖年號（1117—1123）。

[3]太祖：廟號。即完顏阿骨打，漢名旻。金朝開國皇帝。1115年至1123年在位。

[4]尚書都官員外郎：金太祖時期中央采用國論勃極烈制度，屬奴隸制社會政治制度。此官當爲太祖承遼南面官制所授官職，爲金初漢人樞密院所屬官員，官品不詳。　錦州：治所在今遼寧省錦州市。　安昌令：縣長官。掌按察所部，勸課農桑，平理獄訟，捕除盜賊，宣導風化，兼管常平倉及通檢推排簿籍等事。正七品。安昌，縣名。治所在今遼寧省錦州市西南。

[5]起居郎：亦爲金初承遼制漢人樞密院屬官，按遼制爲門下省起居舍人院屬官。掌修起居注之事。官品不詳。

[6]史館修撰：按遼制爲翰林院下屬國史院屬官。掌修國史之事。

[7]少府少監：金初承遼制漢人樞密院屬官。職掌、官品皆不詳。

熙宗時，[1]歷翰林待制，[2]兼右諫議大夫。[3]宷上疏言事，其略曰："殿前點檢司，[4]古殿巖環衛之任，所以肅禁籞、尊天子、備不虞也。[5]臣幸得近清光，從天子觀時畋之禮。比見陛下校獵，凡羽衛從臣無貴賤皆得執弓矢馳逐，而聖駕崎嶇沙礫之地，加之林木叢欝，易以迷失。是日自卯及申，百官始出沙漠，獨不知車駕何在。瞻望久之，始有騎來報，皇帝從數騎已至行在。竊惟古天子出入警蹕，清道而行。至於楚畋雲夢，[6]漢獵長楊，[7]皆大陳兵衛，以備非常。陛下膺祖宗付托之重，奈何獨與數騎出入林麓沙漠之中，前無斥候，後無羽衛，甚非肅禁籞之意也。臣願陛下熟計之。後若復獵，當預戒有司，圖上獵地，具其可否，然後下令清道而行。擇衝要稍平之地，爲駐蹕之所，簡忠義爪牙之士，統以親信腹心之臣，警衛左右。俟其麋鹿既來，然後馳射。仍先遣搜閱林藪，明立幖幟，爲出入之馳道。不然，後恐貽宗廟社稷之憂。”

[1]熙宗：廟號。即完顏合剌，漢名亶。金朝第三任皇帝。1135 年至 1149 年在位。

[2]翰林待制：翰林學士院屬官。分掌詞命文字，分判院事，銜帶“同知制誥”。不限員，正五品。施國祁詳校曰，此下當加使宋。《建炎以來繫年要録》紹興十五年（1145）其爲賀宋生辰使。《金史》不載，其時當爲金熙宗皇統五年（1145）。

[3]右諫議大夫：諫院長官。掌諫正百司非違，糾正官邪。正四品。

[4]殿前點檢司：官署名。掌親軍，總領左右衛將軍、符寶郎、宿直將軍、左右振肅，宮籍監、近侍等諸局署、鷹坊、頓舍官隸屬之。

[5]禁籞：禁是禁苑，籞是設障，以斷絶禁苑隨便往來。

[6]楚：古國名。羋姓，熊繹受封於周成王，公元前 223 年爲秦所滅。　雲夢：縣名。治所在今湖北省雲夢縣。

［7］漢：朝代名。指西漢（前206—8）和東漢（25—220）。　長楊：漢宫名。本秦舊宫，漢修飾之以備行幸，在今陝西省周至縣東南。

又曰："臣伏讀唐史，[1]追尊高祖以下，[2]謚號或加至十八字。前宋大中祥符間亦加至十六字，[3]亡遼因之，近陛下亦受'崇天體道欽明文武聖德'十字。臣竊謂人臣以歸美報上爲忠，天子以追崇祖考爲孝。太祖武元皇帝受命開基，[4]八年之間，奄有天下，功德茂盛，振古無前，止謚'武元'二字，理或未安，何以示將來？臣願詔有司定議謚號，庶幾上慰祖宗在天之靈，使耿光丕烈傳于無窮。"

［1］唐：朝代名（618—907）。

［2］高祖：廟號。名李淵，唐朝開國皇帝。618年至626年在位。

［3］宋：這裏指北宋（960—1127）。　大中祥符：宋真宗年號（1008—1016）。

［4］武元皇帝：謚號。即金太祖完顏阿骨打。

又曰："古者天子皆有巡狩，無非事者。或省察風俗，或審理冤獄，或問民疾苦，以布宣德澤，皆巡狩之名也。國家肇興，誠恐郡國新民，逐末棄本，習舊染之污，奢侈詐僞，或有不明之獄，僭濫之刑，或力役無時，四民失業。今鑾輅省方，將憲古行事，臣願天心洞照，委之長貳，釐正風俗，或置匭匣，以申冤枉，或遣使郡國，問民無告，皆古巡狩之事。昔漢昭帝問疾苦，[1]光武求民瘼，[2]如此則和氣通，天下丕平可坐而待也。”

［1］漢昭帝：廟號。即西漢皇帝名劉弗陵。前86年至前74年在位。

［2］光武：廟號。即東漢皇帝名劉秀。25年至57年在位。

又曰：“臣聞，善醫者不視他人之肥瘠，察其脉之病否而已。善計天下者不視天下之安危，察其紀綱理否而已。天下者人也，安危者肥瘠也，紀綱者脉也，脉不病雖瘠不害，脉病而肥者危矣。是故，四肢雖無故，不足恃也，脉而已矣。天下雖無事，不足矜也，綱紀而已矣。尚書省，[1]天下喉舌之官，綱紀在焉。臣願詔尚書省，戒勵百官，各揚其職，以立綱紀。如吏部天官以進賢、[2]退不肖爲任，誠使升黜有科，任得其人，則綱紀理而民受其賜，前代興替，未始不由此者。”

［1］尚書省：官署名。金熙宗朝爲三省之一。掌國家行政事務。

［2］吏部：官署名。掌文武選授、勛封、考課、出給制誥之政。

又曰：“虞舜不告而娶二妃。[1]帝嚳娶四妃，[2]法天之四星。周文王一后、三夫人，[3]嬪御有數。選求淑媛以充後宮，帝王之制也。然女無美惡，入宮見妬，陛下欲廣嗣續，不可不知而告戒之。”

[1]"又曰"至"娶二妃"：原無"又曰"。《金史詳校》卷八下，"此上當加'又曰'"。中華點校本依上下文例補之，今從之。虞舜，又曰有虞氏，名重華，與堯並稱堯舜。二妃，堯二女，娥皇、女英。

[2]帝嚳：高陽氏，古代傳説中的五帝之一。　四妃：《帝王紀》載，元妃有邰氏女曰姜嫄，次妃有戎氏女曰簡狄，陳豐氏女曰慶都，娵訾氏女曰常儀。

[3]周文王：廟號。西周人，名姬昌，周朝奠基者。

又曰："臣伏見本朝富有四海，禮樂制度，莫不一新。宫禁之制，尚未嚴密，胥吏健卒之輩，皆得出入，莫有呵止，至淆混而無别。雖有闌入之法，久尚未行，甚非嚴禁衛、明法令之意，陛下不可不知而必行。"

疏奏，上嘉納之，於是始命有司議增上太祖尊謚。[1]皇統八年十二月，[2]由翰林侍講學士爲横海軍節度使，[3]移彰德軍節度使。[4]卒官，年六十二。宷剛直耿介，不諂奉權貴以希苟進，有古君子之風云。

[1]於是始命有司議增上太祖尊謚："增"，原作"贈"。《金史詳校》卷八下，"'贈'當作'增'"。中華點校本據文義改，今從之。

[2]皇統：金熙宗年號（1141—1149）。

[3]翰林侍講學士：翰林學士院長官。掌制撰詞命，凡應奉文字，銜内帶"知制誥"。從三品。　横海軍節度使：州軍官。總管一州軍政事務，掌鎮撫諸軍防刺，總判本鎮兵馬之事，兼本州管内觀察使事。從三品。横海軍，州軍名。治所在今河北省滄州市東南。

[4]彰德軍：州軍名。治所在今河南省安陽市。

任熊祥字子仁。八代祖圜，[1]爲後唐宰相。[2]圜孫睿，[3]隨石晋北遷，[4]遂爲燕人。熊祥登遼天慶八年進士第，[5]爲樞密院令史。[6]太祖平燕，以其地畀宋，熊祥至汴，[7]授武當丞。[8]宋法，新附官不釐務，熊祥言於郡守楊皙曰：[9]"既不與事，請止給半俸以養親。"皙雖不許，而喜其廉。

[1]任圜：後唐人。《舊五代史》卷六七、《新五代史》卷二八各有傳。

[2]後唐：朝代名（923—936）。

[3]任睿：後晋人。本書僅一見，其他事迹不詳。

[4]石晋：朝代名。又稱後晋（936—946）。

[5]天慶：遼天祚帝年號（1111—1120）。

[6]樞密院令史：遼樞密院下屬吏員。

[7]汴：即汴京，京名。治所在今河南省開封市。

[8]武當丞：縣屬官。武當，宋縣名。治所在今湖北省鄖縣東南。

[9]郡守：宋州官名。官品不詳。　楊皙：宋人。與《遼史》楊皙同名，其他事迹不詳。

金人取均、房州，[1]熊祥歸朝，復爲樞密院令史。時西京留守高慶裔攝院事，[2]無敢忤其意者，熊祥未嘗阿意事之。其後杜充、劉筈同知燕京行省，[3]法制未一，日有異論，熊祥爲折衷之。歷深、磁州刺史，[4]開封少尹，[5]行臺工部郎中，[6]同知汴京留守事。[7]天德初，[8]爲山東東路轉運使，[9]改鎮西軍節度使。[10]是時，詔徐文、張弘信討東海縣，[11]弘信逗遛，稱疾不進，决杖二百。熊祥被詔爲會試主文，[12]以“事不避難臣之職”爲賦題。及御試，[13]熊祥復以“賞罰之令信如四時”爲賦題，海陵大喜，[14]以爲翰林侍讀學士。[15]

[1]均：州名。治所在今湖北省鄖縣東南。　房州：治所在今湖北省房縣。

[2]西京留守：京路長官，兼本路兵馬都總管。掌管一路軍政事務。正三品。西京路治所在今山西省大同市。　高慶裔：渤海族人。是金初都元帥、國論右勃極烈完顔宗翰的親信，實際主持雲州樞密院事務。

[3]其後杜充、劉筈同知燕京行省：杜充，降金的宋人，《宋史》卷四七五有傳。劉筈，本書卷七八有傳。燕京行省，全稱爲燕京行臺尚書省，是金朝前期設在中原地區特殊的地方行政統治機構，受中央尚書省和元帥府雙重統轄，治於析津府。按本書卷四《熙宗紀》天眷二年（1139）七月己丑，“杜充爲行臺右丞相”，皇統六年（1146）五月“辛卯，以左宣徽使劉筈爲行臺右丞相”。二人實未同時任職行省。又本書卷五五《百官志一》，天眷元年，“改燕京樞密爲行臺尚書省。天眷三年，復移置於汴京”。則杜充所任爲燕京行省，而劉筈所任爲汴京行省。實非一地。

[4]深、磁州刺史：州長官。掌一州財政訴訟、宣導風俗等各種政務，獨不領兵。正五品。深，州名。治所在今河北省深州市。磁州治所在今河北省磁縣。

[5]開封少尹：掌通判府事。正五品。開封，府名。南京路治所，在今河南省開封市。

[6]行臺工部郎中：行臺工部屬官。佐掌修造營建法式、諸作工匠、屯田、山林川澤之禁、江河堤岸、道路橋梁之事。官品不

詳。行臺爲汴京行臺尚書省，爲熙宗與海陵初年設於中原南部的地方行政機構，受朝廷直轄，又受元帥府監督。

[7]同知汴京留守事：留守司屬官，帶同知本府尹兼本路兵馬都總管。正四品。

[8]天德：金海陵王年號（1149—1153）。

[9]山東東路轉運使：轉運司屬官。掌税賦錢穀、倉庫出納、權度量衡之制。正三品。山東東路轉運司治於東平府，治所在今山東省東平縣。

[10]鎮西軍：州軍名。治所在今内蒙古自治區呼和浩特市清水河縣。

[11]徐文：本書卷七九有傳。　張弘信：世宗朝曾任泰寧軍節度使。　東海縣：治所在今江蘇省連雲港市南。

[12]會試：即省試。金制，科舉進士舉人，初爲鄉試，次爲府試，三爲會試，由京師禮部主持舉行。　主文：禮部屬官。掌科舉出題之事。

[13]御試："試"，原作"題"，局本作"御試"。本書卷五一《選舉志一》，"海陵庶人天德二年，始增殿試之制"，又"自來御試賦題皆士人嘗擬作者"，"經義進士御試第二場"，"遂定御試同日各試本業"，屢見"御試"一詞。《殿本考證》云："'御試'原刻作'御題'，考《選舉志》，會試之後繼以御試，'題'字係誤。"中華點校本據改，今從之。御試，又稱殿試、廷試。名義上是皇帝親自主持的最高級考試，實際上多是皇帝最信任的、品級較高的翰林碩學官員任考官。殿試榜首稱狀元，會試榜首改稱會元。天德三年（1151）正式推行，確立了鄉、府、省、御四級考試。

[14]海陵：封號。即完顔迪古迺，漢名亮。金朝第四任皇帝。1149 年至 1161 年在位。

[15]翰林侍讀學士：翰林学士院属官。掌制撰词命，凡应奉文字，銜内带"知制诰"。從三品。

大定初，[1]起爲太子少師。[2]時契丹賊窩斡竊號，[3]北鄙用兵未息，上以爲憂，詔公卿百官議所以招伐之宜。衆皆異議，熊祥徐進曰："陛下以勞民爲憂，用兵爲重，莫若以恩信招懷之。"上問："孰可使者？"對曰："臣雖老，憑國威靈，尚堪一行。"上曰："卿老矣，無煩爲此。"七年，復致仕。熊祥事母以孝聞，母没時，熊祥年已七十，不食三日，人皆稱之。卒于家。

[1]大定：金世宗年號（1161—1189），章宗即帝位後仍沿用一年。

[2]太子少師：東宫屬官。掌保護東宫，導以德義。正三品。

[3]窩斡：契丹人。即移剌窩斡。本書卷一三三有傳。

孔璠字文老，至聖文宣王四十九代孫，[1]故宋朝奉郎襲封端友弟端操之子。[2]齊阜昌三年，補迪功郎，[3]襲封衍聖公，[4]主管祀事。天會十五年，[5]齊國廢。熙宗即位，興制度禮樂，立孔子廟於上京。[6]天眷三年，[7]詔求孔子後，加璠承奉郎，[8]襲封衍聖公，奉祀事。是時，熙宗頗讀《論語》《尚書》《春秋左氏傳》及諸史、《通曆》《唐律》，[9]乙夜乃罷。皇統元年三月戊午，上謁奠孔子廟，[10]北面再拜，顧謂侍臣曰："朕幼年游佚，不知志學，歲月逾邁，深以爲悔。大凡爲善，不可不勉，孔子雖無位，其道可尊，萬世高仰如此。"皇統三年，璠卒。[11]子拯襲封，[12]加文林郎。[13]

[1]至聖文宣王：孔子的封號。孔子名丘，春秋時期魯國人。

[2]朝奉郎：宋文散官。正六品上階。　孔端友：其他事迹不詳。　孔端操：其他事迹不詳。

[3]齊：政權名。金初設於魯、豫、陝的傀儡政權（1130—1137）。　阜昌：劉豫的年號（1130—1137）。　迪功郎：齊文散官。宋迪功郎爲從九品。

[4]衍聖公：孔子後人的封號。

[5]天會：太宗與熙宗初年的年號（1123—1135）。

[6]上京：金前期的京城，治所在今黑龍江省阿城市白城。

[7]天眷：金熙宗年號（1138—1140）。

[8]承奉郎：金前期承用宋文散官名。從八品上階。

[9]《論語》：書名。爲孔子弟子及其後學關於孔子言行思想的記録。　《尚書》：書名。上古時典章文獻的彙編，相傳由孔子編選。　《春秋左氏傳》：書名。春秋時魯國人左丘明所撰。《通曆》：曆書。有通貫古今之義。東晋穆帝永和八年（352），著作郎琅琊王朔之造《通曆》，以甲子爲上，積九萬七千年，其上元爲開闢之始。　《唐律》：即《唐律疏義》，長孫無忌等奉勅撰。

[10]皇統元年三月戊午，上謁奠孔子廟：《大金集禮》卷三六《宣聖廟祀儀》："皇統元年二月戊子日，帝詣文宣王廟奠祭。"中華點校本認爲當作"二月"。是。

[11]皇統三年，璠卒：局本作"二年"。本書卷四《熙宗紀》皇統二年（1142）正月，"壬子，衍聖公孔璠薨"。與此繫年異。

[12]孔拯：本卷有傳。

[13]文林郎：文散官。正八品上階。

拯字元濟。天德二年，定襲封衍聖公俸格，有加于常品。是歲立國子監，[1]久之，加拯承直郎。[2]大定元年，卒。弟摠襲封，[3]加文林郎。

［1］國子監：官署名。國子學、太學隸屬之。

［2］承直郎：文散官。正七品下階。

［3］孔揔：本卷有傳。

揔字元會。大定二十年，召揔至京師，[1]欲與之官。尚書省奏："揔主先聖祀事，若加任使，守奉有闕。"上曰："然。"乃授曲阜縣令。[2]明昌元年，[3]卒。子元措襲封，[4]加文林郎。

［1］京師：指中都。

［2］曲阜縣：治所在今山東省曲阜市。

［3］明昌：金章宗年號（1190—1196）。

［4］孔元措：本卷有傳。

元措字夢得。三年四月詔曰："衍聖公視四品，階止八品，不稱。可超遷中議大夫，[1]永著于令。"四年八月丁未，章宗行釋奠禮，[2]北面再拜，親王、百官、六學生員陪位。承安二年正月，[3]詔元措兼曲阜縣令，仍世襲。元措歷事宣宗、哀宗，[4]後歸大元終焉。[5]

［1］中議大夫：文散官。正五品上階。

［2］章宗：廟號。即完顏麻達葛，漢名璟。金朝第六任皇帝。1189 年至 1208 年在位。

［3］承安：金章宗年號（1196—1200）。

［4］宣宗：廟號。即完顏吾睹補，漢名珣。金朝第八任皇帝。1213 年至 1223 年在位。　哀宗：廟號。即完顏寧甲速，漢名初爲守禮，宣宗貞祐四年（1216）更名爲守緒。金朝第九任皇帝。1224

年至1234年在位。

［5］大元：指蒙古汗國，其後建立元朝。

四十八代端甫者，[1]明昌初，學士党懷英薦其年德俱高，[2]讀書樂道，該通古學。召至京師，特賜王澤榜及第，[3]除將仕郎、[4]小學教授，[5]以主簿半奉致仕。[6]

［1］孔端甫：其他事迹不詳。

［2］學士：即翰林侍講學士。從三品。　党懷英：本書卷一二五有傳。

［3］王澤：其他事迹不詳。

［4］將仕郎：文散官。正九品下階。

［5］小學教授：學官名。具體不詳。

［6］以主簿半奉致仕：原脱“半”字。按本書卷一〇《章宗紀二》，明昌四年（1193）三月“丙子，特賜有司孔端甫及第，命食主簿半俸致仕”。中華點校本補之，今從之。主簿，縣官名。縣令的副佐，正九品。

范拱字清叔，濟南人。[1]九歲能屬文，深於《易》學。[2]宋末，登進士第，調廣濟軍曹，[3]權邦彦辟爲書記，[4]攝學事。劉豫鎮東平，[5]拱撰謁廟文，豫奇之，深加賞識。拱獻《六箴》。

［1］濟南：府名。治所在今山東省濟南市。

［2］《易》：書名。又稱《周易》《易經》，上古卜筮之書。

［3］廣濟軍曹：宋縣官名。　廣濟：宋縣名。治所在今湖北省蘄春縣東。

［4］權邦彦：宋人。《宋史》卷三九六有傳。

［5］劉豫鎮東平：原脱“平”字。按本書卷七七《劉豫傳》《撻懶傳》皆曰劉豫降金後，治東平。中華點校據補，今從之。東平，府名。

齊國建，[1]累擢中書舍人。[2]上《初政録》十五篇：一曰《得民》，二曰《命將》，三曰《簡禮》，四曰《納諫》，五曰《遠圖》，六曰《治亂》，七曰《舉賢》，八曰《守令》，九曰《延問》，十曰《畏慎》，十一曰《節祥瑞》，十二曰《戒雷同》，十三曰《用人》，十四曰《御將》，十五曰《御軍》。豫納其説而不能盡用也。久之，權尚書右丞，[3]進左丞，[4]兼門下侍郎。[5]

［1］齊國建：劉齊傀儡政權建於金太宗天會八年（1130）。

［2］中書舍人：齊官名。具體不詳。

［3］尚書右丞：齊尚書省屬官。佐治尚書省政務。　權：代理攝守之官稱“權”。

［4］左丞：齊尚書省屬官。

［5］門下侍郎：齊門下省屬官。

豫以什一稅民，名爲古法，其實裒斂，而刑法嚴急，吏貪緣爲暴。民久罹兵革，益窮困，陷罪者衆，境内苦之。右丞相張孝純及拱兄侍郎巽，[1]極言其弊，請仍因履畝之法，豫不從。巽坐貶官，自是無復敢言者。拱曰：“吾言之則爲黨兄，不言則百姓困弊。吾執政也，寧爲百姓言之。”乃上疏，其大略以爲“國家懲亡宋重斂弊，什一稅民，本務優恤，官吏奉行太急，驅民犯禁，非長久計也”。豫雖未即從，而亦不加譴。拱令刑部條上諸路以税抵罪者凡千餘人，[2]豫見其多，乃更爲五等税法，民猶以爲重也。

[1]右丞相：劉齊政權屬官。爲齊帝劉豫的輔弼大臣。　張孝純：降金宋人，金熙宗時曾任燕京行臺左丞相。　范巽：其他事迹不詳。

[2]刑部：劉齊政權官署名。掌律令、刑名、赦詔、懲没、官吏改正、功賞捕亡等諸種事務。

齊廢，[1]梁王宗弼領行臺省事，[2]拱爲官屬。宗弼訪求百姓利病，拱以減税爲請，宗弼從之，減舊三分之一，民始蘇息。拱慎許可，而推轂士，[3]李南、張輔、劉長言皆拱薦也。[4]長言自汝州郟城酒監擢省郎，[5]人不知其所以進，拱亦不自言也。以久病乞近郡，除淄州刺史。[6]皇統四年，以疾求退，以通議大夫致仕。[7]齋居讀書，罕對妻子。

[1]齊廢：劉齊傀儡政權於熙宗天會十五年（1137）被金朝廢止。

[2]梁王：封爵名。天眷格，大國封號第二位。　宗弼：女真人。姓完顏氏，本名兀术，金太祖之子。本書卷七七有傳。　領行臺省事：行臺尚書省長官。掌治行臺軍政事務，多以金朝朝廷將相兼領。

[3]而推轂士：施國祁《金史詳校》卷八下曰，其“士”下當加“類”。

[4]李南：其他事迹不詳。　張輔：其他事迹不詳。　劉長言：

海陵天德三年（1151）曾以翰林學士爲賀宋生日使出使宋朝，其後任橫海軍節度使、尚書右丞。

[5]汝州：治所在今河南省汝州市。　郟城：縣名。治所在今河南省郟縣。　酒監：酒使司屬官。掌簽署文簿，檢視釀造。正八品。　省郎：指尚書省官員。

[6]淄州：治所在今山東省淄博市南。

[7]通議大夫：文散官。正四品中階。

世宗在濟南聞其名。[1]大定初，拱上封事。七年，召赴闕，除太常卿。[2]議郊祀。[3]或有言前代都長安及汴、洛，[4]以太、華等山列爲五岳，[5]今既都燕，[6]當別議五岳名。寺僚取《崧高》疏“周都酆鎬，以吴岳爲西岳”。[7]拱以爲非是，議略曰：“軒轅居上谷，[8]在恒山之西，[9]舜居蒲阪，[10]在華山之北。以此言之，未嘗據所都而改岳祀也。”後遂不改。拱嘗言：“禮官當守禮，法官當守法，若漢張釋之可謂能守法矣。”[11]故其議論確然不可移奪。九年，復致仕，卒于家，年七十四。

[1]世宗：廟號。即完顔烏禄，漢名雍。1161年至1189年在位。

[2]太常卿：太常寺長官。掌禮樂、郊廟、社稷、祠祀之事。從三品。

[3]郊祀：漢族王朝傳統的祭祀天地的重要禮儀制度。海陵天德年間，金朝始承宋制，有郊祀之制，世宗時以先祖配享的郊祀禮儀始完備。

[4]長安：西漢、唐代都城，治所在今陝西省西安市。　汴、洛：汴，北宋都城，治所在今河南開封市。洛，東漢都城，治所在

今河南省洛陽市。

[5]太：即泰山。　華：即華山。　五岳：主一方之山曰岳。金代五岳爲東岳泰山，南岳衡山，西岳華山，北岳恒山，中岳嵩山。

[6]都燕：金海陵王貞元元年（1153）將金都城由上京遷至燕京。

[7]寺僚：自漢以來，以三公所居稱府，九卿所居稱寺，官稱寺卿或寺僚。　《崧高》："崧"，原作"嵩"。《詩經·大雅·崧高》唐孔穎達《疏》引《雜問志》云："周都豐鎬，故以吴岳爲西岳。"今據改。　周：指西周（約前11世紀—前771）。　酆鎬：西周都城，治所在今陝西省咸陽市一帶。　吴嶽：山名。《周禮·大宗伯疏》謂："周國在雍州，時無西岳，權立吴岳爲西岳，非常法。"説本於鄭玄。吴岳亦稱岳山，在陝西省隴縣西南。

[8]軒轅：黄帝，古代傳説中的五帝之一。　上谷：地名。在今河北省北部一帶。

[9]恒山：爲五岳中的北岳，主峰在今河北省曲陽縣西北。

[10]蒲阪：地名。在今山西省永濟市。傳爲舜所都，漢初置蒲反縣，東漢作蒲阪，反與阪同。

[11]張釋之：漢人。《漢書》卷五〇有傳。

張用直，臨潢人。[1]少以學行稱。遼王宗幹聞之，[2]延置門下，海陵與其兄充皆從之學。[3]天眷二年，以教宗子賜進士及第，[4]除禮部郎中。[5]皇統四年，爲宣徽判官，[6]歷横海軍節度副使，[7]改寧州刺史。[8]海陵即位，召爲簽書徽政院事、[9]太常卿、太子詹事。[10]海陵嘗謂用直曰："朕雖不能博通經史，亦粗有所聞，皆卿平昔輔導之力。太子方就學，[11]宜善道之。朕父子並受卿學，亦儒者之榮也。”爲賀宋國正旦使，[12]卒于汴。海陵深悼惜之，遣使迎護其喪，官給道途費。喪至，親臨奠，賜錢千萬。其養子始七歲，特受武義將軍。[13]

[1]臨潢：府名。治所在今内蒙古自治區巴林左旗林東鎮。

[2]遼王：封爵名。天眷格，大國封號第一位。　宗幹：女真人。姓完顔氏，金太祖庶長子。本書卷七六有傳。

[3]充：女真人。宗室，姓完顔氏。本書卷七六有傳。

[4]賜進士及第：金朝皇帝對不是科舉入仕的文官的一種恩賜。

[5]禮部郎中：禮部屬官。佐掌禮樂、祭祀、學校、貢舉諸事。從五品。

[6]宣徽判官：宣徽院屬官。掌朝會、燕享，凡殿庭禮儀及監知御膳。從六品。

[7]節度副使：州軍官。從五品。

[8]寧州：治所在今甘肅省寧縣。

[9]簽書徽政院事：金無“徽政院”，本卷上文張用直曾“爲宣徽判官”，徽政院爲宣徽院之誤。

[10]太子詹事：東宫屬官。掌總統東宫内外庶務。從三品。

[11]太子：指完顔光英。本書卷八二有傳。

[12]賀宋國正旦使：臨時官職。被時人視爲即榮譽又收入頗豐的肥差。

[13]武義將軍：武散官。從六品上階。

劉樞字居中，通州三河人。[1]少以良家子從軍，屯河間。[2]同輩皆騎射，獨樞刻意經史。登天眷二年進士，調唐山主簿。[3]改飛狐令，[4]蔚州刺史恃功貪污無所顧忌，[5]屬邑皆厭苦之，樞一無所應，乃摭以他事繫獄，將致之死。郡人有憐樞者，道樞脱走，訴於朝。會廉察使至，[6]守倅而下皆抵罪廢，獨樞治狀入優等，躐遷奉直大夫。[7]張浩營建燕京宫室，[8]選樞分治工役。遷尚書刑部員外郎，[9]鞫治太原尹徒單阿里出虎反狀，[10]旬日獄具。轉工部郎中，[11]進本部侍郎。[12]正隆末，[13]從軍還自江上。大定初，與左司郎中王蔚、[14]右司員外郎王全俱出補外，[15]樞爲南京路轉運使事。[16]

[1]通州：治所在今北京市通州區。　三河：縣名。治所在今河北省三河市。

[2]河間：府名。治所在今河北省河間市。

[3]唐山：縣名。治所在今河北省隆堯縣西。

[4]飛狐：縣名。治所在今河北省淶源縣。

[5]蔚州：治所在今河北省蔚縣。

[6]廉察使：熙宗、海陵朝經常不定期地從中央派遣廉察使到地方考察各級官吏政績，復查冤獄。

[7]奉直大夫：文散官。從六品上階。

[8]張浩：渤海族人。本書卷八三有傳。

[9]尚書刑部員外郎：刑部屬官。正員二人。一員掌律令格式、審定刑名、關津譏察、赦詔勘鞫、追徵給没等事；一員掌官户、監户（官奴婢口）、配吏、良賤身份訴訟、城門啓閉、官吏改正、功賞捕亡等事務。從六品。

[10]太原尹：府長官。掌宣風導俗，肅清所部，總判府事。正三品。　徒單阿里出虎：女真人。原作“阿里虎出”，本書卷一三二本傳記述了此事。中華點校本據乙正，今從之。

[11]工部郎中：工部屬官。佐掌修造營建法式、諸作工匠、屯田、山林川澤之禁、江河堤岸、道路橋梁之事。從五品。

[12]工部侍郎：工部屬官。正四品。

[13]正隆：金海陵王年號（1156—1161）。

[14]左司郎中：左司長官。熙宗初年爲左司侍郎，天眷三年（1140）更爲郎中，掌吏、户、禮三部受事付事，兼帶修起居注官。正五品。　王蔚：本書卷九五有傳。

[15]右司員外郎：右司屬官。掌本司奏事，總察吏、户、禮三部受事付事，兼帶修起居注官。正六品。按本書卷七六《完顏襄傳》"右司員外郎"作"左司員外郎"，與此異。　王全：其他事迹不詳。

[16]南京路轉運使事：轉運司屬官。從四品。南京路轉運司又稱河南路轉運司，治所在開封府。

初，世宗欲復用樞等，御史臺奏：[1]"樞等在正隆時皆以巧進，敗法蠹政，人多怨嫉之。"上以樞等頗幹濟，猶用之，戒之曰："能悛心改過，必加升擢。不然，則斥汝等矣。"是時，阿勒根彦忠爲南京都轉運使，[2]不閑吏事，故用樞以佐之。遷山東路轉運使，[3]改中都路轉運使。[4]大定四年，卒於官。

[1]御史臺：中央監察機構。糾察彈劾内外百官善惡，凡内外刑獄所屬理斷不當，有陳述者付臺治之。

[2]阿勒根彦忠：女真人。本書卷九〇有傳。

[3]山東路轉運使：轉運司屬官。正三品。山東路轉運司分東、西兩司，山東東路轉運司治於東平府，山東西路轉運司治於益都府。此處記載有闕漏，具體待考。

[4]中都路轉運使：轉運司屬官。中都路轉運司治於大興府，治所在今北京市。

王倚字倚然，涿州人也。[1]登皇統二年進士第，由尚書省令史除同知霸州事。[2]累遷刑部員外郎，坐請囑故人姦罪，杖四十，降授泰定軍節度副使。[3]四遷大興府治中，[4]授户部侍郎。[5]世宗謂宰臣曰："王倚前爲外官，聞有剛直名。今聞專務出罪爲陰德，事多非理從輕。又巧倖偷安，若果剛直，則當忘身以爲國，履正以無偏，何必賣法以徼福耶?"尋命賑濟密雲等三十六縣猛安人户，[6]冒請粟三萬餘石，爲尚書省奏奪官一階，出爲同知北京留守事。[7]上曰："人多言王倚能官，以朕觀之，凡事不肯盡力，直一老姦耳。"二十四年，遷遼東路轉運使。[8]歲餘，改顯德軍節度使。[9]以前任轉運使拽辱倉使王祺致死，[10]追兩官解職，敕杖七十，降授鄭州防禦使。[11]

[1]涿州：治所在今河北省涿州市。

[2]尚書省令史：尚書省下屬吏員。　同知霸州事：州屬官。通判州事。正七品。霸州治所在今河北省霸州市。

[3]泰定軍：州軍名。治所在今山東省兖州市。

[4]大興府治中：治中，不見《百官志》記載。金世宗後期，逐漸以治中取代府少尹，掌通判府事。官品當與少尹同，正五品。

[5]户部侍郎：户部屬官。户部尚書的副佐，佐掌户籍、物力、鹽鐵、酒麯、礦冶、榷場、市易、度支、國用、俸禄、錢帛、貢賦、租税、積貯、度量衡等事。正員二人，正四品。

[6]密雲：縣名。治所在今北京市密雲縣。　猛安：女真地方行政設置及長官的名稱。猛安相當於防禦州，長官掌修理軍務，訓練武藝，勸課農桑，防捍不虞，禦制盜賊。世襲職，從四品。

[7]北京：原遼中京大定府舊址，金初承用遼制稱中京，海陵

貞元元年（1153）改中京爲北京。熙宗天眷元年（1138）曾改遼上京爲北京，海陵天德二年（1150）又改稱臨潢府，世宗以後併入北京路。北京大定府的治所在今内蒙古自治區寧城縣境内。

[8]遼東路轉運司：官署名。治於咸平府，在今遼寧省開原市老城。

[9]顯德軍：州軍名。治所不詳。

[10]倉使：轉運司屬官。掌管理倉庫之事。　王祺：其他事迹不詳。

[11]鄭州防禦使：州長官。掌一州軍、政事務。從四品。鄭州治所在今河南省鄭州市。

章宗即位，擢同知大興府事。[1]審録官奏，[2]翛前任顯德潔廉剛直，軍吏斂迹，無訟獄。遷禮部尚書，[3]兼大理卿。[4]使宋還，[5]會改葬太師廣平郡王徒單貞。[6]貞，章宗母孝懿皇后父也。[7]帝欲用前代故事，班劍、鼓吹、羽葆等儀衛。[8]宰臣以貞與弑熙宗誅死，意難之。於是，詔下禮官議。翛言："晉葬丞相王導，[9]給前後羽葆、鼓吹、武賁、班劍百人。唐以來，大駕鹵簿有班劍，其王公以下鹵簿並無班劍，兼羽葆非臣下所宜用，國朝葬大臣亦無之。"上先知唐葬大臣李靖等皆用班劍、羽葆，[10]怒曰："典故所無，固可從，[11]然用之亦不過禮。"一日，詔翛及諫議大夫兼禮部侍郎張暐詣殿門，[12]諭之曰："朝廷之事，汝諫官、禮官即當辯析。[13]且小民言可采，朕尚從之，況卿等乎？自今議事，毋但附合尚書省。"

[1]同知大興府事：府屬官。掌通判府事。從四品。

［2］審録官：本書《百官志》不載。本書卷五四《選舉志四》："大定間，以監察御史及審録官分詣諸路，考覈以擬，號爲得人。"卷二六《刑志》："審録之官，非止理問重刑，凡訴訟案牘，皆當閲實是非，囚徒不應囚繫則當釋放，官吏之罪即以狀聞，失糾察者嚴加懲斷，不以贖論。"由此推斷，審録官當爲御史臺或大理寺屬官，掌復審訴訟案牘，考察官吏。官品不詳。

［3］禮部尚書：禮部長官。正三品。

［4］大理卿：大理寺長官。掌審斷天下奏案，詳斷疑獄。正四品。

［5］使宋還：本書卷六二《交聘表下》繫於章宗明昌元年（1190）七月。

［6］太師：三師之首。師範一人，儀刑四海。正一品。　廣平郡王：封爵名。郡王號第二位。　徒單貞：女真人。本書卷一三二有傳。

［7］孝懿皇后：女真人。徒單氏。本書卷六四有傳。

［8］班劍、鼓吹、羽葆：儀仗的名稱。班劍，班同斑，飾有花紋的木劍。鼓吹，樂名。羽葆，以鳥羽爲飾的儀仗。

［9］晋：西晋，朝代名（265—316）。　王導：《晋書》卷六五有傳。

［10］李靖：《新唐書》卷六五有傳。

［11］固可從：《金史詳校》卷八下認爲，"可"之上當加"不"字。

［12］諫議大夫：諫院長官。正四品。　禮部侍郎：禮部屬官。正四品。　張暐：本書卷一〇六有傳。

［13］諫官、禮官：指諫院及禮部的官員。

明昌二年，改知大興府事。[1]時僧徒多游貴戚門，翛惡之，乃禁僧午後不得出寺。嘗一僧犯禁，皇姑大長公主爲請，[2]脩曰："奉主命，即令出之。"立召僧，杖一百死，京師肅然。後坐故出人罪，復削官解職。明年，特授定海軍節度使。[3]諭旨曰："卿賦性太剛，率意行事，乃自陷於刑。若殿年降叙，念卿入仕久，頗有執持，故特起於罪謫之中，授以見職。且彼歲歉民飢，盜賊多，須用舊人鎮撫，庶得安治。勉盡乃心，以圖後効。"未幾，表乞致仕。上曰："脩能幹者，得力爲多。"不許。復申請，從之。泰和七年，[4]卒，年七十五。

脩性剛嚴，臨事果决，吏民憚其威，雖豪右不敢犯。承安間，知大興府事闕，詔諭宰臣曰："可選極有風力如王脩輩者用之。"其爲上所知如此。

[1]知府：知府一職，本書《百官志》不載。世宗大定年間始設，官品高於同知，或低於府尹。章宗朝及以後，不授府尹，以知府事代之，掌宣風導俗，肅清所部，總判府事。官品或與府尹同，正三品。

[2]皇姑大長公主：金承唐制，皇姑封大長公主，此爲章宗的姑母，具體不詳。

[3]定海軍：州軍名。治所在今山東省萊州市。《中州集》卷八《王脩小傳》作"定國軍"。

[4]泰和：金章宗年號（1201—1208）。

楊伯雄字希雲，真定藁城人。[1]八世祖彦稠，[2]後唐清泰中爲定州兵馬使。[3]後隨晉主北遷，[4]遂居臨潢。父丘行，[5]太子左衛率府率。[6]

[1]真定：府名。治所在今河北省正定縣。　藁城：縣名。治

所在今河北省槁城市。

[2]楊彦稠：其他事迹不詳。

[3]清泰：後唐年號（934—936）。　定州兵馬使：後唐州官。掌兵馬之事。定州，後唐州名。治所在今何地不詳。

[4]後隨晋主北遷："遷"，原作"還"。《金史詳校》卷八下，"'還'當作'遷'"。中華點校本據文義改，今從之。晋主，指後晋高祖，名石敬瑭。936年至942年在位。

[5]楊丘行：其他事迹不詳。

[6]太子左衛率府率：東宫屬官。掌周衛導從儀仗。從五品。

伯雄登皇統二年進士，海陵留守中京，[1]丘行在幕府，伯雄來省視，海陵見之，深加器重。久之，調韓州軍事判官。[2]有二盜詐稱賈販，逆旅主人見欺，至州署陳訴，實欲劫取伯雄，伯雄心覺其詐，執而詰之，并獲其黨十餘人，一郡駭服。遷應奉翰林文字。[3]是時，海陵執政，自以舊知伯雄，屬之使時時至其第，伯雄諾之而不往，他日，[4]海陵怪問之，對曰："君子受知於人當以禮進，附麗奔走，非素志也。"由是愈厚待之。

[1]中京：京名。治所在今内蒙古自治區寧城縣大明城址。

[2]韓州軍事判官：《百官志》州官條下僅有"判官"一職，職掌又與軍事無關，但《金史》中軍事判官極爲常見，很少見州判官。是《百官志》脱"軍事"二字，還是傳記記載有誤，很難定奪。判官掌簽判州事，專管通檢推排簿籍。從八品。韓州治所在今吉林省梨樹縣偏臉古城址。

[3]應奉翰林文字：翰林學士院屬官。分掌詞命文字，分判院事。不限員，從七品。

[4]他日："他"，原作"也"，今據南監本、北監本、殿本、局本改。

海陵篡立，數月，遷右補闕，[1]改修起居注。[2]海陵銳於求治，講論每至夜分，嘗問曰："人君治天下其道何貴？"對曰："貴静。"海陵默然。明日，復謂曰："我遷諸部猛安分屯邊戍，前夕之對豈指是爲非静邪？"對曰："徙兵分屯，使南北相維，長策也。所謂静者，乃不擾之耳。"乙夜，復問鬼神事。伯雄進曰："漢文帝召見賈生，[3]夜半前席，不問百姓而問鬼神，後世頗譏之。陛下不以臣愚陋，幸及天下大計，鬼神之事未之學也。"海陵曰："但言之，以釋永夜倦思。"伯雄不得已，乃曰："臣家有一卷書，記人死復生，或問冥官何以免罪，答曰，汝置一曆，白日所爲，暮夜書之，不可書者是不可爲也。"海陵爲之改容。夏日，海陵登瑞雲樓納凉，[4]命伯雄賦詩，其卒章云："六月不知蒸鬱到，清凉會與萬方同。"海陵忻然，以示左右曰："伯雄出語不忘規戒，爲人臣當如是矣。"再遷兵部員外郎。[5]丁父憂，起復翰林待制，兼修起居注。遷直學士，[6]再遷右諫議大夫，兼著作郎，[7]修起居注如故。

[1]右補闕：諫院屬官。正七品。

[2]修起居注：記注院屬官。掌記帝王言行，一般以他官兼之。

[3]漢文帝：廟號。西漢皇帝，名劉恒。公元前 179 年至公元前 157 年在位。　賈生：即賈誼。《漢書》卷四八有傳。

[4]瑞雲樓：疑爲中都宫城内樓名。

[5]兵部員外郎：兵部屬官。佐掌兵籍、軍器、城隍、鎮戍、厩牧、鋪驛、車輅、儀仗、郡邑圖志、險阻、障塞、遠方歸化之事。正員二人，從六品。

[6]翰林直學士：翰林學士院屬官。掌制撰詞命，凡應奉文字，銜内帶“知制誥”。不限員，從四品。

[7]著作郎：秘書監下屬著作局屬官。熙宗皇統六年（1146）置，掌修日曆。從六品。

皇子慎思阿不薨，[1]伯雄坐與同直者竊議被責，語在《海陵諸子傳》。海陵議征江南，伯雄奏：“晋武平吴皆命將帥，[2]何勞親總戎律？”不聽。乃落起居注，不復召見。

[1]慎思阿不：又作思阿補。本書卷八二有傳。

[2]晋武：廟號。西晋皇帝，名司馬炎。265年至290年在位。吴：三國時期國名（222—280）。

大定初，除大興少尹，[1]丁母憂。顯宗爲皇太子，[2]選東宫官屬，張浩薦伯雄，起復少詹事，[3]兄子蟠爲左贊善，[4]言聽諫從，時論榮之。集古太子賢不肖爲書，號《瑶山往鑒》，進之。及進《羽獵》《保成》等箴，皆見嘉納。復爲左諫議大夫、翰林直學士。會太子詹事闕，宰相復舉伯雄。上曰：“伯雄不可去朕左右，而東宫亦須輔導。”遂以太子詹事兼諫議。

[1]大興少尹：“大興”，原作“大與”。按本書卷二四《地理志上》記大興府云：“晋幽州，遼會同元年陞爲南京，府曰幽都，

仍號盧龍軍，開泰元年更爲永安析津府。天會七年析河北爲東、西路，時屬河北東路，貞元元年更今名。”今據改。

[2]顯宗：廟號。即完顔胡土瓦，漢名允恭。本書卷一九有紀。

[3]少詹事：東宫屬官。掌總統東宫内外庶務。從四品。

[4]楊蟠：其他事迹不詳。　左贊善：東宫屬官。掌贊諭道德、侍從文章。正六品。

六年，上幸西京，欲因往凉陘辟暑，[1]伯雄率衆諫官入諫。上曰：“朕徐思之。”伯雄言之不已，同列皆引退，久之乃起。是年，至凉陘，徼巡果有疏虞。上思伯雄之言，及還，遷禮部尚書，謂近臣曰：“群臣有幹局者衆矣，如伯雄忠實，皆莫及也。”上謂伯雄曰：“龍逢、比干皆以忠諫而死，[2]使遇明君，豈有是哉！”伯雄對曰：“魏徵願爲良臣，[3]正謂遇明君耳。”因顧謂宰相曰：“《書》曰‘汝無面從，退有後言’。[4]朕與卿等共治天下，有事可否，[5]即當面陳。卿等致位卿相，正行道揚名之時，偷安自便，徼倖一時，如後世何？”群臣皆稱萬歲。

[1]凉陘：地名。位於河北省沽源縣西。

[2]龍逄：即關龍逄，夏之賢臣。夏桀無道，爲酒池糟丘，龍逄極諫，殺之。見《莊子·人間世》等。　比干：殷末人，紂之叔伯父，一説是紂庶兄。比干諫，被剖心死。見《史記·宋世家》。

[3]魏徵：《新唐書》卷九七有傳。

[4]《書》：即《尚書》。　汝無面從，退有後言：見《尚書·后稷》，而《史記·夏本紀》作“女無面諛，退而謗予”。

[5]有事可否：本書卷六《世宗紀上》大定八年（1268）正

月，作“事有不可”。《金史詳校》卷八下，“‘有事’當作‘事有’”。

十二年，改沁南軍節度使，[1]召爲翰林學士承旨。[2]丞相石琚致仕，[3]上問：“誰可代卿者？”琚對曰：“伯雄可。”時論以琚舉得其人。復權詹事，伯雄知無不言，匡救弘多。後宮僚有詭隨者，人必稱楊詹事以愧之。除定武軍節度使，[4]改平陽尹。[5]先是，張浩治平陽，有惠政，及伯雄爲尹，百姓稱之，曰：“前有張，後有楊。”徙河中尹。[6]卒，年六十五。謚莊獻。弟伯傑、伯仁，族兄伯淵。[7]

[1]沁南軍：州軍名。治所在今河南省沁陽市。

[2]翰林學士承旨：翰林學士院長官。正三品。宣宗貞祐三年（1215）升從二品。

[3]丞相：指右丞相。尚書省宰相之一。從一品。　石琚：本書卷八八有傳。

[4]定武軍：州軍名。治所在今河北省定州市。

[5]平陽：府名。治所在今山西省臨汾市。

[6]河中：府名。治所在今山西省永濟市西。

[7]楊伯傑：海陵朝曾任尚書省知除。　楊伯仁：本書卷一二五有傳。　楊伯淵：本卷有傳。

伯淵字宗之。父丘文，[1]遼中書舍人。[2]伯淵早孤，事母以孝聞，疏財好施，喜收古書。天會初，以名家子補尚書省令史。十四年，賜進士第，歷吏、禮二部主事、[3]御前承應文字，[4]秩滿，除同知永定軍節度使事。[5]召爲司計郎中。[6]知平定軍，[7]用廉，遷平州路轉運使。[8]知泰安軍，有惠政，百姓刻石紀其事。四遷山東東路轉運使。正隆末，群盜蜂起，州郡往往罹害，獨濟南賴伯淵保全。大定三年，致仕，卒于家。

[1]楊丘文：遼人。其他事迹不詳。

[2]中書舍人：遼中書舍人院屬官。掌起草詔令等事。官品不詳。

[3]吏部主事：吏部屬官。掌知管差除，校勘行止，分掌封勳資考之事，惟選事則通署，及掌受事付事，檢勾稽失省署文牘，兼知本部宿直，檢校架閣。正員四人，從七品。熙宗皇統四年（1144），主事始用漢族士人。世宗大定三年（1263），用進士，非特旨不得擬用吏人。章宗承安五年（1200），增女真主事一人。禮部主事：禮部屬官。掌受事付事，檢勾稽失省署文牘，兼知本部宿直，檢校架閣。正員二人，從七品。

[4]御前承應文字：官名。具體不詳。

[5]同知永定軍節度使事：州軍官名。通判節度使事。正五品。永定軍，州軍名。治所在今河北省雄縣。

[6]司計郎中：官名。具體不詳。

[7]知平定軍：即同知軍事，州軍官名。平定軍，州軍名。治所在今山西省陽泉市。

[8]平州路轉運使：轉運司屬官。平州路轉運司治於平州，治所在今河北省盧龍縣。

蕭貢字真卿，京兆咸陽人。[1]大定二十二年進士，調鎮戎州判官，[2]涇陽令，[3]涇州觀察判官。[4]補尚書省令史。舊例，試補兩月，乃補用。貢至數日，執政以爲能，即用之。擢監察御史。[5]提刑司奏涇州有美政，[6]遷北京轉運副使。[7]親老，歸養。

[1]京兆：府名。治所在今陝西省西安市。　咸陽：縣名。治所在今陝西省咸陽市西。

[2]鎮戎州判官：州屬官。簽判州事，專掌通檢推排簿籍。鎮戎州，州名。治所在今寧夏回族自治區固原市。

[3]涇陽：縣名。治所在今陝西省涇陽縣。

[4]涇州觀察判官：節度州屬官。掌紀綱觀察衆務，分判吏、户、禮案事，通檢推排簿籍。正七品。涇州治所在今甘肅省涇川縣。

[5]監察御史：御史臺屬官，掌糾察内外官員非違之事。正員十二人，正七品。

[6]提刑司：地方監察機構。《大金國志》卷三八《提刑司九處》章宗大定二十九年（1189）六月於全國設九處提刑司：中都西京路（西京置司）、南京路（南京置司）、北京臨潢路（臨潢置司）、東京咸平府路（咸平置司）、上京路（上京置司）、河東南北路（汾州置司）、河北東西大名等路（河間置司）、陝西諸路（平涼置司）以及山東東西路（濟南置司）。掌審察刑獄，察舉官吏，舉廉能，劾不法，糾正官邪，勸農桑。

[7]轉運副使：轉運司屬官。正五品。

左丞董師中、[1]右丞楊伯通薦其文學，[2]除翰林修撰。[3]上書論“比年之弊，人才不以器識、操履，巧于案牘，不涉吏議者爲工。用人不務因才授官，惟泥資叙。名器不務慎與，人多僥倖。守令不務才實，民罹其害。伏望擢真才以振澆俗，核功能以理職業，慎名器以抑僥倖，重守令以厚邦本。然後政化可行，百事可舉矣”。詔詞臣作《唐用董重質誅郭誼得失論》，[4]貢爲第一，賜重幣四端。貢論時政五弊，言路四難，詞意切至，改治書侍御史。[5]丁父憂，起復，改右司員外郎，[6]尋轉郎中，[7]遷國子祭酒，[8]兼太常少卿，[9]與陳大任刊修《遼史》。[10]改刑部侍郎，[11]歷同知大興府事、德州防禦使，[12]三遷河東北路按察轉運使。[13]

[1]左丞：尚書省屬官。爲執政官，宰相的副佐，佐治尚書省政務。正二品。　董師中：本書卷九五有傳。

[2]右丞：尚書省屬官。正二品。　楊伯通：本書卷九五有傳。

[3]翰林修撰：翰林學士院屬官。分掌詞命文字，分判院事，銜帶“同知制誥”。不限員，從六品。

[4]唐用董重質誅郭誼得失論：董重質，唐淮西牙將，《舊唐書》卷一六一有傳。郭誼，唐兗州人，澤潞州節度使劉從諫牙將。嘗以兵脅朝廷，後爲石雄所俘，在京師處死。《資治通鑑》卷二四八，司馬光曰：“彼二人始則勸人爲亂，終則賣主規利，其死固有罪。然憲宗用之於前，武宗誅之於後，臣愚以爲皆失之。”因詔以是爲題論其得失。

[5]治書侍御史：御史臺屬官。掌奏事，判臺事。正員二人，從六品。

[6]右司員外郎：右司屬官。右司郎中的副佐。正六品。

[7]右司郎中：右司長官。熙宗初年爲右司侍郎，天眷三年（1140）更爲郎中，掌本司奏事，總察兵、刑、工三部受事付事，兼帶修注官。正五品。

[8]國子祭酒：國子監長官。掌學校。正四品。

[9]太常少卿：太常寺屬官。正五品。

[10]陳大任：章宗朝曾任翰林直學士。

[11]刑部侍郎：刑部屬官。正四品。

[12]德州：治所在今山東省德州市。

[13]河東北路按察轉運使：按察轉運司屬官。掌拘榷錢穀，糾彈非違。原按察司與轉運司爲兩個機構，治所也不同。金章宗泰和八年（1208）十一月，以轉運司權輕，州縣不畏，不能規措錢穀，遂詔中都都轉運司依舊專管錢穀事，其餘諸路按察使並兼轉運使。宣宗貞祐三年（1215）以四方兵動，罷按察使和勸農使，祇存轉運使。正三品。河東北路按察轉運司治於太原府，治所在今山西省太原市。

大安末，[1]改彰德軍節度使。[2]坐兵興不能守城，亡失百姓，降同知通遠軍節度事。[3]未幾，改静難軍節度使，[4]歷河東北路、南京路轉運使、御史中丞、[5]户部尚書。[6]南京戒嚴，坐乏軍儲，詔釋不問。興定元年，[7]致仕。元光二年，[8]卒，謚文簡。貢好學，讀書至老不倦，有注《史記》一百卷。

[1]大安：金衛紹王年號（1209—1211）。

[2]彰德軍：州軍名。治所在今河南省安陽市。

[3]通遠軍：州軍名。治所在今甘肅省隴西縣。

[4]静難軍：州軍名。治所在今陝西省彬縣。

[5]御史中丞：御史臺屬官。御史大夫的副佐，佐掌糾察朝儀，彈劾官邪，審刑獄不當之事。從三品。

[6]户部尚書：户部長官。正三品。

[7]興定：金宣宗年號（1217—1222）。

[8]元光：金宣宗年號（1222—1223）。

温迪罕締達，該習經史，以女直字出身，[1]累官國史院編修官。[2]初，丞相希尹制女直字，[3]設學校，使訛离剌等教之。[4]其後學者漸盛，轉習經史，故納合椿年、紇石烈良弼皆由此致位宰相。[5]締達最號精深。大定十二年，詔締達所教生員習作詩、策，若有文采，量才任使，其自願從學者聽。十三年，設女直進士科。[6]是歲，徒單鎰等二十七人登第。[7]十五年，締達遷著作佐郎，[8]與編修官宗璧、[9]尚書省譯史阿魯、[10]吏部令史張克忠譯解經書。[11]累遷秘書丞。[12]

[1]女直字出身：即女真文字學生出身。金太宗朝曾招收各路女真猛安謀克部子弟學習女真文字，畢業後委以官吏，是金初女真人入仕途徑之一。

[2]國史院編修官：國史院屬官。正員八人，女真人與漢人各四員，正八品。

[3]丞相：指左丞相。尚書省屬官，國家重要輔弼大臣。從一品。　希尹：女真人。姓完顏氏。本書卷七三有傳。　女直字：即女真字。女真字有大、小兩種，金太祖天輔三年（1119）頒行的由女真人完顏希尹等創製的女真字，謂之大字。其後熙宗又創製另一種女真字，謂之小字。兩種文字同時並行。

[4]訛离剌：女真人。其他事迹不詳。

[5]納合椿年：女真人。本書卷八三有傳。　紇石烈良弼：女真人。本書卷八八有傳。

[6]女直進士科：世宗大定十三年（1173）開設，每場策一道，免鄉試、府試，止赴會試、御試。大定二十年（1180）定制，以策、詩試三場，策用女真大字，詩用女真小字。

[7]徒單鎰：女真人。本書卷九九有傳。

[8]著作佐郎：秘書監下屬著作局屬官。熙宗皇統六年(1146)置，掌修日曆。正七品。

[9]宗璧：女真人。姓完顔氏，宗室出身。世宗朝曾任修起居注，章宗朝任豳王傅，明昌二年(1191)爲賀宋正旦使出使宋朝。

[10]尚書省譯史：尚書省屬官。低級官吏。　阿魯：女真人。其他事迹不詳。

[11]吏部令史：吏部下屬吏員。　張克忠：本書卷九九《徒單鎰傳》作“楊克忠”。其他事迹不詳。

[12]秘書丞：秘書監屬官。掌經籍圖書。正六品。

十九年，改左贊善，以母老求養。顯宗使内直丞六斤謂締達曰：[1]“贊善初未除此官，天子謂孤曰：‘朕得一出倫之才，學問該貫，當令輔汝德義。’既數日，贊善除此官。自謂親炙德義，不勝其喜。未可去也，勿難于懷。”久之，轉翰林待制，卒。明昌五年，贈翰林學士承旨，謚文成。

[1]内直丞：本書卷四三《輿服志》作内直郎丞，卷五七《百官志三》作内直郎。東宫屬官。正七品。　六斤：人名。其他事迹不詳。

子二十，章宗即位，以爲符寶典書，[1]累官左諫議大夫。貞祐四年，[2]上疏，略曰：“今邊備未撤，征調不休，州縣長吏不知愛養其民，督責徵科，鞭笞逼迫，急於星火，文移重複，不勝其弊，宜勅有司務從簡易。兵興以來，忠臣烈士，孝子順孫，義夫節婦，湮没無聞者甚衆，乞遣史官一員，廣爲采訪，以議褒嘉。”興定元年，遷武勝軍節度使，[3]改吏部尚書，[4]知開封府。[5]坐縱軍人家屬出城，當杖，詔解職。四年，復知開封府，復坐以事囑警巡使完顏金僧奴，[6]降爲鄭州防禦使。未幾，復爲知開封府事。

[1]符寶典書：殿前都點檢司屬官。原爲牌印令史，金世宗大定二年（1162）改爲此官名。正員四人。

[2]貞祐：金宣宗年號（1213—1217）。

[3]武勝軍："軍"，原作"州"。據本書卷二五《地理志中》"鄧州，武勝軍節度使"。《金史詳校》卷八下，"'州'當作'軍'"。中華點校本據改，今從之。武勝軍爲州軍名，治所在今河南省鄧州市。

[4]吏部尚書：吏部長官。正三品。

[5]知開封府：其時金都城在開封，爲京府官。

[6]警巡：警巡院屬官。掌平理獄訟，警察所部，總判院事。正六品。　完顏金僧奴：女真人。其他事迹不詳。

張翰字林卿，忻州秀容人。[1]大定二十八年進士，調隰州軍事判官。[2]有誣昆弟三人爲劫者，翰微行廉得其狀，白于州釋之。歷東勝、義豐、會川令，[3]補尚書省令史，除户部主事，[4]遷監察御史。丁母憂，服闋，調山東路鹽使。[5]丁父憂，起復尚書省都事、[6]户部員外郎。大安間，平章政事獨吉思忠、[7]参知政事承裕行省戍邊，[8]翰充左右司郎中，[9]論議不相叶。處置乖方，翰屢争之不見省。承裕就逮，衛紹王知翰嘗有言，[10]召見撫慰之。改知登聞鼓院，[11]兼前職，遷侍御史。貞祐初，爲翰林直學士，充元帥府經歷官。[12]中都戒嚴，[13]

調度方殷，改户部侍郎。

[1]忻州：治所在今山西省忻州市。　秀容：縣名。治所在今山西省忻州市。

[2]隰州：治所在今山西省隰縣。

[3]東勝：縣名。治所在今内蒙古自治區托克托縣。　義豐：縣名。治所在今河北省灤縣。　會川：縣名。治所在今河北省青縣。

[4]户部主事：户部屬官。正員五人。女真司二員，通掌户度、金倉等事；漢人司三員，佐員外郎分掌户部各種具體事物。從七品。章宗泰和八年（1208）減一員，宣宗貞祐四年（1216）作八員，五年爲六員。

[5]鹽使：鹽使司屬官。掌幹鹽利以佐國用。正五品。

[6]尚書省都事：尚書省屬官。提控架閣庫。其官品無載，但據本書卷五八《百官志四》記載："燕賜各部官僚以下，日給米糧分例，……監察御史、尚書省都事、大理司直、六部主事各八升。"由此推論，尚書省都事的官品當與監察御史、大理司直相當，同爲正七品。

[7]平章政事：尚書省宰相成員之一，爲丞相副佐。正員二人，從一品。　獨吉思忠：女真人。本書卷九三有傳。

[8]參知政事承裕行省戍邊：原無"戍邊"二字，文義不明。本書卷九三《承裕傳》大安三年（1211），承裕"與平章政事獨吉思忠行省戍邊"。中華點校本據補之，今從之。參知政事，尚書省執政官。宰相的副佐，佐治尚書省事。正員二人，從二品。承裕，女真人。宗室出身，姓完顏氏。本書卷九三有傳。行省，即行省事，行省長官。金章宗以來，因用兵、河防等事涉及諸路，臨時設行尚書省，爲臨時官職。

[9]左右司郎中：行省左右司屬官，掌本司奏事，總察受事付

事。官品不詳。

[10]衛紹王：封號。本名完顔興勝，漢名允濟，章宗時避顯宗諱，改名爲永濟。1209年至1213年在位。

[11]知登聞鼓院：登聞鼓院屬官。掌奏進告御史臺、登聞檢院理斷不當事，章宗承安二年（1197）以諫官兼。從五品。

[12]元帥府經歷官：元帥府屬官。掌出納文移等事。

[13]中都：都名。金海陵王貞元元年（1153）至金宣宗貞祐二年（1214）爲金朝的國都。

宣宗遷汴，[1]翰規措扈從糧草至真定，上書言五事："一曰强本，謂當裒兵徒、徙豪民，以實南京。二曰足用，謂當按蔡、汴舊渠以通漕運。[2]三曰防亂，謂當就集義軍假之官印，[3]使相統攝，以安反側。四曰省事，謂縣邑不能自立者宜稍併之，既以省官，且易於備盜。五曰推恩，謂當推恩以示天子所在稱幸之意。"上略施行之。

[1]宣宗遷汴：金宣宗貞祐二年（1214），在蒙古大軍的威逼下，宣宗將都城由中都遷往汴京，從此金朝走向全面衰退。

[2]蔡：州名。治所在今河南省汝南縣。

[3]義軍：金朝末年軍隊的一種，即招募軍，以河北、山西等地的漢人爲主而組成。本書卷四四《兵志》曰："招募義軍名曰忠義，要皆燕、趙亡命，雖獲近用，終不可制，異時擅殺北使唐慶以速金亡者即此曹也。"

翰雅有治劇才，所至輒辦。遷河平軍節度使、[1]都水監、[2]提控軍馬使，[3]俄改户部尚書。是時，初至南京，庶事草略，翰經度區處皆有條理。是歲卒，謚達義。

[1]河平軍：州軍名。治所在今河南省衛輝市。

[2]都水監：都水監長官。掌川澤、津梁、舟楫、河渠之事，金宣宗興定五年（1221）以後兼管勾河漕運之事。正四品。

[3]提控軍馬使：統領軍馬官。官品不詳。

任天寵字清叔，曹州定陶人也。[1]明昌二年進士，調考城主簿，[2]再遷威戎縣令。[3]縣故堡寨，無文廟學舍，[4]天寵以廢署建。有兄弟訟田者，天寵諭以理義，委曲周至，皆感泣而去。調泰定軍節度判官。[5]丁父憂，服闋，調崇義軍節度判官。[6]補尚書省令史、右三部檢法司正，[7]遷監察御史。改右司都事，[8]遷員外郎。改左司諫，[9]轉左司郎中，遷國子祭酒。

[1]曹州：治所在今山東省菏澤市。　定陶：縣名。治所在今山東省定陶縣。

[2]考城：縣名。治所在今河南省民權縣。

[3]威戎縣：治所在今甘肅省靜寧縣。

[4]文廟：即孔廟。

[5]節度判官：節度州屬官。掌紀綱節鎮衆務、僉判兵馬之事，兼判兵、刑、工案事。正七品。

[6]崇義軍：州軍名。治所在今遼寧省義縣。

[7]右三部檢法司正：右三部檢法司屬官。掌披詳法狀。正八品。

[8]右司都事：掌本司受事付事，檢勾稽失，省署文牘，兼知省内宿直檢校架閣等事。正員二人，正七品。

［9］左司諫：諫院屬官。從五品。

貞祐初，轉祕書監兼吏部侍郎，[1]改中都路都轉運使。時京師戒嚴，粮運艱阻，天寵悉力營辦，曲盡勞瘁，出家貲以濟飢者，全活甚衆。監察御史高夔、劉元規舉天寵二十人公勤明敏，[2]有材幹，可安集百姓。遷户部尚書。三年，中都不守，天寵繼走南京，中道遇兵，死之。謚純肅。

［1］祕書監：秘書監長官。掌經籍圖書。從三品。

［2］高夔：宣宗朝曾任户部侍郎、户部尚書。　劉元規：宣宗朝曾任侍御史。

贊曰：程寀、任熊祥，遼之進士，孔璠、范拱事宋、事齊，太祖皆見禮遇，[1]而金之文治日以盛矣。張用直，海陵父子並列舊學。[2]劉樞之練達，王翛之彊敏於事，楊伯雄之善諷諫、工辭藻，蕭貢、温迪罕締達之文藝適時，之數人者迭用於正隆、大定、明昌之間。張翰、任天寵之經理調度，宣宗南遷，猶賴其用焉。金源氏百餘年所以培植人才而獲其効者，[3]於斯可概見矣。

［1］太祖皆見禮遇：中華點校本認爲，按程寀、任熊祥入金在太祖時，孔璠、范拱入金在熙宗時，此處文欠周密。道光四年殿本作“至金皆禮遇之”，文義爲優。

［2］海陵父子並列舊學：原無“海陵”二字，文義不明。本書本卷《張用直傳》記載海陵曾曰“朕父子並受卿學”。中華本據補之，今從之。

[3]金源氏：金朝皇室完顏氏勃興於按出虎水畔，即今黑龍江省阿城市境内的阿什河。“按出虎”爲女真語“金”，以按出虎水源於此，故名金源，指金朝（1115—1234）。

金史　卷一〇六

列傳第四十四

張暐　張行簡　賈益謙　劉炳　朮虎高琪　移剌塔不也

張暐字明仲，莒州日照縣人。[1]博學該通。登正隆五年進士。[2]調陳留主簿、淄州酒税副使，[3]課增羨，遷昌樂令。[4]改永清令，[5]補尚書省令史，[6]除太常博士，[7]兼國子助教。[8]丁父憂，服除，調山東東路轉運副使，[9]入爲太常丞，[10]兼左贊善大夫。[11]章宗封原王，[12]兼原王府文學。[13]章宗册爲皇太孫，[14]復爲左贊善，轉左諭德，[15]兼太常丞，充宋國報諭使。[16]至盱眙，[17]宋人請赴宴，暐曰："大行在殯，[18]未可。"及受賜，不舞蹈，宋人服其知禮。使還，遷太常少卿，[19]兼修起居注。改禮部郎中，[20]修起居注如故。遷右諫議大夫，[21]兼禮部侍郎。[22]

[1]莒州日照縣：莒州治所在今山東省莒縣。日照縣，莒州屬縣，治所在今山東省日照市。

［2］正隆：金海陵王年號（1156—1161）。

［3］陳留主簿：主簿爲縣級屬官，與縣尉共掌捕盜之事。正九品。不滿三千户下縣衹設主簿，不設縣尉。陳留，縣名。治所在今河南省開封市東南陳留城。　淄州酒税副使：金於京師和河北真定路各設都麯酒使司，在其他地方設酒使司。徵税五萬貫以上者設酒税使和酒税副使各一員。淄州治所在今山東省淄博市南。

［4］昌樂：縣名。治所在今山東省昌樂縣。

［5］永清：縣名。治所在今河北省永清縣。

［6］尚書省令史：尚書省屬官。正員七十人，女真、漢各三十五人。

［7］太常博士：太常寺屬官。主管檢討禮典。正員二人，正七品。

［8］國子助教：國子監屬官。主管教授官學生。正員二人，正八品。

［9］山東東路轉運副使：轉運司屬官。爲轉運使副佐。正五品。山東東路轉運司治所在今山東省青州市。

［10］太常丞：太常寺屬官。正六品。

［11］左贊善大夫：東宫屬官。有左、右贊善大夫各一員，簡稱贊善。正六品。

［12］章宗：廟號。即完顔麻達葛，漢名璟。1189年至1208年在位。本書卷九至卷一二有紀。　原王：封爵名。次國封號，大定格第十五位。

［13］原王府文學：親王府屬官。主管贊導禮議，資廣學問。正員二人，從七品。

［14］皇太孫：章宗父完顔允恭死於世宗之前，故世宗立章宗爲皇太孫。

［15］左諭德：東宫屬官。設左、右諭德各一員。正五品。

［16］宋國報諭使：臨時任命的使官。以世宗駕崩、新君繼位報諭宋朝。

[17]盱眙：縣名。治所在今江蘇省盱眙縣。

[18]大行（xíng）：新崩而未下葬的皇帝。

[19]太常少卿：太常寺卿副佐。正五品。

[20]禮部郎中：禮部屬官。從五品。

[21]右諫議大夫：諫院長官。設左、右諫議大夫各一人。正四品。

[22]禮部侍郎：禮部尚書副佐。正四品。

明昌元年，[1]太傅徒單克寧薨，[2]章宗欲親爲燒飯，[3]是時，孝懿皇后梓宫在殯，[4]暐奏："仰惟聖慈，追念勳臣，恩禮隆厚，孰不感勸。太祖時享，[5]尚且權停，若爲大臣燒飯，禮有未安。今已降恩旨，聖意至厚，人皆知之，乞俯從典禮，則兩全矣。"章宗從之。

[1]明昌元年：中華點校本據本書卷九《章宗紀一》的相關記載，改"元年"爲"二年"。明昌，金章宗年號（1190—1196）。

[2]太傅：三師之一。師範一人，儀刑四海。爲榮譽官銜。正一品。徒單克寧：女真人。本書卷九二有傳。

[3]燒飯：契丹、女真等北方少數民族一種特殊的風俗。停喪期間，舉行祭奠儀式，將死者生前騎乘的鞍馬、服用的衣物及祭祀的酒食等用火燒掉，尊貴者或生焚所寵奴婢，表示送給死者享用，叫作"燒飯"。有時在死後一月、二月、周年忌日亦舉行燒飯祭祀儀式。

[4]孝懿皇后：女真人。姓徒單氏，章宗生母。本書卷六四有傳。

[5]太祖：廟號。即完顏阿骨打，漢名旻。1115年至1123年在位。本書卷二有紀。

上封事者言提刑司可罷,[1]暐上疏曰:“陛下即位,因民所利更法立制,無慮數十百條。提刑之設,政之大者,若爲浮議所摇,則内外無所取信。唐開元中,[2]或請選擇守令,停采訪使,姚崇奏十道采訪猶未盡得人,[3]天下三百餘州,縣多數倍,安得守令皆稱其職。然則,提刑之任,誠不可罷,擇其人而用之,生民之大利,國家之長策也。”因舉漢刺史六條以奏。上曰:“卿言與朕意合。”

[1]提刑司:官署名。地方監察機構。掌審察境内刑獄,復審刑案,糾察貪官污吏及奸豪不法之徒,禁私酒私鹽,兼勸課農桑,出巡州縣。

[2]開元:唐玄宗年號(713—741)。

[3]姚崇:唐玄宗時期著名賢相,《新唐書》卷一二四有傳。

拜禮部尚書。[1]孫即康鞫治鎬王永中事,[2]還奏,有詔復訊,[3]群臣舉暐及兵部侍郎烏古論慶壽。[4]上使參知政事馬琪諭暐曰:[5]“百官舉閲實鎬王事,要勿屈抑其人,亦不可虧損國法。”上因謂宰臣曰:“鎬王視永蹈爲輕。”[6]馬琪曰:“人臣無將。”[7]由是永中之獄决矣。

[1]禮部尚書:中華點校本據本書卷九九《孫即康傳》的相關記載,在此句前補“拜”字,今從。禮部尚書,尚書省禮部長官,俗稱大宗伯。掌禮樂、祭祀、燕享、學校、貢舉、儀式、制度、符印、表奏、圖書、册命、天文、醫卜、釋道、四方使客、諸國進貢、犒勞張設等事。正三品。

[2]孫即康:時爲御史中丞。本書卷九九有傳。　鎬王:封爵

名。大國封號，明昌格第四位。　永中：女真人。世宗庶長子，章宗即位，與諸皇叔之間矛盾激化，被章宗以謀反罪冤殺。本書卷八五有傳。

[3]有詔復訊：中華點校本據本書卷九九《孫即康傳》的相關記載，改“復訊”爲“覆訊”。

[4]兵部侍郎：兵部尚書副佐。正四品。　烏古論慶壽：中華點校本據本書卷一〇一《烏古論慶壽傳》、卷八五《永中傳》的相關記載，改“慶壽”爲“慶裔”。烏古論慶裔，女真人。本書卷六二《交聘表下》記，章宗明昌五年（1194）慶裔以尚書省右司郎中出使西夏。

[5]參知政事：尚書省執政官。即副宰相，佐治尚書省事。正員二人，從二品。　馬琪：大興府竇坻縣人。正隆五年（1160）中進士，章宗明昌四年（1193），官至參知政事。本書卷九五有傳。

[6]永蹈：女真人。世宗之子，母爲元妃李氏。章宗明昌中，永蹈謀反，被章宗誅殺。本書卷八五有傳。

[7]人臣無將：爲古人常用之警句，完整的語句爲：“人臣無將，將而必誅焉。”出自《公羊傳》：“君親無將，將而必誅。”將，爲“逆亂”之義。即爲人臣者，不得叛亂謀反，否則罪死無赦。

霍王從彝母早死，[1]温妃石抹氏養之，[2]明昌六年温妃薨，上問從彝喪服。暐奏：“慈母服齊衰三年，[3]桐杖布冠，禮也。從彝近親，至尊壓降與臣下不同，[4]乞於未葬以前服白布衣絹巾，既葬止用素服終制，朝會從吉。”上從其奏。

[1]霍王：封爵名。次國封號，明昌格第三十位。　從彝：女真人。章宗同父異母兄弟，本名阿鄰，漢名瓚。章宗承安年間，從彝曾任兵部尚書。本書卷九三有傳。

[2]温妃：嬪妃封號。正一品。　石抹氏：契丹姓氏。即遼代后族蕭氏，金改蕭爲石抹（見陳述《金史拾補五種》，科學出版社1960年版，第4頁）。

[3]齊（zī）衰（cuī）：喪服名。服用粗麻布製成，並用麻緝邊，故稱齊衰。見《儀禮·喪服》。

[4]壓降：其原意指宗廟崩壞，後引申爲帝王后妃駕崩、薨逝。

承安元年八月壬子，[1]上召暐至内殿，問曰："南郊大祀，[2]今用度不給，俟他年可乎？"暐曰："陛下即位於今八年，大禮未舉，宜亟行之。"上曰："北方未寧，致齋之際有不測奏報何如？"對曰："豈可逆度而妨大禮。[3]今河平歲豐，正其時也。"上復問曰："僧道三年一試，八十而取一，不亦少乎？"對曰："此輩浮食，無益有損，不宜滋益也。"上曰："周武帝、唐武宗、後周世宗皆賢君，[4]其壽不永，雖曰偶然，似亦有因也。"對曰："三君矯枉太過。今不毀除、不崇奉，是爲得中矣。"是歲，郊見上帝焉。[5]

[1]承安：金章宗年號（1196—1200）。

[2]南郊大祀：古帝王祭禮。於京師南郊設天壇，祭禮例於冬至日舉行。因以祭天禮爲最隆重大典，稱南郊大禮。金祭天禮始於世宗大定十一年（1171）。

[3]逆度（duó）：事先推測。

[4]周武帝：北周皇帝宇文邕廟號，561年至578在位。　唐武宗：唐朝皇帝李炎廟號，841年至846在位。　後周世宗：後周皇帝柴榮廟號，955年至958在位。

[5]郊見上帝：其意爲南郊大祀時上天顯靈，實爲一種迷信

附會。

頃之，翰林修撰路鐸論胥持國不可再用，[1]因及董師中趨走持國及丞相襄之門，[2]上曰："張暐父子必不如是也。"三年，爲御史大夫，[3]懇辭，不許。明年，坐奏事不實，奪一官，解職。起爲安武軍節度使。[4]致仕，[5]例給半俸，久之，暐不復請，遂止。

[1]翰林修撰：翰林院屬官。主管撰寫詞命文字，分判院事。無定員，從六品。　路鐸：冀州人。章宗時官翰林待制兼知登聞鼓院，孟州防禦使。爲官剛正，有直臣之風。本書卷一〇〇有傳。胥持國：代州繁峙縣（今山西省繁峙縣）人。經童科出身，章宗時官至尚書右丞。與元妃李氏相互勾結，甚得章宗寵幸，弄權誤國，屬佞幸之臣。本書卷一二九有傳。

[2]董師中：時爲御史中丞。本書卷九五有傳。　襄：女真人。即完顏襄，時爲司空、右丞相。本書卷九四有傳。

[3]御史大夫：御史臺長官。主管糾察朝儀，彈劾百官，審理內外重大獄案。初爲正三品，世宗大定十二年（1172）升爲從二品。

[4]安武軍節度使：主管鎮撫諸軍防刺，總領本鎮兵馬兼冀州管內觀察使事。從三品。治所在今河北省冀州市。

[5]致仕：亦稱"致政"。還政於君，離職退休之意。

暐自妻卒後不復娶，亦無姬侍，齋居與子行簡講論古今，諸孫課誦其側，至夜分乃罷，以爲常。歷太常、禮部二十餘年，最明古今禮學，家法爲士族儀表。子行簡、行信，行信自有傳。

行簡字敬甫。穎悟力學，淹貫經史。大定十九年進士第一，除應奉翰林文字。[1]丁母憂，歸葬益都，[2]杜門讀書，人莫見其面。服除，[3]復任。章宗即位，轉修撰，[4]進讀陳言文字，攝太常博士。夏國遣使陳慰，欲致祭大行靈殿。行簡曰："彼陳慰非專祭，不可。"廷議遣使横賜高麗，"比遣使報哀，[5]彼以細故邀阻，且出嫚言，[6]俟移問還報，横賜未晚。"徒單克寧韙其言，[7]深器重之。轉翰林修撰，[8]與路伯達俱進讀陳言文字，[9]累遷禮部郎中。

[1]應奉翰林文字：翰林院屬官。從七品。按金制，文舉狀元釋褐首除應奉翰林文字。張行簡爲大定十九年（1179）詞賦科進士一甲第一，故得授此職。

[2]益都：府名。治所今山東省青州市。按張行簡祖籍山東日照縣，時屬山東東路益都府。其母喪應歸葬故里日照，此言歸葬益都是指其郡望。

[3]服除：即脱去孝服，意爲守孝期滿。

[4]修撰：翰林修撰的簡稱。翰林院屬官。從六品。

[5]比遣使報哀：中華點校本本卷校勘記云，此句前似脱"行簡曰"等字。

[6]嫚（màn）言："嫚"與"慢"字通，輕侮。

[7]韙（wěi）其言：韙，意爲是、善。韙其言即認爲他説的對，説得好。

[8]轉翰林修撰：按上文有"章宗即位，轉修撰"，不應復出。上文又有"攝太常博士"句，翰林修撰爲從六品，太常博士正七品。張行簡官升從六品修撰，而代理正七品太常博士，以高品就低職，故稱之"攝"。太常博士任滿，仍回翰林院擔任原職，疑"轉

翰林修撰”當爲“復翰林修撰”。

[9]路伯達：冀州人。正隆五年（1160）進士，博學能詩，官至刑部侍郎、太常卿。本書卷九六有傳。

司天臺劉道用改進新曆，[1]詔學士院更定曆名，行簡奏乞覆校測驗，俟將來月食無差，然後賜名。詔翰林侍講學士党懷英等覆校。[2]懷英等校定道用新曆：明昌三年不置閏，即以閏月爲三月；二年十二月十四日，金木星俱在危十三度，[3]道用曆在十三日，差一日；三年四月十六日夜月食，時刻不同。道用不曾考驗古今所記，比證事迹，輒以上進，不可用。道用當徒一年收贖，長行彭徽等四人各杖八十罷去。[4]

[1]司天臺：官署名。主管天文曆法。　劉道用：其他事迹不詳。

[2]翰林侍講學士：翰林院屬官。從三品。　党懷英：人名。祖籍陝西馮翊，因其父官泰安軍，遂占籍山東。世宗大定十年（1170）進士，善屬文，工篆籀，時稱天下第一。章宗時官至翰林學士承旨。本書卷一二五有傳。

[3]危：星座名。二十八宿之一。

[4]長行：亦稱“長行人”，爲司天臺不入流的低級吏員。正員五十人。　彭徽：生平不詳。

群臣屢請上尊號，章宗不從，將下詔以示四方，行簡奏曰：“往年饑民棄子，或匄以與人，[1]其後詔書官爲收贖，或其父母衣食稍充，即識認，官亦斷與之。自此以後，饑歲流離道路，人不肯收養，肆爲捐瘠，餓死溝中。伏見近代禦灾詔書，皆曰‘以後不得復取’，今乞依止施行。”上是其言，詔書中行之。久之，兼同修國史。[2]改禮部侍郎、提點司天臺，直學士，[3]同修史如故。

[1]匃：同“丐”，意爲乞求。

[2]同修國史：國史院屬官。正員二人，女真、漢人各一員，多以翰林院官員兼任。

[3]直學士：翰林院屬官。全稱爲翰林直學士。無定員，從四品。

行簡言：“唐制，僕射、宰相上日，[1]百官通班致賀，降階答拜。國朝皇太子元正、生日，三師、三公、宰執以下須群官同班拜賀，[2]皇太子立受再答拜。今尚書省宰執上日，分六品以下别爲一班揖賀，宰執坐答揖，左右司郎中五品官廷揖，[3]亦坐答之。臣謂身坐舉手答揖，近於坐受也。宰執受賀，其禮乃重于皇太子，恐於義未安。别嫌明微，禮之大節，伏請宰執上日令三品以下官同班賀，宰執起立，依見三品官儀式通答揖。”上曰：“此事何不早辨正之，如都省擅行，卿論之是矣。”行簡對曰：“禮部蓋嘗參酌古今典禮，擬定儀式，省廷不從，[4]輒改以奏。”下尚書省議，遂用之。宰執上日，三品以下群官通班賀，起立答拜，自此始。

[1]僕射（yè）：官名。始於秦，凡侍中、尚書、博士、謁者等官，都有僕射。至東漢，尚書僕射爲尚書令之副，職權漸重。東

漢末年，分爲左、右僕射。唐不設尚書令，以僕射爲尚書省最高長官。

[2]三師：金沿唐制，以太師、太傅、太保爲三師，爲榮譽官銜，無實職。正一品。　三公：金以太尉、司徒、司空爲三公，亦爲虛銜，無實職。正一品。　宰執：宰相和執政官。金海陵“正隆官制”以後以尚書令、左丞相、右丞相、平章政事爲宰相，尚書左丞、右丞、參知政事爲執政官。

[3]左右司郎中：金於尚書省下設左、右司。左司主管吏、户、禮三部有關事宜，右司主管兵、刑、工三部有關事宜。左、右司各設郎中一員爲長官，金初稱左、右司侍郎，熙宗天眷三年（1140）改爲郎中。正五品。

[4]省廷：尚書省的別稱。

行簡轉對，因論典故之學，乞于太常博士之下置檢閱官二員，[1]通禮學資淺者使爲之，積資乃遷博士。又曰：“今雖有《國朝集禮》，[2]至於食貨、官職、兵刑沿革，未有成書，乞定會要，以示無窮。”承安五年，遷侍講學士，同修史、提點司天如故。

[1]檢閱官：太常寺屬官。與太常博士共同主管檢討禮典。從九品。“乞于太常博士之下置檢閱官二員”，據本書卷五五《百官志一》記，泰和元年（1201）於太常博士下置檢閱官一員，四年罷。

[2]《國朝集禮》：指《大金集禮》。金朝官修，内容主要記載金朝的禮儀制度。

泰和二年，[1]爲宋主生日副使。[2]上召生日使完顏瑭戒之曰：[3]“卿過界勿飲酒，每事聽於行簡。”謂行簡曰：“宋人行禮，好事末節，苟有非是，皆須正之，舊例所有不可不至。”上復曰：“頗聞前奉使者過淮，[4]每至中流，即以分界爭渡船，此殊非禮。卿自戒舟人，且語宋使曰：‘兩國和好久矣，不宜爭細故傷大體。’丁寧諭之，[5]使悉此意也。”四年，詔曰：“每奏事之際，須令張行簡常在左右。”

[1]泰和：金章宗年號（1201—1208）。

[2]宋主生日副使：臨時官職。爲金賀宋朝皇帝生日使團副使。宋主，指南宋寧宗趙擴。

[3]完顔瑭：女真人。時爲章宗拱衛司都指揮使，豫王永成之子，章宗從兄弟。

[4]淮：指淮河。時金、宋以淮河中流爲界。

[5]丁寧：與“叮嚀”通，囑咐之意。

五年，群臣復請上尊號，上不許，詔行簡作批答，[1]因問行簡宋范祖禹作《唐鑑》論尊號事。[2]行簡對曰：“司馬光亦嘗諫尊號事，[3]不若祖禹之詞深至，以謂臣子生謚君父，[4]頗似慘切。”上曰：“卿用祖禹意答之，仍曰太祖雖有尊號，[5]太宗未嘗受也。”[6]行簡乞不拘對偶，[7]引祖禹以微見其意。從之。其文深雅，甚得代言之體。

[1]批答：皇帝給臣下的書面答復。

[2]范祖禹：北宋成都府華陽縣人，宋神宗時曾助司馬光修《資治通鑑》。　《唐鑑》：書名。共十二卷，後經吕祖謙作注，析

爲二十四卷。范祖禹因著此書而被譽爲“唐鑑公”。《宋史》卷三三七有傳。

[3]司馬光：北宋陝州夏縣（今山西省夏縣）涑水鄉人，是中國歷史上著名的政治家和史學家，《宋史》卷三三六有傳。

[4]生謚君父：尊號是給在世的皇帝上美稱，謚號則是給死去的皇帝、后妃、勳臣等追封的名號。范祖禹反對給皇帝上尊號，認爲等於給活着的皇帝上謚號，所以説是“生謚君父”。

[5]太祖雖有尊號：本書卷二《太祖紀》記，金太祖收國二年（1116），皇弟諳班勃極烈吴乞買及群臣上尊號稱“大聖皇帝”。

[6]太宗：廟號。即完顔吴乞買，漢名晟。金朝第二任皇帝，1123年至1135年在位。本書卷三有紀。

[7]對偶：文學術語。即文句字數、詞義、平仄工整對仗。

改順天軍節度使。[1]上謂行簡曰：“卿未更治民，今至保州，民之情僞，卒難臆度，如何治之則可？”對曰：“臣奉行法令，不敢違失，獄訟之事，以情察之，鈐制公吏，[2]禁抑豪猾，以鎮静爲務，庶幾萬分之一。”上曰：“在任半歲或一年，所得利害上之。”行簡到保州，上書曰：“比者括官田給軍，[3]既一定矣，有告欲别給者，輒從其告，至今未已。名曰官田，實取之民以與之，奪彼與此，徒啓争端。臣所管已撥深澤縣地三百餘頃，[4]復告水占沙鹹者三之二，若悉從之，何時可定。臣謂當限以月日，不許再告爲便。”下尚書省議，[5]奏請：“如實有水占河塌不可耕種，本路及運司佐官按視，尚書省下按察司覆同，[6]然後改撥。若鹹鹵瘠薄，當準已撥爲定。”制曰：[7]“可。”

[1]順天軍節度使：主管鎮撫諸軍防刺，總領本鎮兵馬，兼保州管内觀察使事，從三品。治所在今河北省保定市。

[2]鈐制：管束之意。

[3]括官田給軍：指猛安謀克屯田軍。

[4]深澤縣：治所在今河北省深澤縣。

[5]尚書省：官署名。金熙宗時確立三省制，海陵王頒正隆官制，罷中書、門下兩省，秖置尚書省，是金朝最高政務機關。

[6]運司：官署名。即轉運司，主管境内賦稅錢穀、倉庫出納等事。　按察司：官署名。原名提刑司，章宗承安四年（1199）改爲按察司，是地方監察機構。

[7]制：皇帝的命令。

六年，召爲禮部尚書，兼侍講、同修國史。祕書監進《太一新曆》，[1]詔行簡校之。七年，上遣中使馮賢童以實封御扎賜行簡曰：[2]"朕念鎬、鄭二王誤干天常，[3]自貽伊戚。槁葬郊野，[4]多歷年所，朕甚悼焉。欲追復前爵，備禮改葬，卿可詳閱唐貞觀追贈隱、巢，[5]並前代故事，密封以聞。"又曰："欲使石古迺於威州擇地營葬，[6]歲時祭奠，兼命衛王諸子中立一人爲鄭王後，[7]謹其祭祀。此事既行，理須降詔，卿草詔文大意，一就封進。"行簡乃具漢淮南厲王長、楚王英、唐隱太子建成、巢剌王元吉、譙王重福故事爲奏，[8]並進詔草，遂施行焉。累遷太子太保、翰林學士承旨，[9]尚書、修史如故。

[1]《太一新曆》：曆法名。本書卷二一《曆志上》記，金世宗大定年間，司天監趙知微重修《大明曆》，翰林應奉耶律履制《乙未曆》。後命禮部員外郎任忠傑比較兩曆優劣，卒定趙曆，終金

之世施行之。《太一新曆》不知何人所制，存疑待考。

[2]中使：内宫使者，即宦官。　馮賢童：生平不詳。　御扎：皇帝的手書。

[3]鎬、鄭二王：鄭王：封爵名。次國封號，大定格第二位。鎬、鄭二王指鎬王永中和鄭王永蹈，爲世宗兩子。本書卷八五有傳。　誤干天常：天常，指人倫道德。章宗此札所説實指君臣、父子親親之道，他認爲永中和永蹈二人謀反是違背了人倫，故稱“誤干天常”。

[4]槁（gǎo）葬：槁，一種草本植物。槁葬是草草埋葬之意。

[5]貞觀：唐太宗年號（627—649）。　隱、巢：指唐太宗同母長兄太子李建成和母弟李元吉。626 年，建成、元吉於“玄武門兵變”中被李世民所殺，謚建成爲“隱太子”，元吉爲“巢剌王”，所以簡稱爲隱、巢。

[6]石古迺：女真人。鎬王永中長子，漢名瑜。永中有四子，瑜（本名石古迺）、璋（本名神土門）、玘（本名阿思懣）、瑑（本名阿里合懣）。璋、瑑與其父同時被冤殺，事見本書卷八五。　威州：治所在今河北省井陘縣。永中被殺後其妻、子流放此地。

[7]兼命衛王諸子中立一人爲鄭王後：衛王，封爵名。次國封號，大定格第三位。此衛王指世宗第七子允濟，即衛紹王。後章宗命允濟子按辰爲鄭王之後。

[8]淮南厲王長：漢高祖劉邦的小兒子劉長，封淮南王，驕橫不法。漢文帝時，劉長以謀反罪被逮捕，絶食而死，謚號“厲王”，所以稱淮南厲王。《漢書》卷四四有傳。　楚王英：指東漢光武帝之子劉英。《後漢書》卷四二有傳。　譙王重福：唐中宗子。爵封譙王。唐睿宗即位，重福謀奪皇位，兵敗投水死。

[9]太子太保：東宫師官。主管保護太子，輔導德義。正二品。翰林學士承旨：翰林院長官。主管制撰詞命。原爲正三品，金宣宗貞祐三年（1215）升爲從二品。

貞祐初，[1]轉太子太傅，[2]上書論議和事，其略曰：“東海郡侯嘗遣約和，[3]較計細故，遷延不決。今都城危急，豈可拒絶。臣願更留聖慮，包荒含垢，以救生靈。或如遼、宋相爲敵國，歲奉幣帛，[4]或二三年以繼。選忠實辨捷之人，往與議之，庶幾有成，可以紓患。”是時，百官議者，雖有異同，大槩以和親爲主焉。莊獻太子葬後，[5]不置宫師官，[6]升承旨爲二品，以寵行簡，兼職如故。

[1]貞祐：金宣宗年號（1213—1217）。

[2]太子太傅：東宫師官。掌保護太子，輔導德義。正二品。

[3]東海郡侯：衛紹王允濟被弑後，宣宗即皇位，懾於紇石烈執中的淫威，降封衛紹王爲東海郡侯。東海郡侯爲侯爵封號，從三品。

[4]遼、宋相爲敵國，歲奉幣帛：北宋初，與遼鏖兵多年。1004年，與遼簽訂“澶淵之盟”，每年送給遼白銀十萬兩、絹二十萬匹，重新劃定國界，結束敵對狀態。

[5]莊獻太子：宣宗長子守忠，貞祐元年（1213）被立爲皇太子，貞祐三年薨，謚號“莊獻”，所以稱“莊獻太子”。本書卷九三有傳。

[6]宫師官：金以“三師”“三少”爲東宫輔導官，亦稱宫師官。“三師”是太子太師、太子太傅、太子太保，正二品。“三少”是太子少師、太子少傅、太子少保，正三品。

三年七月，朝廷備防秋兵械，令内外職官不以丁憂致仕，皆納弓箭。行簡上書曰：“弓箭非通有之物，其清貧之家及中下監當，丁憂致仕，安有所謂如法軍器。

今繩以軍期，[1]補弊修壞，以求應命而已，與倉猝製造何以異哉？若於隨州郡及猛安謀克人户拘括，[2]擇其佳者買之，不足則令職輸所買之價，庶不擾而事可辦。”左丞相僕散端、平章政事高琪、盡忠、右丞賈益謙皆曰：[3]“丁憂致仕者可以免此。”權參政烏古論德升曰：[4]“職官久享爵禄，軍興以來，曾無寸補，况事已行而復改，天下何所取信。”是議也，丁憂致仕官竟得免。是歲，卒，贈銀青榮禄大夫，[5]謚文正。

[1]繩以軍期：按軍法規定日期。

[2]猛安謀克：女真族地方行政設置及官長名稱。猛安相當於防禦州，謀克相當於縣，同時也是軍事編制及官長名稱。行政設置轄户，軍事編制領兵，有親管（合扎）與非親管、世襲與非世襲之别。猛安謀克也用於榮譽爵稱。此處指地方猛安謀克人户。

[3]僕散端：中都路火魯虎必剌猛安女真人。出身護衛，金末官至尚書左丞相、樞密使。本書卷一〇一有傳。　平章政事：金尚書省宰相之一，位於左、右丞相之下。掌丞天子，平章萬機。正員二人，從一品。　高琪：即术虎高琪，西北路猛安女真人。宣宗時，高琪爲元帥右監軍，與蒙古屢戰屢敗，又擅殺紇石烈執中，宣宗優容之，不治其罪。後晋尚書右丞相，党高汝礪。興定三年（1219）十二月，被宣宗以他罪誅殺。本書一〇六有傳。　盡忠：即抹撚盡忠，上京路猛安女真人。宣宗南遷，盡忠與丞相承暉同守中都。後棄中都南逃汴京，又與术虎高琪争權，以謀逆罪被誅。本書卷一〇一有傳。　右丞：尚書省執政官。爲宰相副佐，佐治尚書省事。正二品。　賈益謙：本書本卷有傳。

[4]權參政：權，代理。參政，即參知政事。金尚書省於左、右丞之下設參知政事二員，與左、右丞並爲副宰相。從二品。　烏

古論德升：益都路猛安女真人。章宗明昌二年（1191）進士。興定二年（1218），德升以元帥左監軍行省於太原。太原城破，自縊殉國。本書卷一二二有傳。

[5]銀青榮禄大夫：文官散階，正二品下。

行簡端慤慎密，[1]爲人主所知。自初入翰林，至太常、禮部，典貢舉終身，[2]縉紳以爲榮。與弟行信同居數十年，人無間言。所著文章十五卷，《禮例纂》一百二十卷，會同、朝獻、禘祫、喪葬，[3]皆有記録，及《清臺》《皇華》《戒嚴》《爲善》《自公》等記，藏於家。

贊曰：張暐、行簡世爲禮官，世習禮學。其爲禮也，行於家庭，講於朝廷，施用於鄰國，無不中度。古者官有世掌，學有專門，金諸儒臣，唯張氏父子庶幾無愧於古乎。

[1]慤：樸實、嚴謹。

[2]典貢舉：主持科舉考試，擔任主考官。

[3]禘（dì）祫（xiá）：古代祭名。指祭祀祖先的祭禮。

賈益謙字彦亨，[1]沃州人也，[2]本名守謙，避哀宗諱改焉。[3]大定十年詞賦進士，[4]歷仕州郡，以能稱。明昌間，入爲尚書省令史，累遷左司郎中。章宗諭之曰："汝自知除至居是職，左司事不爲不練，凡百官行止、資歷固宜照勘，勿使差繆。[5]若武庫署直長移剌郝自平定州軍事判官召爲典輿副轄，[6]在職才五月，降授門山縣簿尉。[7]朕比閲貼黄，[8]行止乃俱書作一十三月，行止尚如此失實，其如選法何？蓋是汝不用心致然爾。今姑杖知除掾，[9]汝勿復犯之。”

[1]賈益謙字彦亨：元好問《中州集》賈益謙小傳作“字亨甫”，與本書所記稍異。

[2]沃州：治所在今河北省趙縣。

[3]避哀宗諱：哀宗名守緒。本傳前半部爲守謙，貞祐三年（1215）始作“益謙”，知其避諱改名是在哀宗被立爲太子之後。

[4]詞賦進士：金科舉科目名。屬漢人進士科。

[5]繆：與“謬”字通。

[6]武庫署直長移剌郝：武庫署直長，爲武庫署屬官。正員二人，世宗大定二年（1162）省一員，正八品。移剌郝，契丹人。本書卷九三有“右宣徽使移剌都”，“移剌郝”與“移剌都”可能是一人。　平定州軍事判官：平定州屬官。專管境内通檢推排户籍及財産。從八品。平定州治所在今山西省平定縣。　典輿副轄：按本書卷五六《百官志二》尚輦局有典輿都轄，而無典輿副轄之設，疑志有漏載，待考。

[7]門山縣：治所在今陝西省延長縣東南。

[8]貼黄：亦稱押黄，是唐代首創的公文改錯制度，宋葉夢得《石林燕語》：“唐制，降勅有所更改，以紙貼之，謂之貼黄。蓋勅書用黄紙，則貼者亦黄紙也。”宋代貼黄制度十分流行，大臣奏疏用白紙，意有未盡，另書於黄紙貼於後，成爲對奏疏的補充説明。至明代，命内閣重定貼黄程式，即令本官自撮疏中大要，不過百字，以黄紙粘附牘尾，相當於内容提要，便於皇帝閲覽。金之貼黄制度，當類似唐宋之制。貼黄簿成爲文武百官人事檔案的一種。本書卷五四《選舉志四》：“大定十五年，制凡二品官及宰執樞密使不理任，每及三十月則書於貼黄，不及則附於闕滿簿。”又“上謂宰

臣曰：‘昨觀貼黄，五品以下官多闕。’”時賈益謙任尚書省左司郎中。卷五五《百官志一》記載左司郎中的職掌：“每月朔朝，則先集是月秩滿者爲簿，名曰闕本，及行止簿、貼黄簿，並官制同進呈，御覽畢則受而藏之。”

[9]知除掾（yuàn）：掾，官府低級屬吏的通稱。知除掾就是具體負責辦理除授官職的屬吏。

五年，爲右諫議大夫，上言：“提刑司官不須遣監察體訪，宜據其任内行事，考其能否而升黜之。”上曰：“卿之言其有所見乎?”守謙對曰：“提刑官若不稱職，衆所共知，且其職與監察等，[1]臣是故言之。”上嘉納焉。是年夏，上將幸景明宫清暑，[2]守謙連上疏，極諫之。上御後閣，召守謙入對，稱旨。進兼尚書吏部侍郎。[3]時鎬王以疑忌下獄，上怒甚，朝臣無敢言者。守謙上章論其不可，言極懇切。上諭之曰：“汝言諸王皆有覬心，而游其門者不無横議。此何等語，固當罪汝。以汝前言事亦有當處，故免。”既而以議衛王事有違上意，[4]解職，削官二階。承安元年七月，降爲寧化州刺史。[5]五年八月，改爲山東路按察使，[6]轉河北西路轉運使。[7]泰和三年四月，召爲御史中丞。四年三月，出爲定武軍節度使。[8]

[1]監察：監察御史的簡稱，御史臺屬官。主管糾察朝廷内外百官，檢察文案賬目，監祭禮及出使之事。正員十二人，以漢、女真、契丹等不同民族出身的人充任，正七品。

[2]景明宫：行宫名。宫在西北路桓州金蓮川。

[3]吏部侍郎：吏部尚書副佐。正四品。

[4]既而以議衛王事有違上意：中華點校本據本書卷一〇《宣宗紀二》的相關記載，改“衛王”爲“鎬王”。

[5]寧化州刺史：寧化州軍政長官。正五品。寧化州治所在今山西省寧武縣寧化鎮。

[6]山東路按察使：山東路按察司長官。主管審斷刑獄，糾察貪官污吏及奸豪不法之徒，禁私酒私鹽，勸課農桑，並出巡管内州縣。正三品。山東路按察司分東西路，東路治所在今山東省青州市；西路治所在山東省東平市。

[7]河北西路轉運使：主管徵收賦税錢穀、倉庫出納等事。河北西路轉運司治所在今河北省正定縣。本書卷五七《百官志三》衹記都轉運使爲正三品，不載轉運使的官品。本傳賈益謙由正三品按察使轉調轉運使，知轉運使亦爲正三品。

[8]定武軍節度使：主管鎮撫諸軍防刺、總判本鎮兵馬兼定州管内觀察使事，從三品。定武軍治所在今河北省定州市。

八年六月，復爲御史中丞。八月，改吏部尚書。[1]九月，詔守謙等一十三員分詣諸路，[2]與本路按察司官一員同推排民户物力。[3]上召見於香閣，喻之曰：“朕選卿等隨路推排，除推收外，其新强、銷乏户，雖集衆推唱，[4]然銷乏者勿銷不盡，如一户元物力三百貫，今蠲減二百五十貫，[5]猶有不能當。新强者勿添盡，量存氣力，如一户添三百貫而止添二百貫之類。卿等宜各用心。百姓應當賦役，十年之間，利害非細。苟不稱所委，治罪當不輕也。”尋出知濟南府，[6]移鎮河中。[7]大安末，[8]拜參知政事。貞祐二年二月，改河東南路安撫使，[9]俄知彰德府。[10]

[1]吏部尚書：吏部長官。主管吏部之事。正三品。

[2]詔守謙等一十三員：據本書卷四六《食貨志一》載，十三名官員有賈守謙、知濟南府事蒲察張家奴、莒州刺史完顔百嘉、南京路轉運使宋元吉等。

[3]推排民户物力：金制，定期重新按户清查土地，核實財産，確定賦税徭役之數，叫作通檢推排，簡稱推排。

[4]集衆推唱：章宗泰和四年（1204），通檢推排要求减免者，可提出書面申請，然後由主管官員召集村坊鄰里，當衆宣讀，加以核實，這種形式叫"集衆推唱"。

[5]蠲（juān）減：蠲，免除。

[6]出知濟南府：出任濟南府尹。府尹爲府級長官，正三品。濟南府治所在今山東省濟南市。

[7]河中：府名。治所在今山西省永濟市西蒲州鎮。

[8]大安：金衛紹王年號（1209—1211）。

[9]河東南路安撫使：安撫司長官。安撫司原名宣撫司，章宗承安年間改爲安撫司。設安撫使一員，正三品，一般由本路按察使兼任。河東南路安撫司治所在今山西省臨汾市。

[10]彰德府：治所在今河南省安陽市。

三年，召爲尚書省右丞。[1]會宣宗始遷汴梁，[2]益謙乃建言："汴之形勢，惟恃大河。今河朔受兵，[3]群盗並起，宜嚴河禁以備不虞，凡自北來而無公憑者勿聽渡。"[4]是時，河北民遷避河南者甚衆。侍御史劉元規上言：[5]"僑户宜與土民均應差役。"上留中，[6]而自以其意問宰臣。丞相端、平章盡忠以爲便。[7]益謙曰："僑户應役，甚非計也。蓋河北人户本避兵而來，兵稍息即歸矣。今旅寓倉皇之際，無以爲生，若又與地著者並應供償，[8]必騷動不能安居矣。豈主上矜恤流亡之意乎？”上甚嘉賞，曰：“此非朕意也。”因出元規章示之。三年八月，進拜尚書左丞。[9]四年正月，致仕，居鄭州。[10]

[1]尚書省右丞：金尚書省執政官。爲副宰相，佐治尚書省事。正二品。

[2]宣宗：廟號。即完顔吾睹補，漢名珣。1213年至1223年在位。本書卷一四至卷一六有紀。　汴梁：古地名。原爲北宋都城，金稱南京，今河南省開封市。

[3]河朔：地區名。泛指今黄河大曲折以東的山西南部及河北之地。

[4]公憑：政府發給的證明或憑證。

[5]侍御史：御史臺屬官。正員二人，從五品。　劉元規：《歸潛志》卷五載，劉元規爲咸平府人，少中進士，南渡後爲侍御史。

[6]上留中：指皇帝將劉元規奏章留在宫中，不予公布。

[7]丞相端：指僕散端。女真人，時爲左丞相。本書卷一〇一有傳。

[8]供償：意爲供給。此指向國家交納賦税和應徭役。

[9]尚書左丞：尚書省執政官，與右丞同爲正二品，位在右丞之上。

[10]鄭州：治所在今河南省鄭州市。

興定五年正月，[1]尚書省奏：“《章宗實録》已進呈，衛王事迹亦宜依《海陵庶人實録》，[2]纂集成書，以示後世。”制可。初，胡沙虎弑衛王，[3]立宣宗，一時朝臣皆謂衛王失道，天命絶之，虎實無罪，[4]且有推戴之功，獨張行信抗章言之，不報，舉朝遂以爲諱。及是，史官謂益謙嘗事衛王，宜知其事，乃遣編修一人就鄭訪之。[5]益謙知其旨，謂之曰："知衛王莫如我。然我聞海陵被弑而世宗立，大定三十餘年，[6]禁近能暴海陵蟄惡者，輒得美仕，故當時史官修實録多所附會。衛王爲人勤儉，慎惜名器，較其行事，中材不及者多矣。吾知此而已，設欲飾吾言以實其罪，吾亦何惜餘年。"朝議偉之。正大三年，[7]年八十，薨。三子：賢卿、頤卿、翔卿，皆以門資入仕。[8]

[1]興定：金宣宗年號（1217—1222）。

[2]《章宗實録》：官修史書名。記載章宗朝史事。　《海陵庶人實録》：官修史書名。記載海陵王朝史事。海陵庶人，指金代第四任皇帝完顏亮。世宗即位，先降封完顏亮爲海陵煬王，後又降爲海陵庶人。本書卷五有紀。

[3]胡沙虎：女真人。即紇石烈執中。本書卷一三二有傳。

[4]虎實無罪：虎，這裏指胡沙虎。胡沙虎是紇石烈執中的女真本名，是漢字音譯，史官在記録其人時按漢人名字習慣簡稱爲"虎"。

[5]編修：即翰林院編修，翰林院屬官。無定員，從六品。

[6]大定三十餘年：中華點校本删"餘"字。大定是金世宗年號。世宗在位實二十九年，因章宗即位之初仍沿用大定年號一年，所以大定年號實行三十年。

[7]正大：金哀宗年號（1224—1232）。

[8]門資：即門蔭資格。是古代社會官僚貴族的一種特權，根據官品的級別允許一定數量子弟直接入仕爲官。

贊曰：賈益謙於衛紹王，可謂盡事君之義矣。海陵之事，君子不無憾焉。夫正隆之爲惡，暴其大者斯亦足矣。中冓之醜史不絶書，[1]誠如益謙所言，則史亦可爲取富貴之道乎？嘻，其甚矣。《傳》曰："不有廢者，其何以興？"[2]

[1]中冓（gòu）之醜：指皇宫之内的私秘醜事。

[2]不有廢者，其何以興：語出《左傳》僖公十年《經》"晋殺其大夫里克"。《傳》，即《左傳》。

劉炳，葛城人。[1]每讀書，見前古忠臣烈士爲國家畫策慮萬世安，輒歎息景慕。貞祐三年，中進士第，即日上書條便宜十事：

[1]葛城：縣名。治所在今河北省高陽縣境内。

其一曰，任諸王以鎮社稷。臣觀往歲，王師屢戰屢衄，[1]率皆自敗。承平日久，人不知兵，將帥非才，既無靖難之謀，又無効死之節，外托持重之名，而内爲自安之計，擇驍果以自隨，委疲懦以臨陣，陣勢稍動，望塵先奔，士卒從而大潰。朝廷不加詰問，輒爲益兵。是以法度日紊，倉庾日虛，[2]閭井日凋，土地日蹙。自大駕南巡，遠近相望，益無固志。吏任河北者以爲不幸，逡巡退避，[3]莫之敢前。昔唐天寶之末，[4]洛陽、潼關相次失守，[5]皇輿夜出，向非太子迴趨靈武，[6]率先諸將，則西行之士當終老於劍南矣。[7]臣願陛下擇諸王之英明者，總監天下之兵，北駐重鎮，移檄遠近，[8]戒以軍政。則四方聞風者皆將自奮，前死不避。折衝厭難，無大於此。夫人情可以氣激不可以力使，一卒先登，則萬夫齊奮，此古人所以先身教而後威令也。

[1]屢戰屢衄：中華點校本據殿本改"衄"爲"衂"。衂，挫敗。

[2]倉庾（yǔ）：倉是貯存穀物的建築物，庾是露天的積穀處。此泛指國家府庫積蓄。

[3]逡（qūn）巡：一作"逡循"。欲進不進，欲退不退，遲疑不決狀。

[4]天寶：唐玄宗年號（742—756）。

[5]洛陽、潼關：洛陽，東周都城，隋唐時期稱東都洛陽府，治所在今河南省洛陽市。潼關，是扼守關中地區的重要關隘，在今陝西省潼關縣東。

[6]太子回趨靈武：靈武，古縣名，治所在今寧夏回族自治區靈武縣西南。唐玄宗天寶十四年（755），安禄山發動叛亂，長安不守，玄宗逃往四川。十五年，太子李亨即位於靈武，史稱唐肅宗。

[7]劍南：地區名。即劍閣以南，泛指四川之地。

[8]檄：古代官府發布的公告和文書，亦稱檄文。内容多爲徵召、告諭或聲討等。

二曰，結人心以固基本。天子惠人，不在施予，在于除其同患，因所利而利之。今艱危之後，易於爲惠，因其欲安而慰撫之，則忠誠親上之心，當益加於前日。臣願寬其賦役，信其號令，凡事不便者一切停罷。時遣重臣按行郡縣，延見耆老，問其疾苦，選廉正，黜貪殘，拯貧窮，卹孤獨，[1]勞來還定，[2]則効忠徇義，無有二志矣。故曰安民可與行義，危民易與爲亂，惟陛下留神。

[1]卹：同“恤”。

[2]勞來：亦作“勞徠”，意爲勸勉、慰勞。

三曰，廣收人材以備國用。備歲寒者必求貂狐，適長塗者必畜騏驥。[1]河南、陝西，車駕臨幸，當有以大慰士民之心。其有操行爲民望者，稍擢用之，平居可以勵風俗，緩急可以備驅策。昭示新恩，易民觀聽，陰係天下之心也。

[1]適長塗者必畜騏驥：塗，與“途”字通。騏驥，指良馬。

四曰，選守令以安百姓。郡守、縣令，天子所恃以爲治，百姓所依以爲命者也。今衆庶已弊，官吏庸暗，無安利之才，貪暴昏亂，與姦爲市，公有斗粟之賦，私有萬錢之求，遠近囂囂，無所控告。自今非才器過人，政迹卓異者，不可使在此職。親勳故舊，雖望隆資高，[1]不可使爲長吏。則賢者喜於殊用，益盡其能，不肖者愧慕而思自勵矣。

[1]望隆資高：名望高而資歷深。

五曰，褒忠義以勵臣節。忠義之士，奮身効命，力盡城破而不少屈。事定之後，有司略不加省，[1]棄職者顧以恩貸，死事者反不見録，天下何所慕憚，[2]而不爲自安之計邪？使爲臣者皆知殺身之無益，臨難可以苟免，甚非國家之利也。

[1]有司略不加省（xǐng）：有司，指有關的職能部門。省，察看、審察。

[2]慕憚：慕，推崇、仰慕。憚，畏懼。

六曰，務農力本以廣蓄積。此最强兵富民之要術，當今之急務也。

七曰，崇節儉以省財用。今海内虚耗，田疇荒蕪，廢奢從儉，以紓生民之急，無先於此者。

八曰，去冗食以助軍費。[1]兵革之後，人物凋喪者十四五，郡縣官吏署置如故，甚非審權救弊之道。[2]

[1]冗（rǒng）食：清人方苞撰《周官集注》："以其人自有廩禄，因給事内、外朝，不暇自爲食而官共之也。"引申爲吃閑飯、食官禄而不幹實事的官吏。

[2]審權救弊：審時度勢以救時弊。

九曰，修軍政以習守戰。自古名將料敵制勝，訓練士卒，故可使赴湯蹈火，百戰不殆。孔子曰："以不教民戰，是謂棄之。"[1]兵法曰："器械不利，以其卒與敵也。卒不服習，以其將與敵也。將不知兵，以其主與敵也。主不擇將，以其國與敵也。”可不慎哉。

[1]以不教民戰，是謂棄之：語出《論語·子路篇》。意爲讓没有經過訓練的百姓去參戰，就等於抛棄了他們，讓他們白白送死。

十曰，修城池以備守禦。保障國家，惟都城與附近數郡耳。北地不守，是無河朔矣，黄河豈足恃哉。

書奏，宣宗異焉。復試之曰：“河北城邑，何術可保？兵民雜居，何道可和？鈔法如何而通？物價如何而平？”炳對大略以審擇守將則城邑固，兵不侵民則兵民和，斂散相權則鈔法通，勸農薄賦則物價平。宣宗雖異其言，而不能用，但補御史臺令史而已。[1]

論曰：劉炳可謂能言之士矣。宣宗召試既不失對，而以一臺令史賞之，足以倡士氣乎？

[1]御史臺令史：御史臺屬吏。正員二十八人，其中女真十三人，漢十五人，正九品。

术虎高琪，或作高乞，西北路猛安人。[1]大定二十七年充護衛，轉十人長，出職河間都總管判官，[2]召爲武衛軍鈐轄，[3]遷宿直將軍，[4]除建州刺史，[5]改同知臨洮府事。[6]

[1]西北路猛安人：《遺山文集》卷二七《龍虎衛上將軍术虎公神道碑》載，术虎筠壽祖籍上京，移居西北路桃山之陽，遂占籍撫州。术虎高琪既稱西北路猛安人，當與术虎筠壽爲同族或同部之人。其猛安名稱不詳。

[2]河間都總管判官：總管府屬官。主管紀綱雜務，分判吏、户、禮三部案事，通檢推排户籍。從六品。河間總管府治所在今河北省河間市。

[3]武衛軍鈐轄：武衛軍都指揮使司屬官。武職，主管防衛警捕之事。初設爲二員，後增至十員，正六品。

[4]宿直將軍：殿前都點檢司屬官。武職，有左、右宿直將軍，總領護衛親軍，掌宮城諸門禁衛、值宿護衛等事。從五品。

[5]建州刺史：刺史，州軍政長官。主治州事。正五品。建州治所在今遼寧省朝陽市大平房鎮黄花灘古城址。

[6]同知臨洮府事：臨洮府尹副佐。正四品。臨洮府治所在今甘肅省臨洮縣。

泰和六年，伐宋，與彰化軍節度副使把回海備鞏州諸鎮，[1]宋兵萬餘自鞏州轆轤嶺入，高琪奮擊破之，賜銀百兩、重綵十端。青宜可内附，[2]詔知府事石抹仲温與高琪俱出界，[3]與青宜可合兵進取。詔高琪曰：“汝年尚少，近聞與宋人力戰奮勇，朕甚嘉之。今與仲温同行出界，如其成功，高爵厚禄，朕不吝也。”

[1]彰化軍節度副使：彰化軍節度州屬官。從五品。彰化軍節度使治涇州，今甘肅省涇川縣。　把回海：女真人，生平不詳。　鞏州：治所在今河南省鞏義市。

[2]青宜可：吐蕃人。南宋邊境的吐蕃首領，割據一方，其地

臨近金臨洮府境。金章宗明昌年間，青宜可舉部附金。詳見本書卷九八《完顏綱傳》。

[3]石抹仲温：契丹人。時爲臨洮府尹。本書卷一〇三有傳。

詔封吴曦爲蜀國王，[1]高琪爲封册使。詔戒諭曰："卿讀書解事，蜀人亦識威名，勿以財賄動心，失大國體。如或隨去奉職有違禮生事，卿與喬宇體察以聞。"[2]使還，加都統，[3]號平南虎威將軍。[4]

[1]吴曦：宋人。南宋寧宗時韓侂胄興兵北伐，吴曦在四川叛宋附金，金封其爲蜀國王，不久被宋將安丙所殺。《宋史》卷四七五有傳。

[2]喬宇：本書卷一一《章宗紀二》載，泰和三年（1203）"知登聞檢院喬宇等再詳定《儀禮》"，應即此人。

[3]都統：武職。金朝武官制度猛安之上置軍帥，軍帥之上置萬户，萬户之上置都統，都統爲高級領兵官。金廷南遷以後，招募義軍，以四萬户爲一副統，兩副統爲一都統，官僅正七品。

[4]平南虎威將軍：武官散階，爲章宗泰和六年（1206）伐宋臨時所設。從四品。

宋安丙遣李孝義率步騎三萬攻秦州，[1]先以萬人圍皂角堡，高琪赴之。宋兵列陣山谷，以武車爲左右翼，[2]伏弩其下來逆戰。既合，宋兵陽却。高琪軍見宋兵伏不得前，退整陣，宋兵復來。凡五戰，宋兵益堅，不可以得志。高琪分騎爲二，出者戰則止者俟，止者出則戰者還，還者復出以更。久之，遣蒲察桃思剌潛兵上山，[3]自山馳下合擊，大破宋兵，斬首四千級，生擒數百人，李孝義乃解圍去。宋兵三千致馬連寨以窺湫池，[4]遣夾谷福壽擊走之，[5]斬七百餘級。

[1]安丙：時爲宋隨軍轉運使。　李孝義：時爲宋軍將領。　秦州：治所在今甘肅省天水市。

[2]武車：戰車。

[3]蒲察桃思剌：女真人。生平不詳。

[4]馬連寨：寨堡名。所在地點不詳。　湫（qiū）池：水潭。

[5]夾谷福壽：女真人。生平不詳。

大安三年，累官泰州刺史，[1]以乣軍三千屯通玄門外。[2]未幾，升縉山縣爲鎮州，[3]以高琪爲防禦使，[4]權元帥右都監，[5]所部乣軍賞賚有差。至寧元年八月，[6]尚書左丞完顏綱將兵十萬行省於縉山，[7]敗績。貞祐初，遷元帥右監軍。[8]閏月，詔高琪曰："聞軍事皆中覆，得無失機會乎？自今當即行之，朕但責成功耳。"

[1]泰州：金泰州治所有二，前期設在遼泰州舊地，其地址有兩説，一曰在今吉林省洮南市東雙塔鄉城四家子古城；一曰在今黑龍江省泰來縣塔子城。章宗承安三年（1203）以舊泰州爲金安縣，又設新泰州，其治所舊説在今吉林省大安縣月亮泡西南，今説在今吉林省前郭縣他虎城。

[2]乣軍："乣"字音讀和字義争議較大，近年劉鳳翥認爲應讀"又"（詳見劉鳳翥《解讀契丹文字與深化遼史研究》，載《遼金史研究》，中國文化出版社 2003 年版）。本書所記的乣軍是指金西北地方以契丹人爲主所組成的軍隊。　通玄門：城門名。金中都北門有四：會城、通玄、崇智、光泰。通玄門爲金中都北門之一。

[3]縉山縣：治所在今北京市延慶縣。

[4]防禦使：防禦州長官。從四品。

[5]元帥右都監：都元帥府屬官。武職，掌征討之事。從三品。

[6]至寧：金衛紹王年號（1213）。

[7]完顔綱：女真人。本書卷九八有傳。　行省：官署名。行尚書省的簡稱。金末多以戰事開行省，以朝廷重臣領行省事。

[8]元帥右監軍：都元帥府屬官。武職，正三品。

是月，被詔自鎮州移軍守禦中都迤南，[1]次良鄉不得前，[2]乃還中都。每出戰輒敗，紇石烈執中戒之曰："汝連敗矣，若再不勝，當以軍法從事。"及出果敗，高琪懼誅。十月辛亥，高琪自軍中入，遂以兵圍執中第，殺執中，持其首詣闕待罪。宣宗赦之，以爲左副元帥，[3]一行將士遷賞有差。丙寅，詔曰："胡沙虎畜無君之心，形迹露見，不可盡言。武衛副使提點近侍局慶山奴、近侍局使斜烈、直長撒合輦累曾陳奏，[4]方慎圖之。斜烈漏此意於按察判官胡魯，[5]胡魯以告翰林待制訛出，[6]訛出達于高琪，今月十五日將胡沙虎戮訖。惟茲臣庶將恐有疑，肆降札書，不匿厥旨。"論者謂高琪專殺，故降此詔。頃之，拜平章政事。

[1]中都迤南：中都，都城名，古稱燕京，金海陵王於1153年遷都於燕京，改稱中都，治所在今北京市。迤，亦作"迆"，與"以"字通。

[2]良鄉：縣名。治所在今北京市房山區境内。

[3]左副元帥：武職，都元帥副佐，正二品。

[4]武衛副使提點近侍局慶山奴：武衛副使，武職，副都指揮

使的簡稱。爲武衛都指揮使副佐，從四品。提點近侍局：亦稱近侍局提點，爲近侍局長官，正五品。慶山奴，女真人。漢名承立，本書卷一一六有傳。　近侍局使斜烈：近侍局使，爲近侍局屬官，從五品。斜烈，女真人。本書卷一二四《完顏絳山傳》作“權點檢内族斜烈”。蔡州之難，斜烈殉國。　直長撒合輦：直長，即近侍局直長，爲近侍局屬官，正八品。撒合輦，女真人，本書卷一一一有傳。

[5]按察判官胡魯：按察判官，爲按察司屬官，從六品。胡魯，女真人，本書卷一三四作“完顏胡魯”，貞祐四年（1216）任環州刺史。

[6]翰林待制訛出：翰林待制，爲翰林院屬官，分管詞命文字，判院事，無定員，正五品。訛出，女真人，即完顏寓，本書卷一〇四有傳。

宣宗論馬政，[1]顧高琪曰：“往歲市馬西夏，今肯市否？”對曰：“木波畜馬甚多，[2]市之可得，括緣邊部落馬，亦不少矣。”宣宗曰：“盡括邊馬，緩急如之何？”閲三日，復奏曰：“河南鎮防二十餘軍，計可得精騎二萬，緩急亦足用。”宣宗曰：“馬雖多，養之有法，習之有時，詳諭所司令加意也。”貞祐二年十一月，宣宗問高琪曰：“所造軍器往往不可用，此誰之罪也？”對曰：“軍器美惡在兵部，材物則户部，工匠則工部。”宣宗曰：“治之！且將敗事。”宣宗問楊安兒事，[3]高琪對曰：“賊方據險，臣令主將以石牆圍之，勢不得出，擒在旦夕矣。”宣宗曰：“可以急攻，或力戰突圍，我師必有傷者。”

[1]馬政：繁養、徵集馬匹和市馬之事。

[2]木波：吐蕃部名。河湟吐蕃諸部之一。

[3]楊安兒：金末山東益都縣人。原名楊安國，衛紹王大安三年（1211），楊安兒在山東起義。起義將士皆身穿紅襖，所以稱“紅襖軍”。詳見本書卷一〇二《僕散安貞傳》。

應奉翰林文字完顏素蘭自中都議軍事還，[1]上書求見，乞屏左右。[2]故事，有奏密事輒屏左右。先是，太府監丞游茂以高琪威權太重，[3]中外畏之，常以爲憂，因入見，屏人密奏，請裁抑之。宣宗曰：“既委任之，權安得不重？”茂退不自安，復欲結高琪，詣其第上書曰：“宰相自有體，豈可以此生人主之疑，招天下之議。”恐高琪不相信，復曰：“茂嘗間見主上，實惡相公權重。相公若能用茂，當使上不疑，而下無所議。”高琪聞茂嘗請間屏人奏事，疑之，乃具以聞。游茂論死，詔免死，杖一百，除名。自是凡屏人奏事，必令近臣一人侍立。及素蘭請密，召至近侍局，給筆札，使書所欲言。少頃，宣宗御便殿見之，惟留近侍局直長趙和和侍立。素蘭奏曰：“日者，元帥府議削伯德文哥兵權，[4]朝廷乃詔領義軍。[5]改除之命拒而不受，元帥府方欲討捕，朝廷復赦之，且不令隸元帥府。不知誰爲陛下畫此計者，[6]臣自外風聞皆出平章高琪。”宣宗曰：“汝何以知此事出於高琪？”素蘭曰：“臣見文哥與永清副提控劉温牒云，[7]差人張希韓至自南京，道副樞平章處分，[8]已奏令文哥隸大名行省，[9]毋遵中都帥府約束。温即具言於帥府。然則，文哥與高琪計結，明矣。”上頷之。素蘭復奏曰："高琪本無勳望，嚮以畏死擅殺胡沙虎，計出於無聊耳。妬賢能，樹黨與，竊弄威權，自作威福。去歲，都下書生樊知一詣高琪，[10]言乣軍不可信，恐生亂。高琪以刀杖决殺之，自是無復敢言軍國利害者。使其黨移剌塔不也爲武寧軍節度使，[11]招乣軍，已而無功，復以爲武衛軍使。[12]以臣觀之，此賊滅亂紀綱，戕害忠良，實有不欲國家平治之意。惟陛下然行之，社稷之福也。"宣宗曰："朕徐思之。"素蘭出，復戒曰："慎無泄也。"

[1]完顏素蘭：女真人。《歸潛志》卷六作"完顏速蘭"。衛紹王至寧元年（1213）策論進士一甲第一名，哀宗正大七年（1230），素蘭權元帥左都監、參知政事，行省於京兆府，遇害。本書卷一〇九有傳。

[2]屏：退避。

[3]太府監丞游茂：太府監丞，爲太府監屬官，主管出納邦國財用錢穀之事。從六品。游茂，生平不詳。

[4]伯德文哥：奚人。朮虎高琪的同黨。《遼史》卷三三《部族志》載，奚王府五部中有伯德部，後以部爲氏。

[5]義軍：軍名。金宣宗南渡以後，金蒙戰争規模日益擴大，正規軍已無力全面承擔起抗蒙重任，於是開始實行募軍，稱爲"義軍"，義軍的編制與正規軍有所不同，"三十人爲一謀克，五謀克爲一千户，四千户爲一萬户，四萬户爲一副統，兩副統爲一都統，設一總領提控"，見本書卷一〇二《蒙古綱傳》。

[6]畫：與"劃"字通。

[7]副提控：武職，金末兵制紊亂。統領萬人的軍隊主帥稱總領，亦稱提控。副提控爲提控副佐，亦稱副總領。　劉温：生平不

詳。　牒：有品官員之間的上行文書。

[8]副樞平章：指樞密副使和平章政事。

[9]大名行省：官署名。即當時設在大名府的河北行省，治所在今河北省大名縣。

[10]樊知一：生平不詳。

[11]武寧軍：州軍名。治所在今江蘇省徐州市。

[12]武衛軍使：武衛軍都指揮使的簡稱。主管防守都城，警捕盜賊。金初爲正四品，章宗承安三年（1198）升爲從三品。

四年十月，大元大兵取潼關，[1]次嵩、汝間，[2]待闕臺院令史高嶷上書曰：[3]“向者河朔敗績，朝廷不時出應，[4]此失機會一也。及深入吾境，都城精兵無慮數十萬，若効命一戰，必無今日之憂，此失機會二也。既退之後，不議追襲，此失機會三也。今已度關，[5]不亟進禦，患益深矣。乞命平章政事高琪爲帥，以厭衆心。”不報。御史臺言：“兵踰潼關、崤、沔，[6]深入重地，近抵西郊。彼知京師屯宿重兵，不復叩城索戰，但以遊騎遮絶道路，而别兵攻擊州縣，是亦困京師之漸也。若專以城守爲事，中都之危又將見於今日，況公私蓄積視中都百不及一，此臣等所爲寒心也。不攻京城而縱其别攻州縣，是猶火在腹心，撥置于手足之上，均一身也，願陛下察之。請以陝西兵扼拒潼關，與右副元帥蒲察阿里不孫爲掎角之勢，[7]選在京勇敢之將十數人，各付精兵數千，隨宜伺察，且戰且守，復諭河北，亦以此待之。”詔付尚書省，高琪奏曰：“臺官素不習兵，備禦方略，非所知也。”遂寢。高琪止欲以重兵屯駐南京以自固，[8]

州郡殘破不復恤也。宣宗惑之，計行言聽，終以自斃。

[1]大元：即元朝。但此時蒙古尚未改國號爲元，《金史》爲元人所修，故稱蒙古爲大元，又稱大朝。

[2]嵩、汝：州名。嵩州治所在今河南省嵩縣，汝州治所在今河南省汝州市。

[3]侍闕臺院令史：等侍補缺的御史臺令史。"闕"與"缺"字通。　高嶷（yí）：人名。生平不詳。

[4]不時出應：没有抓住時機應戰。

[5]度：與"渡"字通。

[6]崤（xiáo）、沔（miǎn）："崤"亦作"殽"，山名。在今河南省西部，爲秦嶺東段的支脉。沔，水名。在今陝西省，爲漢水的上游。

[7]蒲察阿里不孫：女真人。本書卷一四《宣宗紀上》載，阿里不孫於貞祐四年（1216）在澠池慘敗，率部潰逃，丟失兵符。

[8]南京：京城名。古名汴梁，北宋首都開封府，金稱南京，治所在今河南省開封市。

未幾，進拜尚書右丞相，奏曰："凡監察有失糾彈者從本法。若人使入國，私通言語，説知本國事情，宿衛、近侍官、承應人出入親王、公主、宰執之家，[1]災傷闕食體究不實致傷人命，[2]轉運軍儲而有私載，[3]及考試舉人關防不嚴者，[4]並的杖。[5]在京犯至兩次者，臺官減監察一等，論贖，餘止坐。專差者任滿日議定升降。[6]若任内有漏察之事應的決者，依格雖爲稱職，[7]止從平常，平常者從降罰。"制可。高琪請修南京裹城，[8]宣宗曰："此役一興，民滋病矣。城雖完固，能獨安乎？”

［1］承應人：指皇宫内直接爲皇帝服務的雜役人員。

［2］災傷闕食體究不實致傷人命：中華點校本作：“災傷闕食，體究不實，致傷人命。”同時中華點校本卷四五《刑志》作：“災傷乏食有司檢覆不實致傷人命。”此句審上下文意，似中間不斷開爲是。

［3］轉運軍儲而有私載：中華點校本作：“轉運軍儲，而有私載。”同時中華點校本卷四五《刑志》作：“轉運軍儲而有私載。”審上下文意，似中間不斷開爲是。

［4］關防：防範。這裏指科舉考試中的彌封、謄録、鎖院等回避制度。

［5］的伏：即杖刑。

［6］“臺官减監察一等”至“專差者任滿日議定升降”：中華點校本作：“臺官减監察一等論贖，餘止坐專差者，任滿日議定升降。”同時中華本點校卷四五《刑志》作：“臺官减監察一等治罪，論贖，餘止坐。專差者任滿日議定升降。”審上下文意，以後者爲是。

［7］格：具體的法律條文。

［8］高琪請修南京裏城：《歸潛志》卷七：“興定初，术虎高琪爲相，建議南京城方八十里，極大難守。於内再築子城，周方四十里，壞民屋舍甚衆。”所謂“子城”即南京裏城。

初，陳言人王世安獻攻取盱眙、楚州策，[1]樞密院奏乞以世安爲招撫使，[2]選謀勇二三人同往淮南，招紅襖賊及淮南宋官。[3]宣宗可其奏，詔泗州元帥府遣人同往。[4]興定元年正月癸未，宋賀正旦使朝辭，[5]宣宗曰：“聞息州透漏宋人，[6]此乃彼界饑民沿淮爲亂，[7]宋人何敢犯我?”高琪請伐之以廣疆土。上曰:“朕但能守祖宗所付足矣,安事外討。”高琪謝曰:“今雨雪應期,皆聖德所致。而能包容小國,天下幸甚,臣言過矣。”四月,遣元帥左都監烏古論慶壽、簽樞密院事完顔賽不經略南邊,[8]尋復下詔罷兵,然自是與宋絶矣。

[1]楚州:治所在今江蘇省淮安市。

[2]樞密院:軍政官署名。掌國家軍務機密之事。　招撫使:招撫司長官,主管招集流亡、鎮撫地方之事。是金末特設的一種官職。

[3]紅襖賊:紅襖,指紅襖軍。金朝末年,今山東、河北一帶爆發大規模的農民起義軍,因身穿紅襖,故稱紅襖軍。紅襖賊是金統治者對紅襖起義軍的污稱。

[4]泗州:治所在今江蘇省盱眙縣淮河北岸,舊址已沉入洪澤湖中。

[5]賀正旦使:臨時官職。金宋自“紹興和議”簽署後,每逢農曆正月初一,互遣使者致賀,稱“賀正旦使”。

[6]息州:治所在今河南省息縣。

[7]淮:指淮河,時爲金、宋兩國界河。

[8]烏古論慶壽:女真人。本書卷一〇一有傳。　簽樞密院事完顔賽不:簽樞密院事,爲樞密院屬官,正三品。完顔賽不,女真人,本書卷一一三有傳。

興定元年十月,右司諫許古勸宣宗與宋議和,[1]宣宗命古草牒,以示宰臣,高琪曰:“辭有哀祈之意,自示微弱不足取。”遂寢。集賢院諮議官吕鑒言:[2]“南邊屯兵數十萬,自唐、鄧至壽、泗沿邊居民逃亡殆盡,[3]

兵士亦多亡者，亦以人煙絶少故也。臣嘗比監息州榷場，[4]每場所獲布帛數千匹、銀數百兩，大計布帛數萬匹、銀數千兩，兵興以來俱失之矣。夫軍民有逃亡之病，而國家失日獲之利，非計也。今隆冬沍寒，[5]吾騎得騁，當重兵屯境上，馳書諭之，誠爲大便。若俟春和，則利在於彼，難與議矣。昔燕人獲趙王，趙遣辯士説之，不許，一牧豎請行，[6]趙王乃還。孔子失馬，馭卒得之。[7]人無貴賤，苟中事機，皆可以成功。臣雖不肖，願効牧豎馭卒之智，伏望宸斷。"[8]詔問尚書省。高琪曰："鑒狂妄無稽，但其氣岸可尚，宜付陝西行省備任使。"[9]制可。十二月，胥鼎諫伐宋，[10]語在《鼎傳》。高琪曰："大軍已進，無復可議。"遂寢。

[1]右司諫許古：右司諫，爲諫院屬官，從五品。許古，本書卷一〇九有傳。

[2]集賢院諮議官吕鑒：集賢院諮議官，爲集賢院屬官，無定員，正九品。吕鑒，生平不詳。

[3]唐、鄧：州名。唐州治所在今河南省唐河縣，鄧州治所在今河南省鄧州市。　壽：州名。治所在今安徽省鳳臺縣。

[4]息州：治所在今河南省息縣，位於宋、金邊界上。　榷場：爲官辦的與鄰國進行貿易的市場。

[5]沍（hù）寒：天氣嚴寒，冰凍不開。

[6]牧豎：放牧牲畜者。

[7]孔子失馬，馭卒得之：語出《淮南子》卷一八《人間訓》及《吕氏春秋》卷一四《孝行覽·必已》。失，即"佚"，亦作"逸"。馭，與"御"字同，謂駕車人。

[8]宸（chén）斷：宸，原意爲帝王所居的宮殿，引申爲帝王

代稱。“宸斷”即聖斷。

[9]陝西行省：官署名。陝西行中書省的簡稱。金末置，治所在今陝西省西安市。

[10]胥鼎：代州繁峙縣人。尚書右丞胥持國之子，世宗大定二十八年（1188）進士，金宣宗時官至平章政事。爲金朝晚期一代名相。本書卷一〇八有傳。

二年，胥鼎上書諫曰：“錢穀之冗，非九重所能兼，[1]天子總大綱，責成功而已。”高琪曰：“陛下法上天行健之義，[2]憂勤庶務，夙夜不遑，[3]乃太平之階也。鼎言非是。”宣宗以南北用兵，深以爲憂，右司諫吕造上章：[4]“乞詔内外百官各上封事，直言無諱。或時召見，親爲訪問。陛下博采兼聽，以盡群下之情，天下幸甚。”宣宗嘉納，詔集百官議河北、陝西守禦之策。高琪心忌之，不用一言。是時，築汴京城裹城，宣宗問高琪曰：“人言此役恐不能就，如何？”高琪曰：“終當告成，但其濠未及浚耳。”宣宗曰：“無濠可乎？”高琪曰：“苟防城有法，正使兵來，臣等愈得効力。”宣宗曰：“與其臨城，曷若不令至此爲善。”高琪無以對。

[1]九重：指天的最高處。這裏喻指皇帝。

[2]法上天行健之意：意爲遵從替上天治理天下的本義。天行健，語出《易經·乾卦》：“天行健，君子以自强不息。”

[3]夙（sù）夜不遑：比喻從早到晚忙於政務，不得閑暇。

[4]吕造：大興縣（今北京市）人。《歸潛志》卷七：“吕狀元造，父子魁多士。及在翰林，上（章宗）索重陽詩，造素不學詩，惶遽，獻詩云：‘佳節近重陽，微臣喜欲狂’。上大笑，旋令外

補。”元好問《續夷堅志》卷三載，呂造字子成，經義科魁南省，詞賦科又中殿元（狀元）。其祖父延嗣，父忠翰亦皆狀元及第，故有“狀頭家世傳三葉，天下科名占兩魁”之詩譽。據《金文最》卷四二，知呂造是章宗承安二年（1197）狀元。但據今北京市呂氏家族墓地出土的石刻資料證明，呂造的祖父並不是呂延嗣，呂造的祖父也不是狀元。實際上是呂造的先祖呂德懋，在遼代中狀元，呂造父子又在金代中狀元。元好問所記稍誤。

高琪自爲宰相，專固權寵，擅作威福，與高汝礪相唱和。[1]高琪主機務，高汝礪掌利權，附己者用，不附己者斥。凡言事忤意，及負材力或與己頡頏者，對宣宗陽稱其才，使幹當于河北，[2]陰置之死地。自不兼樞密元帥之後，常欲得兵權，遂力勸宣宗伐宋。置河北不復爲意，凡精兵皆置河南，苟且歲月，不肯輒出一卒，以應方面之急。

[1]高汝礪：應州金城縣人。世宗大定十九年（1179）進士，宣宗時官至尚書省右丞相。本書卷一〇七有傳。

[2]幹當：指任職和做事。

平章政事英王守純欲發其罪，[1]密召右司員外郎王阿里、知案蒲鮮石魯剌、令史蒲察胡魯謀之。[2]石魯剌、胡魯以告尚書省都事僕散奴失不，[3]僕散奴失不以告高琪。英王懼高琪黨與，遂不敢發。頃之，高琪使奴賽不殺其妻，[4]乃歸罪於賽不，送開封府殺之以滅口。開封府畏高琪，不敢發其實，賽不論死。事覺，宣宗久聞高琪姦惡，遂因此事誅之，時興定三年十二月也。尚書省都事僕散奴失不以英王謀告高琪，論死。蒲鮮石魯剌、蒲察胡魯各杖七十，勒停。

[1]英王：封爵名。次國封號，明昌格第二十八位。　守純：女真人。宣宗之子。本書卷九三有傳。

[2]右司員外郎：尚書省右司屬官。正六品。　王阿里：生平不詳。　知案：本書《百官志》失載，待考。　蒲察石魯剌：女真人。生平不詳。　蒲察胡魯：女真人。生平不詳。

[3]尚書省都事：尚書省屬官。尚書省左、右司各設都事二員，正七品。　僕散奴失不：女真人。生平不詳。

[4]賽不：术虎高琪家奴。其他事迹不詳。

初，宣宗將遷南，欲置乣軍于平州，[1]高琪難之。及遷汴，戒彖多厚撫此軍，[2]彖多輒殺乣軍數人，以至于敗。宣宗末年嘗曰："壞天下者，高琪、彖多也。"終身以爲恨云。

[1]平州：治所在今河北省盧龍縣。

[2]彖（tuàn）多：女真人。即抹撚盡忠，女真本名彖多，本書卷一〇一有傳。

移剌塔不也，東北路猛安人。[1]明昌元年，累官西上閤門使。[2]二年，襲父謀克。泰和伐宋，有功，遥授同知慶州事，[3]權迪列乣詳穩。[4]丁父憂，起復西北路招討判官，改尚輦局使、曹王傅。[5]貞祐二年，遷武寧軍節度使，招徠中都乣軍，無功，平章高琪芘之，召爲武衛軍都指揮使。應奉翰林文字完顔素蘭嘗面奏高琪黨比，語在《高琪傳》。尋知河南府事，[6]兼副統軍，[7]徙彰化軍節度使。上言："盡籍山東、河間、大名猛安人爲兵，[8]老弱城守，壯者捍禦。"又言："河南地險人勇，步兵爲天下冠，可盡調以戍諸隘。"從之。自是河東郡縣屯兵少，不可守矣。改知臨洮府事，兼陝西副統軍。

[1]東北路：指東北路招討司，治所在今吉林省洮南市城四家子古城。

[2]西上閤門使：宣徽院屬官。主管贊導殿廷禮儀。正員二人，與東上閤門使皆爲正五品。1977年，在遼寧省鳳城市出土一方金代"東上閤門使印"（見景愛《金代官印集》，文物出版社1991年版，第12頁）。

[3]慶州：治所在今内蒙古自治區巴林左旗白塔子，又名"插漢城"。

[4]迪列乣詳穩：官名。主管撫輯軍户，訓練武藝，鎮守邊堡。從五品。金代諸乣均設在西北邊地，靠近金界壕。本書《百官志》和《地理志》均不見迪列乣之名。但《地理志》載"迪烈又作迭剌"。檢《百官志》和《地理志》所記的九乣之名中有"耶剌都乣詳穩"。以音求之，應即迪列乣詳穩。其治所不詳。

[5]尚輦局使：尚輦局長官。主管皇宫内車輦輿仗等事。從五品。　曹王傅：親王府屬官。主管輔導親王，參議王府機務。曹王，封爵名。大國封號，明昌格第二十位。

[6]知河南府事：即河南府尹，河南府長官。正三品。治所在今河南省洛陽市。

[7]副統軍：武職。金末招募義軍，以三十人爲一謀克，五謀克爲一猛安，四猛安爲一萬户，四萬户爲一副統，領兵官稱"副統軍"。正八品。

[8]河間、大名：府名。河間府治所在今河北省河間市，大名

府治所在今河北省大名縣。

貞祐三年十一月，破夏兵于熟羊寨。[1]平章高琪率宰臣入賀曰："塔不也以少敗衆，蓋陛下威德所致。"宣宗曰："自古興國皆賴忠賢，今茲立功，皆將率諸賢之力也。"乃以塔不也爲勸農使，[2]兼知平凉府事，[3]進階銀青榮禄大夫。四年，伐西夏，攻威、靈、安、會等州。[4]興定元年，知慶陽府事。[5]三年，遷元帥左都監，卒。

[1]熟羊寨：寨堡名。在今甘肅省隴西縣西北。

[2]勸農使：勸農使司長官。主管勸課天下農桑。正三品。

[3]平凉府：治所在今甘肅省平凉市。

[4]威、靈、安、會等州：皆爲西夏州名。威州治所在今寧夏回族自治區中寧縣東南韋州鎮，靈州治所在今寧夏回族自治區靈武市西南，安州治所在今甘肅省通渭縣東南，會州治所在今甘肅省靖遠縣。

[5]慶陽府：治所在今甘肅省慶陽縣。

論曰：高琪擅殺執中，宣宗不能正其罪，又曲爲之説，[1]以詔臣下。就其事論之，人君欲誅大臣，而與近侍密謀于宫中，已非其道。謀之不密，又爲外臣所知，以告敗軍之將，因殺之以爲説，此可欺後世邪。金至南渡，譬之尪羸病人，[2]元氣無幾。琪喜吏而惡儒，好兵而厭静，沮遷乣之議，破和宋之謀，正猶繆醫，[3]投以烏喙、附子，[4]祇速其亡耳。[5]使宣宗於擅殺之日，即能伸大義而誅之，何至誤國如是邪。

［1］曲爲之説：曲意加以解説。

［2］尫羸病人：指得了重病之人。

［3］繆醫：指醫術低下的醫生。

［4］烏喙、附子：烏喙又稱烏頭，是一種含巨毒的中草藥。烏頭的側根稱附子，亦含毒性。

［5］祇：與“只”字通。

金史　卷一〇七

列傳第四十五

高汝礪　張行信

高汝礪字巖夫，應州金城人。[1]登大定十九年進士第，[2]涖官有能聲。明昌五年九月，[3]章宗詔宰執，[4]舉奏中外可爲刺史者，[5]上親閲闕點注，[6]蓋取兩員同舉者升用之。於是，汝礪自同知絳陽軍節度事起爲石州刺史。[7]承安元年七月，[8]入爲左司郎中。[9]一日奏事紫宸殿，[10]時侍臣皆迴避，上所御凉扇忽墮案下，汝礪以非職不敢取以進。奏事畢，上謂宰臣曰："高汝礪不進扇，可謂知體矣。"

[1]應州金城：應州治所在今山東省應縣。金城，縣名。應州倚郭縣，治所與州治同。

[2]大定：金世宗年號（1161—1189），章宗即位後又延用一年。

[3]明昌：金章宗年號（1190—1196）。

[4]章宗：廟號。即完顏麻達葛，漢名璟。1189年至1208年在位。本書卷九至卷一二有紀。

[5]刺史：刺史州長官。掌一州財政、訴訟、宣導風俗等政務，正五品。

[6]上親閱闕點注：闕，即“闕本”，爲金朝文武百官人事檔案的一種。本書卷五五《百官志一》尚書省左司條下：“每月朔朝，則先集是月秩滿者爲簿，名曰闕本。”此爲皇上親自閱闕本選官。

[7]同知絳陽軍節度事：即絳陽軍同知節度使，爲節度使副佐。正五品。絳陽軍治所在今山西省新絳縣。　石州：治所在今山西省離石縣。

[8]承安：金章宗年號（1196—1200）。

[9]左司郎中：尚書省屬官。左司主管吏、户、禮三部事務。左司郎中爲左司長官，正五品。

[10]紫宸殿：宮殿名。在金中都皇城内。

未幾，擢爲左諫議大夫。[1]以賦調軍須，郡縣有司或不得人，追胥走卒利其事急，[2]規取貨賂，[3]深爲民害，建言：“自今若因兵調發，有犯者乞權依‘推排受財法’治之，[4]庶使小人有所畏懼。”二年六月，定制，因軍前差發受財者，一貫以下徒二年，以上徒三年，十貫處死，從汝礪之言也。

[1]左諫議大夫：金諫院正職設左、右諫議大夫各一員，掌諫正百官非違，糾正官邪。皆正四品。

[2]追胥走卒：指州縣的吏役。

[3]規取貨賂：互相効法收取賄賂。

[4]推排受財法：金制，每隔十年左右清查一次州縣的户籍，核實土地、財産，據以確定賦稅，稱通檢推排，簡稱推排。推排受

財法當是爲此制定的一套法律條文。本書卷四五《刑志》記有軍前受財法，而推排受財法失載。

時遇奏事，臺臣亦令迴避，[1]汝礪乃上言："國家置諫臣以備侍從，蓋欲周知時政以參得失，非徒使排行就列而已。故唐制，凡中書、門下及三品以上入閤，[2]必遣諫官隨之，[3]俾預聞政事，冀其有所開説。今省臺以下，[4]遇朝奏事則一切迴避，與諸侍衛之臣旅進旅退。殿廷論事初莫得聞，及其已行，又不詳其始末，遂事而諫，斯亦難矣。顧諫職爲何如哉？若曰非材，擇人可也，豈可置之言責而踈遠若此。乞自今以往，有司奏事諫官得以預聞，庶望少補。且修注之職，[5]掌記言動，俱當一體。"上從之。

[1]臺臣：亦稱臺官、諫臣，指主管糾彈之事的御史臺官員。

[2]中書、門下：即中書省、門下省，是古代國家的最高行政決策機構和審議機構，與尚書省合稱"三省"。　閤：此指中央官署。

[3]諫官：指諫院官員。

[4]省臺：一作臺省。唐代把三省和御史臺合稱爲臺省。金海陵王改革舊官制，中央衹設尚書省，所以此處專指尚書省和御史臺。

[5]修注之職：指負責記録皇帝言論行止的史官，即國史院的起居注，多爲兼職。宣宗貞祐三年（1215）定制，由尚書省左、右司首領官兼。

又言："年前十月嘗舉行推排之法，尋以踰時而止，誠知聖上愛民之深也。切聞周制，以歲時定民之衆寡，辨物之多少，入其數于小司徒，[1]以施政教，以行徵令，三年則天下大比，[2]按爲定法。伏自大定四年通檢前後，迄今三十餘年，其間雖兩經推排，其浮財物力，惟憑一時小民之語以爲增減，有司惟務速定，不復推究其實。由是豪强有力者符同而倖免，[3]貧弱寡援者抑屈而無訴。况近年以來，邊方屢有調發，貧户益多。如止循例推排，緣去歲條理已行，人所通知，恐新强之家預爲請囑狡獪之人，冀望至時同辭推唱。[4]或虚作貧乏，故以産業低價質典，[5]及將財物徙置他所，權止營運。如此姦弊百端，欲望物力均一，難矣。欲革斯弊，莫若據實通檢，預令有司照勘大定四年條理，[6]嚴立罪賞，截日立限，關防禁約。其間有可以輕重者斟酌行之，去煩碎而就簡易，戒搔擾而事鎮静，使富者不得以苟避，困者有望於少息，則賦税易辦，人免不均之患矣。”詔尚書省竢邊事息行之。

[1]小司徒：官名。《周禮》地官之屬，爲大司徒副職。

[2]三年則天下大比：周制每三年查閲一次人口及財産，並考察官吏，稱爲“三年一大比”。見《周禮》小司徒之職。本卷上文“入其數于小司徒”是，而本書卷四六《食貨志一》作“《周禮》大司徒三年一大比”則誤。

[3]符同而倖免：憑據相同而僥倖獲免。

[4]推唱：時政策規定，在推排中，應減免户可向有司提出書面申請，然後集其村坊鄰里，當衆宣讀，加以核實，這一形式爲“推唱”，亦稱“集衆推唱”。

[5]低價質典：即低於市價出質與典賣，實際是逃避財産登記、

弄虛作假的做法。

[6]大定四年條理：指世宗大定四年（1164）首次進行推排所制定的條文規定，詳見本書卷四六《食貨志一》。

是歲十月，上諭尚書省，遣官詣各路通檢民力，命户部尚書賈執剛與汝礪先推排在都兩警巡院，[1]令諸路所差官視以爲法焉。尋爲同知大興府事。[2]四年十二月，爲陝西東路轉運使。[3]泰和元年七月，改西京路轉運使。[4]二年正月，爲北京臨潢府路按察使。[5]四年二月，遷河北西路轉運使。[6]十一月，進中都路都轉運使。[7]

[1]户部尚書：户部長官。主管全國户籍、賦税、錢穀等事。正三品。　賈執剛：生平不詳。　在都兩警巡院：金於諸京府均設警巡院，主管轄區内平理獄訟、警戒和稽查等事。時中都設有兩警巡院。

[2]同知大興府事：即大興府同知，爲大興府尹副佐。正四品。大興府治所在今北京市。

[3]陝西東路轉運使：金於中都路置都轉運司，餘路置轉運司，掌賦税錢穀、倉庫出納等事。長官爲轉運使，正三品。陝西東路即京兆府路，治所在今陝西省西安市。

[4]西京路：治所在西京大同府，今山西省大同市。

[5]北京臨潢府路按察使：按察司長官。主管審斷重大獄案、照刷案牘、糾察貪官污吏及奸豪不法之徒，禁私酒、私鹽，並勸課農桑，定期出巡州縣。正三品。時北京路和臨潢府路置一按察使，治所在今内蒙古自治區寧城縣大明鄉古城址。

[6]河北西路：治所在今河北省正定縣。

[7]中都路都轉運使：中都路治所在今北京市，置都轉運司。長官稱都轉運使，正三品。

六年六月，拜户部尚書。時鈔法不能流轉，[1]汝礪隨事上言，多所更定，民甚便之，語在《食貨志》。上嘉其議，勅尚書省曰："内外百官所司不同，比應詔言事者不啻千數，俱不達各司利害，汗漫陳説，[2]莫能詳盡。近惟户部尚書高汝礪，論本部數事，並切事情，皆已行之。其喻内外百司各究利害舉明，若可舉而不即申聞，以致上司舉行者，量制其罰。"

[1]鈔法：紙幣的發行和使用規定方法。

[2]汗漫陳説：漫無邊際、毫無標準地加以解釋。

貞祐二年六月，[1]宣宗南遷，[2]次邯鄲，[3]拜汝礪爲參知政事。[4]次湯陰，[5]上聞汴京穀價騰踴，慮扈從人至則愈貴，問宰臣何以處之。皆請命留守司約束，汝礪獨曰："物價低昂，朝夕或異，然糴多糶少則貴。[6]蓋諸路之人輻湊河南，糴者既多，安得不貴。若禁止之，有物之家皆將閉而不出，商旅轉販亦不復入城，則糴者益急而貴益甚矣。事有難易，不可不知，今少而難得者穀也，多而易致者鈔也，自當先其所難，後其所易，多方開誘，務使出粟更鈔，例穀價自平矣。"[7]上從之。

[1]貞祐：金宣宗年號（1213—1217）。

[2]宣宗南遷：金宣宗即位，迫於蒙古軍事壓力，於貞祐二年（1214）將首都由中都遷往南京，即從今天的北京市南遷到河南省開封市。此後金王朝走向衰落。

[3]邯鄲：縣名。治所在今河北省邯鄲市。

[4]參知政事：尚書省執政官。佐治省事。正員二人，從二品。

[5]湯陰：縣名。治所在今河南省湯陰縣。

[6]糴多糶少：糴，買米。糶，賣米。

[7]例穀價自平矣：中華點校本據文義改“例”爲“則”。

三年五月，朝廷議徙河北軍户家屬于河南，[1]留其軍守衛郡縣，汝礪言：“此事果行，但便於豪强家耳，貧户豈能徙。且安土重遷，人之情也。今使盡赴河南，彼一旦去其田園，扶攜老幼，驅馳道路，流離失所，豈不可憐。且所過百姓見軍户盡遷，必將驚疑，謂國家分別彼此，其心安得不摇。況軍人已去其家，而令護衛他人，以情度之，其不肯盡心必矣。民至愚而神者也，雖告以衛護之意，亦將不信，徒令交亂，俱不得安，此其利害所繫至重。乞先令諸道元帥府、宣撫司、總管府熟論可否，[2]如無可疑，然後施行。”不報。[3]

[1]軍户：主要指女真猛安謀克户。

[2]諸道元帥府、宣撫司、總管府：官署名。元帥府是高級軍事指揮機構。章宗泰和年間，南宋韓侂胄北伐，金在山東西路、河南、陝西等地分别設兵馬都統府，統轄各處兵馬。此“諸道元帥府”即指設在各地的行元帥府。宣撫司是泰和年間所設立的軍政官署，主管節制兵馬，後改稱按撫司。時全國共置陝西、山東東西、大名、河北東西、河東南北、遼東咸平、上京、隆安、肇州、北京等十處按撫司。總管府是地方路一級的軍政官署，全國除五京之外，設有十四總管府，置兵馬都總管一員，由府尹兼任，正三品。熟：與“孰”字通。

[3]不報：没有答復。

軍户既遷，將括地分授之，未有定論，上勑尚書省曰："北兵將及河南，[1]由是盡起諸路軍户，共圖保守。今既至矣，糧食所當必與，然未有以處之。可分遣官聚耆老問之，其將益賦，或與之田，二者孰便。"又以諭汝礪。既而所遣官言："農民並稱，比年以來租賦已重，若更益之，力實不足，不敢復佃官田，[2]願以給軍。"於是汝礪奏："遷徙軍户，一時之事也。民佃官田，久遠之計也。河南民地、官田，計數相半。又多全佃官田之家，墳塋、莊井俱在其中。率皆貧民，一旦奪之，何以自活。夫小民易動難安，一時避賦，遂有此言。及其與人，即前日之主今還爲客，能勿悔乎，悔則忿心生矣。如山東撥地時，腴田沃壤盡入勢家，瘠惡者乃付貧户。無益於軍，而民則有損，至於互相憎疾，今猶未已，前事不遠，足爲明戒。惟當倍益官租，以給軍粮之半，復以係官荒田、牧馬草地量數付之，令其自耕，則百姓免失業之艱，而官司不必爲厲民之事矣。且河南之田最宜麥，今雨澤霑足，[3]正播種之時，誠恐民疑以誤歲計，宜早決之。"上從其請。

[1]北兵：指蒙古軍。
[2]佃官田：租種國家的土地。
[3]雨澤霑足：雨水充沛。

尋遷尚書右丞。[1]時上以軍户地當撥付，使得及時耕墾，而汝礪復上奏曰：“在官荒田及牧馬地，民多私耕者。今正藝麥之時，[2]彼知將以與人，必皆棄去，軍户雖得，亦已逾時，徒成曠廢。若候畢功而後撥，量收所得，以補軍儲，則公私俱便。乞盡九月然後遣官。”十月，汝礪言：“今河北軍户徙河南者幾百萬口，人日給米一升，歲率三百六十萬石，半給其直猶支粟三百萬石。河南租地計二十四萬頃，歲徵粟纔一百五十六萬有奇，[3]更乞於經費之外倍徵以給，仍以係官閑田及牧馬地可耕者畀之。”奏可。乃遣右司諫馮開等分詣諸郡就給之，[4]人三十畝，以汝礪總之。既而，括地官還，皆曰：“頃畝之數甚少，且瘠惡不可耕。計其可耕者均以與之，人得無幾，又僻遠處不免徙就之，軍人皆以爲不便。”汝礪遂言於上，詔有司罷之，但給軍粮之半，而半折以實直焉。[5]

[1]尚書右丞：尚書省執政官之一。佐治尚書省事。與尚書左丞皆爲正二品，位於左丞之下。

[2]藝麥：種植麥子。

[3]纔：與“才”字通。

[4]右司諫馮開：右司諫，爲諫院屬官，有左、右司諫各一員，從五品。馮開，其他事迹不詳。

[5]半折以實直：一半按價值折合成錢。“直”與“值”字通。

四年正月，拜尚書左丞，[1]連上表乞致仕，皆優詔不許。會朝廷議發兵河北，護民芟麥，而民間流言謂官將盡取之。上聞，以問宰職曰：“爲之奈何？”高琪等奏：“若令樞密院遣兵居其衝要，[2]鎮遏土寇，仍許收逃户之田，則軍民兩便。或有警急，軍士亦必盡心。”汝礪曰：“甚非計也。蓋河朔之民所恃以食者惟此麥耳。[3]今已有流言，而復以兵往，是益使之疑懼也。不若聽其自便，令宣撫司禁戢無賴，不致侵擾足矣。逃户田令有司收之，以充軍儲可也。”乃詔遣户部員外郎裴滿蒲剌都閱視田數，[4]及訪民願發兵以否，還奏：“臣西由懷、孟，[5]東抵曹、單，[6]麥苗苦亦無多，訊諸農民，往往自爲義軍。[7]臣即宣布朝廷欲發兵之意，皆感戴而不願也。”於是罷之。

[1]尚書左丞：尚書省執政官之一。佐治尚書省事。與尚書右丞皆爲正二品，位在右丞之上。

[2]樞密院：軍政官署名。掌國家軍務機密之事。

[3]河朔：地區名。泛指今黄河大曲折以東的山西和河北之地。

[4]户部員外郎裴滿蒲剌都：户部員外郎，爲户部屬官，正員三人，從六品。裴滿蒲剌都，女真人，其他事迹不詳。

[5]懷、孟：州名。懷州治所在今河南省沁陽市，孟州治所在今河南省孟縣。

[6]曹、單：州名。曹州治所在今山東省菏澤市，單州治所在今山東省單縣。

[7]義軍：軍名。金宣宗南渡以後，金蒙戰争規模日益擴大，正規軍已無力全面承擔起抗蒙重任，於是開始實行募軍，稱爲“義軍”，義軍的編制與正規軍有所不同，據本書卷一〇二《蒙古綱傳》：“三十人爲一謀克，五謀克爲一千户，四千户爲一萬户，四萬户爲一副統，兩副統爲一都統，設一總領提控。”

汝礪以數乞致仕不從，乃上言曰：“立非常之功，必待非常之人。今大兵既退，正完葺關隘、簡練兵士之時，須得通敏經綸之才預爲籌畫，俾濟中興。伏見尚書左丞兼行樞密副使胥鼎，[1]才擅衆長，身兼數器，乞召還朝省。”不從。時高琪欲從言事者歲閱民田徵租，朝廷將從之。汝礪言：“臣聞治大國者若烹小鮮，[2]最爲政之善喻也。國朝自大定通檢後，十年一推物力，惟其貴簡静而重勞民耳。今言者請如河北歲括實種之田，計數徵斂，即是常時通檢，無乃駭人視聽，使人不安乎。且河南、河北事體不同，河北累經劫掠，户口亡匿，田疇荒廢，差調難依元額，[3]故爲此權宜之法，蓋軍儲不加多，且地少而易見也。河南自車駕巡幸以來，百姓湊集，凡有閑田及逃户所棄，耕墾殆徧，各承元户輸租，其所徵斂皆準通推之額，雖軍馬益多，未嘗闕誤，[4]詎宜一概動擾。若恐豪右蔽匿而逋征賦，則有司檢括亦豈盡實。但嚴立賞罰，許其自首，及聽人告捕，犯者以盗軍儲坐之，地付告者，自足使人知懼，而賦悉入官，何必爲是紛紛也。抑又有大不可者三，如每歲檢括，則夏田春量，秋田夏量，中間雜種亦且隨時量之，一歲中略無休息，民將厭避，耕種失時，或止耕膏腴而棄其餘，則所收仍舊而所輸益少，一不可也。檢括之時，縣官不能家至户到，里胥得以暗通貨賂，[5]上下其手，虚爲文具，[6]轉失其真，二不可也。民田與軍田犬牙相錯，彼或陰結軍人以相冒亂，而朝廷止憑有司之籍，倘使臨時少於元額，則資儲闕誤必矣，三不可也。夫朝廷舉事，務在必行，既行而復中止焉，是豈善計哉。”議遂寢。[7]

[1]行樞密副使胥鼎：行樞密副使，樞密使副佐。樞密副使爲從二品，本書卷五五《百官志一》，“行臺官品皆下中臺一等”，所以行樞密副使應爲正三品。胥鼎，代州繁峙縣（今山西省繁峙縣）人，世宗大定二十八年（1188）進士，尚書右丞胥持國之子。哀宗時官至平章政事，爲金晚期一代名相。本書卷一〇八有傳。

[2]治大國者若烹小鮮：鮮，生魚。語出《老子》第六十章。

[3]元額："元"與"原"字通。

[4]闕誤："闕"與"缺"字通。

[5]里胥：鄉里小吏。

[6]上下其手，虚爲文具：欺上瞞下，弄虚作假。

[7]議遂寢：朝議没有結果而止。

興定元年十月，[1]上疏曰："言者請姑與宋人議和以息邊民，切以爲非計。宋人多詐無實，雖與文移往來，[2]而邊備未敢遽撤。備既不撤，則議和與否蓋無以異。或復蔓以浮辭，[3]禮例之外别有求索，言涉不遜，將若之何？或曰：'大定間亦嘗先遣使，今何不可？'切謂時殊事異，難以例言。昔海陵師出無名，[4]曲在於我，是以世宗即位，[5]首遣高忠建等報諭宋主，[6]罷淮甸所侵以修舊好。彼隨遣使來，書辭慢易，[7]不復奉表稱臣，願還故疆爲兄弟國。雖其樞密院與我帥府時通書問，而侵軼未嘗已也。既而，征西元帥合喜敗宋將吴璘、姚良輔於德順、原州，[8]右丞相僕散忠義、右副元帥紇石烈志寧敗李世輔於宿州，[9]斬首五萬，兵威大振。世宗謂宰臣曰：'昔宋人言遣使請和，乘吾無備遂攻宿州，今爲我軍大敗，殺戮過當，故不敢復通問。朕哀南北生靈久困於兵，本欲息民，何較細故，其令帥府移書宋人以議和好。’宋果遣使告和，以當時堂堂之勢，又無邊患，竟免其奉表稱臣之禮。[10]今宋棄信背盟，侵我邊鄙，是曲在彼也。彼若請和，於理爲順，豈當先發此議而自示弱耶？恐非徒無益，反招謗侮而已。”

[1]興定：金宣宗年號（1217—1222）。

[2]文移往來：指兩國間使者和文書的往來。

[3]蔓以浮辭：隨意答復敷衍之詞。“蔓”與“漫”字通。

[4]海陵：封號。指金代第四任皇帝完顏亮，本名迪古迺。1149年至1161年在位。本書卷五有紀。完顏亮伐宋失敗爲亂軍所殺，世宗即位，先降封爲海陵郡王，後降爲海陵庶人，所以史稱“海陵”。

[5]世宗：廟號。即完顏烏禄，漢名雍。1161年至1189年在位。本書卷六至卷八有紀。

[6]高中建：世宗即位，與南宋罷兵議和，派元帥左監軍高中建、德昌軍節度使張景仁爲使者赴宋交涉，詳見本書卷六一《交聘表中》。　宋主：指南宋高宗趙構，1127年至1162年在位。

[7]書辭慢易：指宋給金的國書辭語傲慢不恭。

[8]合喜：女真人。即徒單合喜，時爲元帥左都監，是陝西統兵主帥，所以稱“征西元帥”。本書卷八七有傳。　吴璘：時爲南宋四川宣撫使。《宋史》卷三六六有傳。　姚良輔：時爲吴璘部將，以原州之敗下獄。見《宋史》卷三六六《吴璘傳》。　德順：州名。治所在今甘肅省静寧縣。　原州：治所在今甘肅省鎮原縣。

[9]僕散忠義：女真人。本書卷八七有傳。《宋史》《建炎以來繫年要録》並作“僕散權”。　右副元帥：武職，都元帥府屬官。爲都元帥副佐之一，掌征討之事。正二品。　紇石烈志寧敗李世輔

於宿州：紇石烈志寧，女真人，本書卷八七有傳。按本傳記，其戰敗李世輔時爲左副元帥，疑此處“右”字爲“左”之誤。李世輔，原爲蘇尾九族巡檢，夏大德四年（1138），金攻陷宋延安，世輔與父俱被俘。後投夏，又歸宋，改名“顯忠”。《宋史》卷三六七有傳。宿州，治所在今安徽省宿州市。

[10]免其奉表稱臣之禮：金熙宗時，宋、金簽定“紹興和議”，規定南宋向金稱臣。至世宗時，雙方又簽定“隆興和議”，金許宋不再稱臣，約爲“叔侄之國”，宋帝在奉表中自稱“侄皇帝”。

十一月，汝礪言：“臣聞國以民爲基，民以財爲本，是以王者必先愛養基本。國家調發，河南爲重，所徵税租率常三倍於舊。今省部計歲收通寶不敷所支，[1]乃於民間科斂桑皮故紙錢七千萬貫以補之。[2]近以通寶稍滯，又加兩倍。河南人户，農民居三之二，今税租猶多未足，而此令復出，彼不糶所當輸租，則必減其食以應之。夫事有難易，勢有緩急。今急用而難得者芻粮也，[3]出於民力，其來有限，可緩圖。而易爲者鈔法也，行于國家，其變無窮。向者大鈔滯更爲小鈔，小鈔弊改爲寶券，寶券不行易爲通寶，[4]從權制變皆由於上，尚何以煩民爲哉。彼悉力以奉軍儲已患不足，而又添徵通寶，苟不能給，則有逃亡。民逃亡則農事廢，兵食何自而得。有司不究遠圖而貪近效，不固本原而較末節，誠恐軍儲、鈔法兩有所妨。臣非於鈔法不爲意也，非與省部故相違也，但以鈔法稍滯物價稍增之害輕，民生不安軍儲不給之害重耳。惟陛下外度事勢，俯察臣言，特命有司減免，則群心和悦，而未足之租有所望矣。”

[1]通寶：金屬貨幣名。金海陵鑄“正隆通寶”，世宗鑄“大定通寶”，章宗鑄“承安寶貨”“泰和重寶”等。

[2]桑皮故紙錢：爲金代雜税之一。桑皮故紙爲金代制鈔（紙幣）的材料，故以其爲税名。宣宗興定元年（1217）徵收“桑皮故紙錢”税，民户可交納“寶券”，亦可交納“通寶”。參見本書卷四八《食貨志三》。

[3]芻糧：指軍用糧草。

[4]大鈔滯更爲小鈔，小鈔幣改爲寶券：金代紙幣稱交鈔，始於海陵貞元年間，大鈔有一貫、二貫、三貫、五貫、十貫五種，小鈔有一百、二百、三百、五百、七百五種。至章宗泰和八年（1208）正月，下令收毁大鈔，專以小鈔使用流通。宣宗貞祐三年（1215）六月又將小鈔作廢，統一發行“貞祐寶券”。

時朝廷以賈仝、苗道潤等相攻不和，[1]將分畀州縣、别署名號以處之。汝礪上書曰：“甚非計也。蓋河北諸帥多本土義軍，一時權爲隊長，亦有先嘗叛亡者，非若素宦於朝，知禮義、識名分之人也。貪暴不法，蓋無足怪。朝廷以時方多故，姑牢籠用之，庶使遺民少得安息。彼互相攻劫則勢寖弱，勢力既弱則朝廷易制。今若分地而與之，州縣官吏得輒署置，[2]民户税賦得擅徵收，則地廣者日益强，狹者日益弱。久之，弱者皆併於强，强者之地不可復奪，是朝廷愈難制也。昔唐分河朔地授諸叛將，史臣謂其護養孽萌以成其禍，[3]此可爲今日大戒也。不若姑令行省羈縻和輯，[4]多方牽制使之不得逞。異時邊事稍息，氣力漸完，若輩又何足患哉。議遂寢。”

[1]賈仝、苗道潤等相攻不和：中華點校本據本書卷一一八《苗道潤傳》和《郭文振傳》的相關記載，改“賈全”爲“賈仝”。今從。賈仝、苗道潤皆爲宣宗時河北義軍首領。苗道潤與賈仝、賈瑀等不和，互相火拼，最後被賈瑀殺死。苗道潤，本書卷一一八有傳。

[2]州縣官吏得輒署置：指苗道潤等得以借朝廷名義自行任命州縣官吏。

[3]護養孽萌以成其禍：意爲養護禍患的種子以釀成大亂。

[4]羈縻：籠絡懷柔之意。

上嘗謂汝礪曰：“朕每見卿侍朝，恐不任其勞，許坐殿下，而卿終不從何哉？夫君臣相遇貴在誠實，小謹區區朕固不較也。”[1]汝礪以君臣之分甚嚴，不敢奉命。

[1]小謹：指小禮節。

三年，河南頗豐稔，民間多積粟，汝礪乃奏曰：“國家之務莫重於食，今所在屯兵益衆，而修築新城其費亦廣，若不及此豐年多方營辦，防秋之際或乏軍興。[1]乞于河南州府驗其物價低昂，權宜立式；凡内外四品以下雜正班散官及承廕人，[2]免當傔使監官功酬；[3]或僧道官師德號度牒、寺觀院額等，[4]並聽買之。司縣官有能勸誘輸粟至三千石者，將來注授升本牓首，[5]五千石以上遷官一階，[6]萬石以上升職一等，[7]並注見闕。庶幾人知勸慕，多所收穫。”上從之。

[1]軍興：朝廷徵集財物，以供軍用。

[2]雜正班散官及承蔭人：海陵正隆官制，以尚書省、樞密院、御史臺爲正班，餘爲雜班。承蔭人，金朝選官途徑之一，爲門蔭之制，文武官員因品級不同可蔭子孫、曾孫、兄弟侄孫的範圍和人數有所不同。凡具有門蔭資格入仕的人，都稱爲“承蔭人”。

[3]免當傔使監官功酬：免去上述散官、承蔭人充傔使、监官所獲得的報酬。傔使，一是指新官試用，本書卷五二《選舉志二》：“世宗大定四年五月詔：皇家袒免以上親就蔭者，依格引試中選者，勿令當傔使。”又《元典章》卷八《吏部二》：“三品以下、七品以上通令承蔭子孫，若年二十五以上，許當傔使一年，並不支俸。”二是指雜班差使，宋人洪皓《鄱陽集》：“以進士爲上，奏蔭次之，軍功與他出身最下，皆入雜班傔使。”監官，一具體指某些機構（如都水監等）的官員；二可能指非正式任職的官員，本書卷一六《宣宗紀下》：“詔定進士中下甲及監官散階至明威者舉充縣令法。”這裏是指後者。

[4]僧道官師德號度牒：僧道信徒衹有獲得度牒才算正式入教。僧道官，從地方州縣到京師，都設不同級別的僧官和道官，統稱爲僧道官。師德號，寺觀的宗教首領也從政府那裏獲得“大師”“大德”等稱號，即所謂“師德號”。度牒，僧道之徒的身份證。

[5]將來注授升本牓首：意爲將來升任官職時置於同列第一名。牓，是“榜”的異體字。

[6]遷官一階：遷官一階是指散官階提升一級。階，指階官，亦稱散階，與官職不同。高階者可出任低職，稱“判”。低階者亦可出任高職，稱“守”或“行”。金文武官散階各有四十二級。

[7]升職一等：指職官提升一級。

同提舉榷貨司王三錫建議榷油，[1]高琪以用度方急，[2]勸上行之。汝礪上言曰：“古無榷法，自漢以來始置鹽鐵酒榷均輸官，[3]以佐經費。末流至有筭舟車、税間架，[4]其征利之術固已盡矣，然亦未聞榷油也。蓋油者世所共用，利歸於公則害及於民，故古今皆置不論，亦厭苛細而重煩擾也。國家自軍興，河南一路歲入税租不啻加倍，又有額徵諸錢、横泛雜役，無非出於民者，而更議榷油，歲收銀數十萬兩。夫國以民爲本，當此之際民可以重困乎。若從三錫議，是以舉世通行之貨爲榷貨，私家常用之物爲禁物，自古不行之法爲良法，切爲聖朝不取也。若果行之，其害有五，臣請言之。河南州縣當立務九百餘所，[5]設官千八百餘員，而胥隸工作之徒不與焉。費既不貲，而又創搆屋宇，[6]奪買作具，公私俱擾，殆不勝言。至於提點官司有升降决罰之法，[7]其課一虧必生抑配之弊，小民受病益不能堪，其害一也。夫油之貴賤所在不齊，惟其商旅轉販有無相易，所以其價常平，人易得之。今既設官各有分地，輒相侵犯者有罪，是使貴處常貴而賤處常賤，其害二也。民家日用不能躬自沽之，而轉鬻者增取利息，則價不得不貴，而用不得不難，其害三也。鹽、鐵、酒、醋，公私所造不同，易於分别，惟油不然，莫可辨記。今私造者有刑，捕告者有賞，則無賴輩因之得以誣搆良民枉陷於罪，其害四也。油户所置屋宇、作具，用錢已多，有司按業推定物力，[8]以給差賦。今奪其具、廢其業而差賦如前，何以自活，其害五也。惟罷之便。”上是之，然重違高琪意，乃詔集百官議于尚書省。户部尚書高夔、工部侍郎粘割荆山、知開封府事温蒂罕二十等二十六人議同高琪，[9]禮部尚書楊雲翼、翰林侍讀學士趙秉文、南京路轉運使趙瑄、吏部侍郎趙伯成、刑部郎中姬世英、右司諫郭著、提舉倉場使時戳皆以爲不可。[10]上曰："古所不行者而今行之，是又生一事也，其罷之。"

[1]同提舉榷場司：又稱榷場司同提舉。爲榷場司提舉副佐。從六品。　王三錫：生平不詳。　榷油：油類專賣，即由國家統一控制買賣。

[2]高琪：女真人。即术虎高琪。本書卷一〇六有傳。

[3]自漢以來始置鹽鐵酒榷均輸官：西漢武帝時，用桑弘羊建議，在全國實行鹽鐵酒等物品專賣政策，由國家統一調撥、運輸，分别置官加以控制和管理。

[4]税間架：徵收住宅税。間架，原意是指房屋結構，此喻指住宅。

[5]立務：建立管理機構。

[6]搆："構"的異體字。

[7]提點官司：指管理榷油的官署。

[8]物力：金代的一種賦税名。金官田收租，私田收税。租税之外，計田園房屋車馬牛羊樹木，以及儲藏貨幣，都要徵税，稱"物力錢"。

[9]工部侍郎：工部屬官。工部尚書副佐。正四品。　粘割荊山：女真人。生平不詳。　知開封府事：即開封尹，兼本路兵馬都總管。正三品。　温蒂罕二十：女真人。本書卷一〇五有傳。

[10]禮部尚書楊雲翼：禮部尚書，爲禮部長官，正三品。楊雲翼，本書卷一一〇有傳。　翰林侍讀學士趙秉文：翰林侍讀學士，爲翰林院屬官，從三品。有金代"翰林侍讀學士之印"出土（見景愛《金代官印集》，文物出版社 1991 年版，第 7 頁）。趙秉文，本書卷一一〇有傳。　南京路轉運使趙瑄：南京，都城名，治所在

今河南省開封市。轉運使，爲轉運司長官，正三品。趙瑄，生平不詳。　吏部侍郎趙伯成：吏部侍郎，爲吏部尚書副佐，正四品。趙伯成，生平不詳。　刑部郎中姬世英：刑部郎中，爲刑部屬官，從五品。姬世英，生平不詳。　右司諫郭著：右司諫，爲諫院屬官，從五品。郭著，其名見於本書卷一〇八《把胡魯傳》。　提舉倉場使時戬：提舉倉場使，金宣宗貞祐五年（1217）置提舉倉場司，主管倉場貨物出納等事。長官爲提舉倉場使，從五品。時戬，滄州人。字天保，後改字多福。少爲人奴，後讀書中進士，官至監察御史。見《歸潛志》卷四。

十月，賜金鼎一、重幣三。四年三月，拜平章政事，[1]俄而進拜尚書右丞相，監修國史，封壽國公。[2]五年二月，上表乞致政，不許。九月，上諭汝礪曰："昨日視朝，至午方罷。卿老矣，不任久立，奏事畢，用寶之際，[3]可先退坐，恐以勞致疾，反妨議政也。"是月，復乞致仕，上諭之曰："丞相之禮盡矣，然今廷臣誰如丞相者，而必欲求去乎，姑留輔朕可也。十月，躐遷榮禄大夫，[4]仍諭曰：丞相數求去，朕以社稷事重，故堅留之。丞相老矣，而官猶未至二品，故特陞兩階。"十二月，上復諭曰："向朕以卿年老，視朝之日侍立爲勞，令用寶時退坐廊下，而卿違之，復侍立終朝，豈有司不爲設榻耶，卿其勉從朕意。"元光元年四月，[5]汝礪跪奏事，上命起曰："卿大臣也，所言皆社稷計。朕之責卿惟在盡誠，何事小謹，自今勿復爾也。"

[1]平章政事：金尚書省以尚書令、左丞相、右丞相、平章政事爲宰相，掌丞天子，平章萬機。平章政事正員二人，從一品。

［2］壽國公：封爵名。次國封號，明昌格第二十九位，從一品。

［3］用寶之際：指皇帝批准奏章和公文，加蓋玉璽和印信的時候。

［4］躐（liè）遷：超級升遷。　榮禄大夫：階官名。文官散階，從二品下。

［5］元光：金宣宗年號（1222—1223）。

七月，上謂宰臣曰："昔有言世宗太儉者，或曰不爾則安得廣畜積。章宗時用度甚多，而得不闕乏者，[1]盖先朝有以遺之也。"汝礪因進言曰："儉乃帝王大德，陛下言及此，天下福也。"九月，上又謂宰臣曰："有功者雖有微過亦當貸之，無功者豈可貸耶。然有功者人喜謗議。[2]凡有以功過言於朕者，朕必深求其實，雖近侍爲言不敢輕信，亦未嘗徇一己之愛憎也。"汝礪因對曰："公生明，偏生暗。[3]凡人多徇愛憎，不合公議。陛下聖明，故能如是耳。"

［1］闕：與"缺"字通。

［2］謗議：誹謗。

［3］公生明，偏生暗：意爲公正無私才會産生清明的政治，不公正就會導致昏暗。

二年正月，復乞致政，上面諭曰："今若從卿，始終之道俱盡，於卿甚安，在朕亦爲美事。但時方多故，而朕復不德，正賴舊人輔佐，故未能遂卿高志耳。"汝礪固辭，竟不許，因謂曰："朕每聞人有所毀譽，必求其實。"汝礪對曰："昔齊威王封即墨大夫，烹阿大夫及左右之嘗毁譽者，[1]由是群臣恐懼，莫敢飾非，齊國大治。陛下言及此，治安可期也。”二月，上以汝礪年高，免朝拜，侍立久則憩于殿下，仍勑有司設榻焉。三月，又乞致仕，復優詔不許。上謂群臣曰：“人有才堪任事，而處心不正者，終不足貴。”汝礪對曰：“其心不正而濟之以才，所謂虎而翼者也，雖古聖人亦未易知。”上以爲然，他日復謂宰臣曰：“凡人處心善良而行事忠實，斯爲難得。若言巧心僞，亦復何用。然善良者，人又多目爲平常。”汝礪對曰：“人材少全，亦隨其所長取之耳。”上然之。五月，上問宰執以修完京城樓櫓事，[2]汝礪奏：“所用皆大木，顧今難得，方令計置。”上曰：“朕宫中别殿有可用者即用之。”汝礪對以不宜毁，上曰：“所居之外，毁亦何害，不愈於勞民遠致乎。”

[1]齊威王封即墨大夫，烹阿大夫及左右嘗毁譽者：齊威王，名田因齊。前378年，代姜氏而王齊國。初即位，委政於卿大夫，諸侯交侵，齊國不治。即墨（治今山東省即墨市）大夫政績突出，因未向齊威王左右行賄，而遭到讒毁。阿地（治今山東省東阿縣）大夫毫無政績，因賄賂使左右近臣得在齊威王前贊譽。後齊威王派人到兩地調查得實，遷封即墨大夫，烹阿大夫及左右受其賄者。然後起兵反擊趙、衛、魏等國，收回失地，使齊國大治。事見《史記》卷四六。

[2]樓櫓：古代軍中用於瞭望、攻守的無頂蓋高臺。金末修建京城樓櫓，用以防禦攻城的蒙古軍隊。參見本書卷一一三《白撒傳》。

哀宗初即位，[1]諫官言汝礪欺君固位，[2]天下所共嫉，宜黜之以厲百官。哀宗曰：“昔惠帝言，[3]我不如高帝，[4]當守先帝法耳。汝礪乃先帝立以爲相者，又可黜歟。”又有投匿名書云：“高某不退當殺之。”汝礪因是告老，優詔不許。正大元年三月，[5]薨，[6]年七十一，配享宣宗廟。

［1］哀宗：廟號。又稱義宗，金朝的末代皇帝，即完顔寧甲速，漢名守禮，後改守緒。1223 年至 1234 年在位。本書卷一七至卷一八有紀。

［2］諫官：金以左、右諫議大夫，左、右司諫，左、右補闕，左、右拾遺爲諫院諫官，掌規諫朝政得失，及對大臣和百官任用、政府施政提出建議。

［3］惠帝：指西漢惠帝劉盈，前 194 年至前 188 年在位。

［4］高帝：指漢高祖劉邦，前 206 年至前 195 年在位。

［5］正大：金哀宗年號（1224—1232）。

［6］薨（hōng）：古以諸侯去世叫作“薨”。高汝礪封壽國公，例比古之諸侯，所以稱其死爲“薨”。

爲人慎密廉潔，能結人主知，然規守格法，循嘿避事，[1]故爲相十餘年未嘗有譴訶。貪戀不去，當時士論頗以爲譏云。[2]

［1］循嘿（mò）避事：凡遇到棘手和難以解决之事，則沉默不語或躲避過去。“嘿”與“默”字通。

［2］當時士論頗以爲譏云：《歸潛志》卷九：“高丞相巖夫，自南渡執政，在中書十餘年，無正言直諫聞於外，清論鄙之。”又記時人編故事以諷刺高汝礪不知羞耻。

張行信字信甫，先名行忠，[1]避莊獻太子諱，[2]改焉。行簡弟也。[3]登大定二十八年進士第，累官銅山令。[4]明昌元年，以廉擢授監察御史。[5]泰和三年，同知山東西路轉運使，[6]俄簽河東路按察司事。[7]四年四月，召見于泰和殿，[8]行信因言二事，一依舊移轉吏目以除民害，[9]一徐、邳地下宜麥，[10]税粟許納麥以便民。上是其言，令尚書省議行之。

[1]先名行忠：按元好問《中州集》壬集張行信小傳行忠作“行中”，下文有“避莊獻太子諱改焉”。莊獻太子名守忠，所以應以“行忠”爲是。《歸潛志》卷六亦云：“張左丞行信字信甫，先名行忠，避末帝舊諱改焉。”金末帝爲哀宗，漢名守緒，原名守禮，與“行忠”二字無涉。顯系劉祁誤記。

[2]莊獻太子：女真人。即完顏守忠。本書卷九三有傳。

[3]行簡：即張行簡。本書卷一〇六有傳。

[4]銅山令：即銅山縣令。銅山縣，遼爲同州鎮安軍，金初名東平縣，章宗大定二十九年（1189）改爲銅山縣，治所在今遼寧省開原市中固鎮。

[5]監察御史：御史臺屬官。主管糾察百官，檢查官署案牘，並監祭禮及出使之事。正七品。

[6]同知山東西路轉運使：即山東西路轉運同知。爲轉運使副佐。從四品。山東西路治所在今山東省東平縣。

[7]簽河東路按察司事：按察司屬官。正五品。

[8]泰和殿：在金中都皇城内，章宗泰和二年（1202）改稱慶寧殿。

[9]移轉吏目以除民害：吏目，又稱孔目，指外路州府掌管文書的吏員。本書卷五三《選舉志三》：世宗大定三年（1163）“以外路司吏久不升轉，往往交通豪右爲奸，命與孔目官每三十月則一

轉，移於它處”。這又稱爲轉移吏目法，此後該法一度廢止。同卷《選舉志》記載了章宗泰和四年（1204），張行信所言的内容：“自罷移轉法後，吏勢浸重，恣爲豪奪，民不敢言。今又無朝差都目，止令上名吏人兼管經歷六案文字，與同類分受賄賂，吏目通歷三十年始得出職，常在本處侵漁，不便。”於是，同年六月壬寅復行吏目移轉法。見本書卷一二《章宗紀四》。

［10］徐：州名。治所在今江蘇省徐州市。　邳（pī）：州名。治所在今江蘇省邳州市西南古邳州城舊址。

崇慶二年，[1]爲左諫議大夫。[2]時胡沙虎已除名爲民，[3]賂遺權貴，將復進用。舉朝無敢言者，行信乃上章曰：“胡沙虎殘忍凶悖，跋扈强梁，媚結近習，以圖稱譽。自其廢黜，士庶莫不忻悦。今若復用，惟恐爲害更甚前日，況利害之機更有大於此者。”書再上，不報。及胡沙虎弑逆，[4]人甚危之，行信坦然不顧也。

［1］崇慶：金衛紹王年號（1212—1213）。

［2］左諫議大夫：諫院長官。與右諫議大夫並爲正四品，位在右諫議大夫之上。

［3］胡沙虎：女真人。即紇石烈執中。本書卷一三二有傳。

［4］弑逆：指殺害衛紹王之事。

是歲九月，宣宗即位，改元貞祐。行信以皇嗣未立，[1]無以係天下之望，上疏曰：“自古人君即位，必立太子以爲儲副，必下詔以告中外。竊見皇長子每遇趨朝，[2]用東宫儀衛，及至丹墀，還列諸王班。況已除侍臣，而今未定其禮，可謂名不正言不順矣。昔漢文帝元年，[3]首立子啓爲太子者，[4]所以尊祖廟、重社稷也。願與大臣詳議，酌前代故事，蚤下明詔，[5]以定其位，慎選官僚，輔成德器，則天下幸甚。”上嘉納之。

[1]皇嗣：指皇太子。

[2]皇長子：此指宣宗長子完顏守忠，即莊獻太子。

[3]漢文帝：名劉恒，漢高祖劉邦之子。前179年，諸吕伏誅，被太尉周勃等立爲皇帝。

[4]首立子啓爲太子：漢文帝即位，立其子劉啓爲皇太子。文帝崩，劉啓繼帝位，史稱漢景帝。

[5]蚤：與“早”通。

胡沙虎誅，上封事言正刑賞，[1]辭載《胡沙虎傳》。又言：“自兵興以來，將帥甚難其人，願陛下令重臣各舉所知，才果可用，即賜召見，褒顯奬諭，令其自効，必有奮命報國者。昔李牧爲趙將，[2]軍功爵賞皆得自專，出攻入守不從中覆，[3]遂能北破大敵，西抑强秦。今命將若不以文法拘繩、中旨牽制，委任責成，使得盡其智能，則克復之功可望矣。”上善其言。時方擢任王守信、賈耐兒者爲將，[4]皆鄙俗不材、不曉兵律，行信懼其誤國，上疏曰：“《易》稱‘開國承家，小人勿用’，[5]聖人所以垂戒後世者，其嚴如此。今大兵縱横，人情恟懼，應敵興理非賢智莫能。[6]狂子庸流，猥蒙拔擢，參預機務，甚無謂也。”於是，上皆罷之。

[1]上封事：上奏章。

[2]李牧：戰國時期趙人，封武安君。戰功卓著，最後蒙冤

受誅。

[3]中覆：朝廷的批復。

[4]王守信、賈耐兒：生平俱不詳。

[5]開國承家，小人勿用：語出《易·師》："上六，人君有命，開國承家，小人勿用。"孔穎達《正義》曰："人君謂天子也。天子爵命此上六，若其功大，使之開國爲諸侯；若其功小，使之承家爲卿大夫。小人勿用者，言開國承家須用君子，勿用小人也。""若用小人，必亂邦國，故不得用小人也。"

[6]應敵興理：應戰敵國，振興王道。

權元帥右都監内族訛可率兵五千護粮通州，[1]遇兵輒潰，行信上章曰："御兵之道，無過賞罰，使其臨敵有所慕而樂於進，有所畏而不敢退，然後將士用命而功可成。若訛可敗衄，[2]宜明正其罪，朝廷寬容，一切不問，臣恐御兵之道未盡也。"詔報曰："卿意具悉，訛可等已下獄矣。"

[1]權元帥右都監：權，代理。元帥右都監，都元帥府屬官，掌征討之事。正三品。　内族：章宗時爲避世宗父完顏宗輔（一名宗堯）名諱，改稱宗室爲"内族"。　訛可：女真人。本書卷一一一記，時有兩訛可，皆護衛出身。其一綽號"草火訛可"，另一個綽號"板子訛可"。此處所説訛可不詳爲誰，待考。　通州：治所在今北京市通州區。

[2]敗衄：挫敗、慘敗。

時中都受兵，[1]方遣使請和，握兵者畏縮不敢戰，曰"恐壞和事"。行信上言："和與戰二事本不相干，奉使者自專議和，將兵者惟當主戰，豈得以和事爲辭。自崇慶來，皆以和誤，若我軍時肯進戰，稍挫其鋒，則和事成也久矣。頃北使既來，然猶破東京，[2]略河東。[3]今我使方行，將帥輒按兵不動，於和議卒無益也。事勢益急，芻糧益艱，和之成否蓋未可知，豈當閉門坐守以待弊哉。宜及士馬尚壯，擇猛將鋭兵，防衛轉輸，往來拒戰，使之少沮，則附近蓄積皆可入京師，和議亦不日可成矣。”上心知其善而不能行。

[1]中都：京城名。金海陵王貞元元年（1153），從上京遷都燕京，改燕京爲中都，今北京市。

[2]東京：陪都名。稱東京遼陽府，治所在今遼寧省遼陽市。

[3]河東：地區名。泛指黄河大曲折以東，今山西省中、南部地區及河北省。

二年三月，以朝廷括粮恐失民心，上書言：“近日朝廷令知大興府胥鼎便宜計畫軍食，[1]鼎因奏許人納粟買官。既又遣參知政事奥屯忠孝括官民粮，[2]户存兩月，餘悉令輸官，酬以爵級銀鈔。時有粟者或先具數于鼎，未及入官。忠孝復欲多得以明己功，凡鼎所籍者不除其數，民甚苦之。今米價踴貴，無所從糴，民粮止兩月又奪之，將不獨歸咎有司，亦怨朝廷不察也。大兵在邇，人方危懼，若復無聊，或生他變，則所得不償所損矣。”上深善其言，即命與近臣往審處焉。仍諭忠孝曰：“極知卿盡心于公，然國家本欲得粮，今既得矣，姑從人便可也。”四月，遷山東東路按察使，[3]兼轉運使，仍權本路宣撫副使。[4]將行，求入見，上御便殿見之。奏曰："臣伏見奧屯忠孝飾詐不忠，臨事慘刻，與胡沙虎爲黨。"數其罪，且曰："無事時猶不容一相非才，况今多故，可使斯人與政乎？願即罷之。"上曰："朕始即位，進退大臣自當以禮，卿語其親知，諷令求去可也。"行信以告右司郎中把胡魯白忠孝，[5]忠孝不恤也。

[1]知大興府：即大興府尹。大興府行政長官，兼本路兵馬都總管。正三品。治所在今北京市。

[2]奧屯忠孝：懿州胡土虎猛安女真人。世宗大定二十二年(1182)，女真進士一甲第一名及第，官至尚書右丞。本書卷一〇四有傳（詳見都興智《金代遼寧籍兩狀元論略》，《遼寧師範大學學報》2006年第2期）。

[3]按察使：按察司長官。正三品。

[4]宣撫副使：宣撫司屬官。爲宣撫使副佐。正三品。

[5]右司郎中把胡魯：右司郎中，爲尚書省屬官，主管兵、刑、工三部受事付事和本司奏事。正五品。把胡魯，女真人，本書卷一〇八有傳。

三年二月，改安武軍節度使，[1]兼冀州管内觀察使。始至，即上書言四事，其一曰："楊安兒賊黨旦暮成擒，[2]蓋不足慮。今日之急，惟在收人心而已。向者官軍討賊，不分善惡，一概誅夷，劫其資産，掠其婦女，重使居民疑畏，逃聚山林。今宜明敕有司，嚴爲約束，毋令劫掠平民。[3]如此則百姓無不安之心，姦人誑脅之計不行，其勢漸消矣。"其二曰："自兵亂之後，郡縣官豪，多能糾集義徒，摧擊土寇，朝廷雖授以本處職任，未幾遣人代之。夫舊者人所素服，新者未必皆才，緩急之間，啓釁敗事。自今郡縣闕員，乞令尚書省選人擬注。其舊官，民便安者宜就加任使，如資級未及，令攝其職，[4]待有功則正授。庶幾人盡其才，事易以立。”其三曰：“掌軍官敢進戰者十無一二，[5]其或有之，即當責以立功，不宜更授他職。”其四曰：“山東軍儲皆鬻爵所獲，及或持勅牒求仕，[6]選曹以等級有不當鬻者往往駁退。[7]夫鬻所不當，有司罪也，彼何責焉。况海岱重地，[8]群寇未平，田野無所收，倉廩無所積，一旦軍餉不給，復欲鬻爵，其誰信之。”朝廷多用其議。八月，召爲吏部尚書。九月，改户部尚書。十二月，轉禮部尚書，兼同修國史。

[1]安武軍節度使：掌鎮撫諸軍防刺、總判本鎮兵馬，兼冀州管内觀察使事。從三品。治所在今河北省冀州市。

[2]楊安兒：山東益都府人。本名楊安國，金宣宗時領導紅襖軍起義，後戰死。

[3]毋：與“勿”字通。

[4]攝：代理。

[5]掌軍官：指直接統兵的軍事官員。

[6]勅牒：皇帝簽發的任官證明。

[7]選曹：指主管官吏任免的官署和官員。

[8]海岱：地區名。泛指今山東省南部和江蘇省北部地區。

四年二月，爲太子少保，[1]兼前職。時尚書省奏：“遼東宣撫副使完顔海奴言，[2]參議官王澮嘗言，[3]本朝紹高辛，[4]黄帝之後也。昔漢祖陶唐，[5]唐祖老子，[6]皆爲立廟。我朝迄今百年，不爲黄帝立廟，無乃愧於漢、唐乎。”又云：“本朝初興，旗幟尚赤，其爲火德明矣。[7]主德之祀，闕而不講，亦非禮經重祭祀之意。臣聞於澮者如此，乞朝廷議其事。”詔問有司，行信奏曰：“按《始祖實録》止稱自高麗而來，[8]未聞出於高辛。今所據欲立黄帝廟，黄帝高辛之祖，借曰紹之，當爲木德，[9]今乃言火德，亦何謂也。況國初太祖有訓，[10]因完顔部多尚白，[11]又取金之不變，乃以大金爲國號，未嘗議及德運。近章宗朝始集百僚議之，而以繼亡宋火行之絶，定爲土德，[12]以告宗廟而詔天下焉。顧澮所言特狂妄者耳。”上是之。

[1]太子太保：皇太子東宫屬官。負責保護太子，輔導德義。正三品。

[2]遼東宣撫副使：遼東宣撫使副佐。正三品。時遼東宣撫司治所設在咸平府，今遼寧省開原市老城鎮。　完顔海奴：女真人，生平不詳。

[3]參議官：本書《百官志》失載。卷一四《宣宗紀上》貞祐三年（1215）九月，“詔授隱士王澮大中大夫、右諫議大夫，充遼東宣撫司參謀官”。“參謀官”當即“參議官”，應爲宣撫司屬官。本書卷一〇八《把胡魯傳》記，當時行省亦有參議官。　王澮：字玄佐。宋人彭大雅《黑韃事略》作“賢佐”，遼東咸平府人。工詩能文，又擅卦象推演星曆術數之學。章宗明昌初，曾以其德才超群被召至京師，曾參與金朝統治集團内部關於德運之爭的討論。元好問《中州樂府》附有王玄佐小傳。王澮後辭官返遼東隱居，蒲鮮萬奴建東夏國，以王澮爲宰相（詳見王慎榮、趙鳴岐《東夏史》，天

津古籍出版社 1990 年版)。

[4]高辛：即帝嚳，傳説中的五帝之一。高句麗自附高辛之後，王滄誤以女真爲高句麗後裔，而《史記》又云帝嚳是黄帝之曾孫，因訛稱“本朝紹高辛，黄帝之後”。

[5]漢祖陶唐：漢皇帝以陶唐氏爲其遠祖。陶唐是古部落名，傳説其活動中心在今山西省臨汾、太原一帶，堯是該部首領。漢祖陶唐實際就是附會漢帝劉氏是堯的後裔。

[6]唐祖老子：唐朝皇帝以老子爲其遠祖。老子姓李名耳，唐朝皇帝姓李氏，所以附會是老子之後。

[7]旗幟尚赤，其爲火德明矣：按傳統五行説和德運觀解釋，火色赤，赤色代表火德。但《大金國志》卷三四、宋人張棣《金虜圖經》均載金人“以水德，凡用師行征伐，旗幟尚黑，雖五方皆具，必以黑爲主”。與此處所説不同。

[8]《始祖實録》：亦稱《祖宗實録》，共三卷，主要記載金朝建國前完顔氏諸先祖史事。爲完顔勗等撰，熙宗皇統元年（1141）完成。見本書卷六六《完顔勖傳》。

[9]黄帝高辛之祖，借曰紹之，當爲木德：按德運説，赤色代表火德，傳説中的炎帝部落尚赤，爲火德，而黄帝爲木德。

[10]太祖：廟號。即完顔阿骨打，漢名旻。1115 年至 1123 年在位。本書卷二有紀。

[11]完顔部尚白：女真完顔氏崇尚白色。本書卷二《太祖紀》，太祖即位，對群臣説：“遼以賓鐵爲號，取其堅也。賓鐵雖堅，終亦變壞，惟金不變不壞。金之色白，完顔尚白。”於是定國號爲大金。

[12]繼亡宋火行之絶，定爲土德：北宋爲火德，北宋滅亡，按金、木、水、火、土五行序列，火德絶應爲土德，所以張行信主張金應爲土德。

八月，上將祔享太廟，[1]詔依世宗十六拜之禮。行信與禮官參定儀注，上言宜從四十四拜之禮，上嘉納焉，語在《禮志》。祭畢，賜行信寶券二萬貫、重幣十端，[2]諭之曰："太廟拜禮，朕初欲依世宗所行，卿進奏章，備述隨室讀祝，殊爲中理。向非卿言，朕幾失之，故特以是旌賞，自今每事更宜盡心。"是年十二月，行信以父暐卒，[3]去官。

[1]祔（fù）享（xiǎng）太廟：一種合祭先祖的儀式。太廟即祖廟。

[2]重幣十端：重幣，古指布帛。端，度量單位。古代布帛以二丈爲一端，二端爲一匹。

[3]父暐：即張暐。本書卷一〇六有傳。

興定元年三月，起復舊職，[1]權參知政事。六月，真拜參知政事。[2]時高琪爲相，專權用事，惡不附己者，衣冠之士動遭窘辱，惟行信屢引舊制力抵其非。會宋兵侵境，朝廷議遣使詳問，高琪等以爲失體，行信獨上疏曰："今以遣使爲不當，臣切惑之。議者不過曰：'遣使則爲先示弱，其或不報，報而不遜，[3]則愈失國體。'臣獨以爲不然。彼幸吾釁隙，數肆侵掠，邊臣以兵却之復來，我大國不責以辭而敵以兵，茲非示弱乎。至於問而不報，[4]報而不遜，曲自在彼，何損於我。昔大定之初，彼嘗犯順，[5]世宗雖遣丞相烏者行省于汴，[6]實令元帥撒合輦先爲辭詰之，[7]彼遂伏罪。其後宋主奪取國書，朝廷復欲加兵，丞相婁室獨以爲不可，[8]及刑部尚書梁肅銜命以往，[9]尋亦屈焉。在章宗時，倡狂最甚，猶先理問而後用兵。然則遣使詳問正國家故事，何失體之有。且國步多艱，戍兵滋久，不思所以休息之，如民力何。臣書生無甚高論，然事當機會，不敢不罄其愚，[10]惟陛下察之。”上復令尚書省議，高琪等奏：“行信所言固遵舊制，然今日之事與昔不同。”詔姑待之。已而，高汝礪亦上言先遣使不便，議遂寢，語在《汝礪傳》。

[1]興定元年三月，起復舊職：按行信父暐卒於貞祐四年（1216）十二月，至興定元年（1217）三月復職，行信守孝衹有三個月，爲“奪情”起復。

[2]真拜：正式任命。

[3]報而不遜：對方給予答復而言辭無禮。

[4]問而不報：遣使通好而對方不答復。

[5]大定之初，彼嘗犯順：指大定初年，南宋乘完顔亮南伐失敗之機，發兵攻占金朝領土。

[6]烏者：女真人。即僕散忠義。本書卷八七有傳。

[7]撒合輦：女真人。即紇石烈志寧。本書卷八七有傳。

[8]婁室：女真人。即紇石烈良弼，本書卷八八有傳。

[9]刑部尚書：刑部長官。正三品。　梁肅：本書卷八九有傳。

[10]罄（qìng）其愚：把自己的意見全説出來。

時監察御史多被的決，[1]行信乃上言曰：“大定間，監察坐大抵收贖，或至奪俸，重則外降而已，間有的決者皆有爲而然。當時執政程輝已嘗面論其非是，[2]又有勑旨，監察職主彈劾，而或看循者，非謂凡失察皆然也。近日無問事之大小、情之輕重，一概的決，以爲大定故實、先朝明訓，[3]過矣。”於是詔尚書省更定監察罪名制。

[1]的决：即杖刑。

[2]執政程輝：執政，指參知政事。程輝，世宗大定二十二年（1182）爲參知政事，本書卷九五有傳。

[3]故實：慣例。

史館修《章宗實録》，尚書省奏：“舊制，凡修史，宰相執政皆預焉。然女直、漢人各一員。崇慶中，既以參知政事梁瑭兼之，[1]復命翰林承旨張行簡同事，[2]蓋行簡家學相傳，多所考據。今修《章宗實録》，左丞汝礪已充兼修，宜令參知政事行信同修如行簡例。”制可。

[1]梁瑭：衛紹王大安三年（1211）四月，由户部尚書升任參知政事。見本書卷一三《衛紹王紀》。

[2]翰林承旨：翰林院長官。掌制撰詞命。原爲正三品，宣宗貞祐三年（1215）升爲從二品。

二年二月，出爲彰化軍節度使，[1]兼涇州管内觀察使，諭之曰：“初，朕以朝臣多稱卿才，乃令參決機務。而廷議之際，每不據正，妄爲異同，甚非爲相之道。復聞邇來殊不以幹當爲意，[2]豈欲求散地故耶。[3]今授此職，卿宜悉之。”初，内族合周避敵不擊，[4]且詭言密奉朝旨，下獄當誅。諸皇族多抗表乞從末減，[5]高琪以爲自古犯法無告免者，行信獨曰：“事無古今，但合周平昔忠孝，或可以免。”又以行信族弟行貞居山東，受紅襖賊僞命，樞密院得宋人書，有干涉行信事，故出之。其子莒，時爲尚書省令史，[6]亦命别加注授焉。

[1]彰化軍節度使：涇州軍政長官。掌鎮撫諸軍防刺、總判本鎮兵馬兼涇州管内觀察使事。從三品。彰化軍治所在今甘肅省涇川縣，宣宗元光二年（1223）徙治今甘肅省涇川縣東。

[2]幹當：掌管事務。

[3]散地：指不幹實事的閑散職務。

[4]合周：女真人。即完顔合周，一名永錫，時爲元帥左監軍。本書卷一一四有傳。

[5]抗表：對皇帝已作出的決定上章提出不同意見。　末減：古代法律術語，即死罪減一等處罰。

[6]尚書省令史：尚書省屬吏。定員七十人，漢、女真各三十五人。

初，行信言：“今法，職官論罪，多從的決。伏見大定間世宗勑旨，職官犯故違聖旨，徒年杖數並的決。[1]然其後三十餘年，有司論罪，未嘗引用，蓋非經久爲例之事也。乞詳定之。”行信既出，上以其章付尚書省。至是，宰臣奏：“自今違奏條之所指揮、及諸條格，[2]當坐違制旨者，[3]其徒年杖數論贖可也。特奉詔旨違者，依大定例。”制可。行信去未久，上嘗諭宰臣曰：“自張行信降黜，卿等遂緘默，此殊非是。行信事，卿等具知，豈以言之故耶。自今宜各盡言，毋復畏忌。”

[1]徒年：徒刑罪。　杖數：即杖刑的數量。金杖刑，從五十

至二百數量不等。上自宰執，下至百姓，犯罪或犯過皆可施杖刑。

[2]違奏條之所指揮：違背了皇帝已經批審頒行的大臣奏章條文主旨。　諸條格：各項具體法律條文。

[3]坐違制旨：以違抗聖旨論罪。

行信始至涇，即上書曰："馬者甲兵之本，方軍旅未息，馬政不可緩也。臣自到涇，聞陝右豪民多市於河州，[1]轉入内地，利蓋百倍。及見省差買馬官平凉府判官烏古論桓端市于洮州，[2]以銀百鋌幾得馬千疋，云生羌木波諸部蕃族人户畜牧甚廣。[3]蓋前所遣官或抑其直，[4]或以勢陵奪，[5]遂失其和，且常患銀少，所以不能多得也。又聞蕃地今秋薄收，鬻馬得銀輒以易粟。冬春之交必艱食，馬價甚低。乞令所司輦銀粟于洮、河等州，選委知蕃情、達時變如桓端者貿易之。若捐銀萬兩，可得良馬千疋，機會不可失，惟朝廷亟圖之。"

[1]陝右：地區名。泛指今陝西涇水以西之地。　河州：治所在今甘肅省臨夏市東北臨夏鎮。

[2]平凉府判官：平凉府屬官。掌綱紀政務，分判吏、户、禮三部有關案事，並通檢推排記籍。從六品。平凉府治所在今甘肅省平凉市。　烏古論桓端：女真人。後隨金哀宗至蔡州，與完顔仲德等同死於蔡州之難。　洮州：治所在今甘肅省臨洮縣。

[3]生羌：指經濟和文化比較落後的吐蕃族人。　木波：吐蕃部名。河湟吐蕃諸部之一。

[4]抑其直：壓低價格。"直"與"值"字通。

[5]陵奪：强行搶奪。"陵"與"凌"字通。

又曰："比者沿邊戰士有功，朝廷遣使宣諭，賜以官賞，莫不感戴聖恩，願出死力，此誠得激勸之方也。然贈遺使者或馬或金，[1]習以爲常，臣所未諭也。大定間，嘗立送宣禮，[2]自五品以上各有定數，後竟停罷。况今時務與昔不同，而六品以下及止遷散官者，[3]亦不免饋獻，或莫能辦，則斂所部以應之，至有因而獲罪者。彼軍士効死立功，僅蒙恩賞，而反以饋獻爲苦，是豈朝廷之意哉。乞令有司依大定例，參以時務，明立等夷，[4]使取予有限，無傷大體，則上下兩得矣。"

[1]贈遺（wèi）：贈送，饋送。

[2]送宣禮：禮制名。古時朝廷派使者給各級官吏送達勅命，受勅官員要向使者饋贈禮物，稱"送宣禮"。至世宗大定年間始規定，五品至一品，應饋贈使者的禮物從一百貫到一千貫不等。詳見《大金集禮》卷二五送宣賜生日條。

[3]散官：有官名而無職事的官稱。

[4]等夷：一是指同等、同輩；二是指輩分或等級的差別。這裏爲後者。

又曰："近聞保舉縣令，特增其俸，此朝廷爲民之善意也。然自關以西，[1]尚未有到任者，遠方之民不能無望，豈舉者猶寡，而有所不敷耶。乞詔内外職事官，益廣選舉，以補其闕，使天下均受其賜。且丞、簿、尉亦皆親民，[2]而獨不增俸，彼既不足以自給，安能禁其侵牟乎。[3]或謂國用方闕，不宜虚費，是大不然。夫重吏禄者，固使之不擾民也，民安則國定，豈爲虚費。誠能裁減冗食，[4]不養無用之人，亦何患乎不足。今一軍充役，舉家廩給，軍既物故，給其子弟，感悦士心，爲國盡力耳。至於無男丁而其妻女猶給之，此何謂耶？自大駕南巡，存贍者已數年，張頤待哺，[5]以困農民。國家粮儲常患不及，顧乃久養此老幼數千萬口，冗食虚費，正在是耳。如即罷之，恐其失所，宜限以歲月，使自爲計，至期而罷，復將何辭。”上多采納焉。

[1]自關以西：泛指潼關以西。

[2]丞、簿、尉：指縣丞、主簿和縣尉，皆爲縣級屬官。縣丞爲縣令副佐，赤縣丞正八品，次赤縣丞、諸縣丞爲正九品，中縣以下不設縣丞。主簿掌一縣的文書簿籍，正九品。縣尉掌巡捕盜賊，赤縣縣尉正員四人，正八品。次赤縣尉、諸縣尉皆爲正九品，下縣不設縣尉，以主簿兼巡捕之事。

[3]侵牟：貪取、侵奪。

[4]冗食：指那些衹食國家俸禄而不幹實事的官吏。

[5]張頤待哺：張着嘴等着喂食。

元光元年正月，遷保大軍節度使，[1]兼鄜州管内觀察使。二月，改静難軍節度使，[2]兼邠州管内觀察使。未幾，致仕。哀宗即位，徵用舊人，起爲尚書左丞，言事稍不及前，人望頗減。尋復致仕家居，惟以抄書教子孫爲事，葺園池汴城東，築亭號“静隱”，時時與俟摯輩游詠其間。[3]正大八年二月乙丑，薨於嵩山崇福宫，[4]年六十有九。初遊嵩山，嘗曰：“吾意欲主此山。”果終于此。

[1]保大軍節度使：鄜州軍政長官。掌鎮撫諸軍防刺、總判本鎮兵馬兼鄜州管内觀察使事。從三品。保大軍治所在今陝西省富縣。

[2]静難軍節度使：邠州軍政長官。從三品。静難軍治所在今陝西省彬縣。

[3]侯摯：人名。本書卷一〇八有傳。

[4]嵩山：山名。五岳之一，在今河南省登封市境内。　崇福宫：行宫名。在嵩山上。

爲人純正真率，不事修飾，雖兩登相位，殆若無官然。遇事輒發，無所畏避，每奏事上前，旁人爲動色，行信處之坦如也。及薨之日，雖平昔甚媢忌者，[1]亦曰正人亡矣。初至汴，父暐以御史大夫致仕猶康健，兄行簡爲翰林學士承旨，[2]行信爲禮部尚書，諸子侄多中第居官，[3]當世未之有也。

[1]媢忌：亦作媢疾，意爲嫉妒。《禮心·大學》："人之有技，媢疾以惡之。"

[2]翰林學士承旨：翰林院長官。掌制撰詞命。原爲正三品，宣宗時升爲正二品。

[3]中第居官：進士及第而擔任官職。

贊曰：高汝礪禔身清慎，練達事宜，久居相位，雖爲大夫士所鄙，[1]而人主寵遇不衰。張行信礪志謇諤，言無避忌，然一躓政塗，[2]便多坎壈，[3]及其再用，論事稍不及前，豈以汝礪爲真可法耶。宣宗伐宋本非萬全之策，[4]行信諫，汝礪不諫，又沮和議。胡沙虎之惡未著，行信兩疏擊之。汝礪與高琪共事，人疑其黨附。優劣可概見於斯矣。

［1］大夫士：指文職出身的官員和文士。

［2］一簉（zào）政塗：簉，意爲“副”，這裏指副職。張行信兩任副宰相，所以稱其“簉政塗”。塗，同“途”。

［3］坎壈：坎坷。

［4］宣宗：廟號。即完顔吾睹補，漢名珣。金朝第八任皇帝，1213 年至 1223 年在位。本書卷一四至卷一六有紀。

金史　卷一〇八

列傳第四十六

胥鼎　侯摯　把胡魯　師安石

胥鼎字和之，尚書右丞持國之子也。[1]大定二十八年擢進士第，[2]入官以能稱，累遷大理丞。[3]承安二年，[4]持國卒，去官。四年，尚書省起復爲著作郎。[5]上曰："鼎故家子，[6]其才如何?"宰臣奏曰："爲人甚幹濟。"上曰："著作職閑，緣今無他闕，[7]姑授之。"未幾，遷右司郎中，[8]轉工部侍郎。[9]泰和六年，[10]鼎言急遞鋪轉送文檄之制，[11]上從之，時以爲便。至寧初，[12]中都受兵，[13]由户部尚書拜參知政事。[14]

[1]尚書右丞：尚書省執政官之一。爲宰相副佐，佐治尚書省政務，位於左丞之下。正二品。　持國：即胥持國，代州繁峙縣（今山西省繁峙縣）人。經童科出身，章宗時官至尚書右丞。本書卷一二九有傳。

[2]大定：金世宗年號（1161—1190）。章宗即位後又延用

一年。

[3]大理丞：大理寺屬官。掌審斷天下奏案，審察疑獄。從六品。

[4]承安：金章宗年號（1196—1200）。

[5]尚書省：官署名。金熙宗時確立三省制，海陵王即位後，罷中書、門下二省，衹置尚書省，是金朝最高政務機關。　著作郎：秘書監屬官。掌著作局，主修日曆。從六品。

[6]故家子：官僚世家子弟。

[7]闕：與“缺”字通。

[8]右司郎中：金尚書省下分左、右司，各分管三部有關政務事宜。右司分管兵、工、刑三部，設郎中一員爲長官，正五品。

[9]工部侍郎：工部尚書副佐。正四品。

[10]泰和：金章宗年號（1201—1208）。

[11]急遞鋪：古代國家所設轉送公文勑命的交通郵傳站。

[12]至寧：金衛紹王年號（1213）。

[13]中都：都城名。古稱燕京，遼爲南京析津府，金海陵王貞元元年（1153）遷都燕京，改稱中都，今北京市。

[14]户部尚書：户部長官。主管天下户籍、錢穀、賦税等事。正三品。　參知政事：執政官之一。佐治尚書省事，爲副宰相。正員二人，從二品。

貞祐元年十一月，[1]出爲泰定軍節度使，[2]兼兖州管内觀察使，未赴，改知大興府事，[3]兼中都路兵馬都總管。[4]二年正月，鼎以在京貧民闕食者衆，宜立法振救，乃奏曰：“京師官民有能贍給貧人者，宜計所贍遷官升職，以勸奬之。”遂定權宜鬻恩例格，[5]如進官升職、丁憂人許應舉求仕、官監户從良之類，[6]入粟草各有數，全活甚衆。四月，拜尚書右丞，仍兼知府事。五月，宣宗將南渡，留爲汾陽軍節度使，[7]兼汾州管内觀察使。十一月，改知平陽府事，[8]兼河東南路兵馬都總管，[9]權宣撫使。[10]

[1]貞祐：金宣宗年號（1213—1217）。

[2]泰定軍節度使：州軍名。主管鎮撫諸軍防刺、總判本鎮兵馬兼兖州管内觀察使事。從三品。泰定軍治所在今山東省兖州市。

[3]知大興府事：即大興府尹，大興府行政長官，兼本路兵馬都總管。正三品。大興府治所在今北京市。

[4]中都路兵馬都總管：總管府長官。掌統中都路兵馬，由大興府尹兼任。正三品。中都路治所在今北京市。

[5]權宜鬻（yù）恩例格：根據具體情況臨時實行的賣官鬻爵規定和條文。

[6]官監户：户籍名。平民因犯罪没爲官奴，隸宫籍監者爲監户，統稱爲“官監户”。

[7]汾陽軍：州軍名。治所在今山西省汾陽市。

[8]知平陽府事：即平陽府尹，爲平陽府行政長官。正三品。平陽府治所在今山西省臨汾市。

[9]河東南路兵馬都總管：總管府長官。掌統河東南路兵馬，由平陽府尹兼任。正三品。河東南路治所在今山西省臨汾市。

[10]權宣撫使：權，代理。宣撫使，宣撫司長官。主管節制兵馬公事。從一品。章宗泰和年間，置陝西等十路宣撫司。

三年四月，建言利害十三事，若積軍儲、備黄河、選官讞獄、簡將練卒、鈔法、版籍之類，[1]上頗采用焉。又言：“平陽歲再被兵，人户散亡，樓櫓修繕未完，[2]衣甲器械極少，庾廩無兩月食。夏田已爲兵蹂，復不雨，秋種未下。雖有復業殘民，皆老幼，莫能耕種，豈足徵求。比聞北方劉伯林聚兵野狐嶺，[3]將深入平陽、絳、解、河中，[4]遂抵河南。戰禦有期，儲積未備，不速錯置，實關社稷生靈大計。乞降空名宣勅一千、紫衣師德號度牒三千，[5]以補軍儲。”上曰：“鼎言是也，有司其如數亟給之。”

[1]選官讞（yàn）獄：選拔官吏，審斷獄案。

[2]樓櫓：軍中的望敵高臺，這裏指建在城牆上的望敵樓。

[3]劉伯林：生平不詳。　野狐嶺：地名。在今河北省張北縣和萬全縣之間。

[4]絳、解：州名。絳州治所在今山西省新絳縣，解州治所在今山西省運城縣西南。　河中：府名。治所在今山西省永濟市西南。

[5]空名宣勅：空白任官委任狀。　紫衣師德號度牒：金代高級僧道由朝廷賜給“大師”“大德”等稱號，獲得稱號者服紫衣。度牒，僧道之徒的身份證明。金末允許以粟買官、買師德號及度牒，以此籌集軍餉。

七月，就拜本路宣撫使，[1]兼前職。朝廷欲起代州戍兵五千，[2]鼎上言：“嶺外軍已皆南徙，[3]代爲邊要，正宜益兵保守，今更損其力，一朝兵至，何以待之。平陽以代爲藩籬，豈可撤去。”尚書省奏宜如所請，詔從之。又言：“近聞朝廷令臣清野，切謂臣所部乃河東南路，太原則北路也，[4]大兵若來，[5]必始於北，故清野當先北而後南。況北路禾稼早熟，其野既清，兵無所掠，則勢當自止。不然，南路雖清，而穀草委積於北，是資兵而召之南也。臣已移文北路宣撫司矣，乞更詔諭之。”既而大兵果出境，賜詔獎諭曰：“卿以文武之才，膺兵民之寄，往鎮方面，式固邊防，坐釋朕憂，孰如卿力。益懋忠勤之節，以收綏静之功，仰副予心，嗣有後寵。”尋以能設方略退兵，進官一階。

[1]就拜：就地任命。

[2]代州：州名。治所在今山西省代縣。

[3]嶺外：指今山西省太原市北石關嶺以北之地。

[4]太原：府名。治所在今山西省太原市，時亦爲河東北路治所。

[5]大兵：指蒙古兵。因《金史》是元朝人所修，所以稱蒙古兵爲“大兵”。

十月，鼎上言：“臣所將義軍，[1]皆從來背本趨末、勇猛兇悍、盗竊亡命之徒，苟無訓練統攝官以制之，則朋聚黨植，無所不至。乞許臣便宜置總領義軍使、副及彈壓，[2]仍每五千人設訓練一員，不惟預爲防閑，使有畏忌，且令武藝精熟，人各爲用。”上從之。

[1]義軍：軍名。金宣宗南渡以後，金蒙戰爭日益擴大，正規軍已無力全面承擔起抗蒙重任，於是開始實行募軍，稱爲義軍。義軍的編制與正規軍不同，“三十人爲一謀克，五謀克爲一千户，四千户爲一萬户，四萬户爲一副統，兩副統爲一都統”。見本書卷一〇二《蒙古綱傳》。

[2]總領義軍使、副及彈壓：皆爲武職。即義軍總領、副總領、彈壓官。時所招義軍都統之外又分別設有總領、副總領、彈壓官提

控。當時亦稱元帥爲總領。

四年正月，大兵略霍、吉、隰三州，[1]已而步騎六萬圍平陽，急攻者十餘日，鼎遣兵屢却之，且上言："臣以便宜立官賞，預張文牓，[2]招還脅從人七千有奇，續至者又六千餘，俱令復業。竊謂凡被俘未歸者，更宜多方招誘，已歸者所居從便，優加存恤，無致失所。"制可。[3]二月，拜樞密副使，[4]權尚書左丞，[5]行省于平陽。[6]時鼎方抗表求退，[7]上不許，因進拜焉，且遣近侍諭曰："卿父子皆朕所知，向卿執政時，因有人言，遂以河東事相委，[8]果能勉力以保無虞。方國家多難，非卿孰可倚者。卿退易耳，能勿慮社稷之計乎。今特授卿是任，咫尺防秋，更宜悉意。"

[1]霍、吉、隰（xí）三州：霍州治所在今山西省霍州市，吉州治所在今山西省吉縣，隰州治所在今山西省隰縣。

[2]牓："榜"的異體字。

[3]制：帝王命令的一種。

[4]樞密副使：樞密使副佐。從二品。

[5]尚書左丞：副宰相之一，與右丞同爲正二品，位在右丞之上。

[6]行省：行尚書省的簡稱，即在地方設立代行尚書省權事的官署機構。

[7]抗表：上奏與皇帝意見相左的表章。

[8]河東：地區名。泛指今黄河大曲折以東的山西省中、南部地區及河北省。

時河南粟麥不令興販渡河，鼎上言曰："河東多山險，平時地利不遺，夏秋薦熟，猶常藉陝西、河南通販物斛。[1]况今累值兵戎，農民寖少，且無雨雪，闕食爲甚。又解州屯兵數多，粮儲僅及一月。伏見陝州大陽渡、河中大慶渡皆邀阻粟麥，[2]不令過河，臣恐軍民不安，或生内患。伏望朝廷聽其輸販，以紓解州之急。"從之。

[1]藉：與"借"字通。意爲依靠。　物斛：指物資和糧食。

[2]陝州：治所在今河南省陝縣。　大陽渡：黄河渡口名。在今山西省平陸縣南二里。即春秋時期的茅津，有茅城，亦稱茅亭，茅戎之邑。　河中大慶渡：黄河渡口名。在今山西省永濟市西。

又言："河東兵革之餘，疲民稍復，然丁牛既少，莫能耕稼，重以亢旱蝗螟，而饋餉所須，徵科頗急，貧無依者俱已乏食，富户宿藏亦爲盗發，蓋絶無而僅有焉，其憔悴亦已甚矣。有司宜奉朝廷德意，以謀安集，而潞州帥府遣官於遼、沁諸郡搜括餘粟，[1]懸重賞誘人告訐，州縣憚帥府，鞭箠械繫，所在騷然，甚可憐憫。今大兵既去，惟宜汰冗兵，省浮費，招集流亡，勸督農事。彼不是務，而使瘡痍之民重罹茲苦，是兵未來而先自弊也。願朝廷亟止之，如經費果闕，以恩例勸民入粟，不猶愈於强括乎。"又言："霍州回牛、鳳棲嶺諸陀，[2]戍卒幾四千。今兵既去而農事方興，臣乞量留偵候，餘悉遣歸，有警復徵。既休民力，且省縣官，萬一兵來，亦足禦遏。舉一事而獲二利，臣敢以爲請。"詔趨行之。

［1］潞州：治所在今山西省長治市。　遼、沁：州名。遼州治所在今山西省左權縣，沁州治所在今山西省沁縣。

［2］回牛、鳳棲嶺：關嶺名。皆在今山西省霍州市境内，其地不可確指。　阸："厄"的異體字。意爲關隘。

又言："河東兩路農民寖少，而兵戍益多，是以每歲糧儲常苦不繼。臣切見潞州元帥府雖設鬻爵恩例，[1]然條目至少，未盡勸誘之術，故進獻者無幾。宜增益其條，如中都時，仍許各路宣撫司俱得發賣，[2]庶幾多獲貯儲，以濟不給。"於是尚書省更定制奏行焉。

［1］鬻爵恩例：賣官鬻爵的具體規定。

［2］宣撫司：軍政官署名。金章宗泰和六年（1206），始設陝西路宣撫司，節制陝西兵馬公事。金末分設山東東西路、大名路、河北東西路、河東南北路、遼東咸平路、陝西路、隆安、上京、肇州、北京十處宣撫司。宣撫司設宣撫使、副使各一員，分别爲從一品和正三品，皆選拔老成持重的勳臣委任之。

又言："交鈔貴於通流，[1]今諸路所造不敷所出，苟不以術收之，不無闕誤。宜從行省行部量民力徵斂，以裨軍用。河中宣撫司亦以寶券所支已多，[2]民不貴，乞驗民貧富徵之。雖然，陝西若一體徵收，則彼中所有日湊于河東，其與不斂何異。又河北寶券以不許行于河南，由是愈滯，將誤軍儲而啓釁端。"時以河北寶券商旅賫販南渡，[3]致物價翔貴，許可權路分行用，[4]因鼎有言，罷之。

［1］交鈔：金代紙幣名。由國家用一種較硬的桑皮故紙統一印刷發行，可與銅幣、銀幣兑换，票面磨損過甚可以到政府規定的“鈔庫”兑换新鈔。

［2］河中宣撫司：即河東南北路宣撫司。因其治所設在河中府，所以又稱河中宣撫司。　寶券：紙幣名。交鈔的一種，即貞祐三年（1215）七月印刷發行的“貞祐寶券”。詳見本書卷四八《食貨志三》。

［3］賫（jī）：“齎”的異體字，意爲攜帶。

［4］許可權路分行用：暫時限定按各路流通使用。

又言：“比者朝廷命擇義軍爲三等，臣即檄所司，而潞帥必蘭阿魯帶言：[1]‘自去歲初置帥府時已按閲本軍，[2]去其冗者。部分既定，上下既親，故能所向成功。此皆血戰之餘，屢試可者。且又父子兄弟自相赴援，各顧其家，心一而力齊，勢不可離。今必析之，將互易而不相諳矣。國家粮儲常恐不繼，豈容僥冒，但本府兵不至是耳。況潞州北即爲異境，日常備戰，事務方殷，而分别如此，彼居中下者皆將氣挫心懈而不可用，慮恐因得測吾虚實。且義軍率皆農民，已各散歸田畝，趨時力作。若徵集之，動經旬日，農事廢而歲計失矣。乞從本府所定，無輕變易。’臣切是其言。”時阿魯帶奏亦至，詔遂許之。

［1］潞帥必蘭阿魯帶：必蘭阿魯帶，女真人。本書卷一〇二有傳。時阿魯帶代理元帥左都監，行元帥府於潞州，所以稱“潞帥”。

［2］自去歲初置帥府：本書卷一四《宣宗紀上》載，貞祐三年

(1215）八月戊申日，置東平、益都、太原、潞州四元帥府。

又言：“近偵知北兵駐同、耀，[1]竊慮梗吾東西往來之路，遂委河中經略使陀滿胡土門領軍赴援。[2]今兵勢將叩關矣，[3]前此臣嘗奏聞，北兵非止欲攻河東、陝西，必將進取河南。雖已移文陝州行院及陝西鄰境，[4]俱令設備，恐未即遵行。乞詔河南行院統軍司，[5]議所以禦備之策。”上以示尚書省，宰臣奏：“兵已踰關，惟宜嚴責所遣帥臣趨迎擊之，及命鼎益兵渡河以掣其肘。”制可。既而鼎聞大兵已越關，乃急上章曰：“臣叨蒙國恩擢列樞府，凡有戎事，皆當任之。今入河南，[6]將及畿甸，[7]豈可安據一方，坐視朝廷之急，而不思自奮以少寬陛下之憂乎。去歲頒降聖訓，以向者都城被圍四方無援爲恨，明勅將帥，若京師有警，即各提兵奔赴，其或不至自有常刑。臣已奉詔，先遣潞州元帥左監軍必蘭阿魯帶領軍一萬，[8]孟州經略使徒單百家領兵五千，[9]由便道濟河以趨關、陝，臣將親率平陽精兵直抵京師，與王師相合。”又奏曰：“京師去平陽千五百餘里，倘俟朝廷之命方圖入援，須三旬而後能至，得無失其機耶。臣以身先士卒倍道兼行矣。”上嘉其意，詔樞府督軍應之。

[1]同、耀：州名。同州治所在今陝西省大荔縣，耀州治所在今陝西省耀縣。

[2]河中經略使：金末置經略司，以經略使爲其長官，本書《百官志》失載。河中經略使，治所在今山西省永濟市西南。　陀滿胡土門：女真人。本書卷一二三有傳。

[3]關：此指今陝西潼關。

[4]陝州行院：官署名。指當時設在陝州的行樞密院。

[5]河南行院統軍司：官署名。即河南行樞密院元帥府。

[6]今入河南：中華點校本本卷校勘記認爲，據文義"今"字下疑脱"北兵"二字。

[7]畿甸：指京師周圍地區。

[8]元帥左監軍：都元帥府屬官。掌征討之事。正三品。1954年，在河北省保定市徵集一方金代銅印，印文爲"元帥左監軍印"（見鄭紹宗《河北官印集釋》，《文物》1984年第9期）。

[9]孟州：治所在今河南省孟州市。　徒單百家：女真人。亦作"徒單百嘉"。

初，鼎以將率兵赴援京師，奏乞委知平陽府事王質權元帥左監軍，[1]同知府事完顏僧家奴權右監軍，[2]以鎮守河東，從之。至是，鼎拜尚書左丞，兼樞密副使。是時，大兵已過陝州，自關以西皆列營柵，連亘數十里。鼎慮近薄京畿，遂以河東南路懷、孟諸兵合萬五千，[3]由河中入援，又遣遥授河中府判官僕散掃吾出領軍趨陝西，[4]並力禦之。且慮北兵扼河，[5]移檄絳、解、吉、隰、孟州經略司，[6]相與會兵以爲夾攻之勢。已而北兵果由三門、集津北渡而去。[7]

[1]王質：人名。生平不詳。

[2]同知府事：即平陽府同知，爲平陽府尹副佐。正四品。完顏僧家奴：女真人。生平不詳。　右監軍：即元帥右監軍，爲都元帥府屬官。掌征討之事。正三品。

[3]懷：州名。治所在今河南省沁陽縣。

［4］遥授河中府判官：河中府判官，爲河中府屬官。從六品。時河中府已不爲金所管，雖授其職而不能治事，所以稱“遥授”。　僕散掃吾出：女真人。生平不詳。

［5］扼：“扼”的異體字。

［6］檄：即檄文。古代的文告，多用於徵召討伐或招撫、招降等。

［7］三門、集津：鎮名。三門鎮在今河南省三門峽市東北，集津鎮在三門鎮東。

鼎復上言：“自兵興以來，河北潰散軍兵、流亡人户，及山西、河東老幼，[1]俱徙河南。在處僑居，各無本業，易至動摇。竊慮有司妄分彼此，或加迫遣，以致不安。今兵日益盛，將及畿甸，倘復誘此失職之衆使爲鄉導，[2]或驅之攻城，豈不益資其力。乞朝廷遣官撫慰，及令所司嚴爲防閑，庶幾不至生釁。”上從其計，遣監察御史陳規等充安撫捕盗官，[3]巡行郡邑。大兵還至平陽，鼎遣兵拒戰，不利乃去。

［1］山西、河東老幼：據中華點校本本卷校勘記，疑“山西”二字是“陜西”之誤。

［2］鄉導：“鄉”與“向”字通。意即嚮導。

［3］監察御史：御史臺屬官。掌糾察内外百官，核查官署案牘賬目，並監祭禮及出使之事。正七品。　陳規：絳州稷山縣人。章宗明昌五年（1194）進士，宣宗時官至權吏部郎中。本書卷一〇九有傳。

興定元年正月，[1]上命鼎選兵三萬五千，付陀滿胡土門統之西征。至是，鼎馳奏以爲非便，略曰："自北兵經過之後，民食不給，兵力未完。若又出師，非獨饋運爲勞，而民將流亡，愈至失所。或宋人乘隙而動，復何以制之，此繫國家社稷大計。方今事勢，止當禦備南邊，西征未可議也。"遂止。是月，進拜平章政事，[2]封莘國公。[3]又上奏曰："臣近遣太原、汾、嵐官軍以備西征，[4]而太原路元帥左監軍烏古論德升以狀白臣，[5]甚言其失計。臣愚以爲德升所言可取，敢具以聞。"詔付尚書省議之，語在《德升傳》。[6]三月，鼎以祖父名章，乞避職，[7]詔不從。

[1]興定：金宣宗年號（1217—1222）。

[2]平章政事：爲宰相，位在左、右丞相之下。正員二人，從一品。

[3]莘國公：封爵名。國公封號。從一品。

[4]汾、嵐：州名。汾州治所在今山西省汾陽縣，嵐州治所在今山西省嵐縣北。

[5]烏古論德升：女真人。本書卷一二二有傳。

[6]語在《德升傳》：中華點校本本卷校勘記云，"按本書卷一二二《烏古論德升傳》並無西征失計事"。疑《德升傳》定稿時有關部分被删削，而本卷未作相應改動。

[7]鼎以祖父名章，乞避職：胥鼎爲避其祖父名"章"字，請求不擔任平章政事職務。

朝廷詔鼎舉兵伐宋，且令勿復有言以沮成筭。[1]鼎已分兵由秦、鞏、鳳翔三路並進，[2]乃上書曰："竊懷愚悃，不敢自默，謹條利害以聞。昔泰和間，蓋嘗南伐，時太平日久，百姓富庶，馬蕃軍鋭，所謂萬全之舉也，然猶亟和，以偃兵爲務。[3]大安之後，[4]北兵大舉，[5]天下騷然者累年，然軍馬氣勢視舊纔十一耳。至於器械之屬亦多損弊，民間差役重繁，寖以疲乏，而日勤師旅，遠近動摇，是未獲一敵而自害者衆，其不可一也。今歲西北二兵無入境之報，[6]此非有所憚而不敢也，意者以去年北還，[7]姑自息養，不然則别部相攻，未暇及我。如聞王師南征，乘隙併至，雖有潼關、大河之險，[8]殆不足恃，則三面受敵者首尾莫救，得無貽後悔乎？其不可二也。凡兵雄於天下者，必其士馬精强，器械犀利，且出其不備而後能取勝也。宋自泰和再修舊好，[9]練兵峙粮，繕修營壘，十年于兹矣。又車駕至汴益近宋境，彼必朝夕憂懼，委曲爲防。况聞王師已出唐、鄧，[10]必徙民渡江，所在清野，止留空城，使我軍無所得，徒自勞費，果何益哉？其不可三也。宋我世讎，比年非無恢復舊疆、洗雪前耻之志，特畏吾威力，不能窺其虚實，故未敢輕舉。今我軍皆山西、河北無依之人，或招還逃軍，脅從歸國，大抵烏合之衆，素非練習，而遽使從戎，豈能保其决勝哉。雖得其城，内無儲蓄，亦何以守。以不練烏合之軍，深入敵境，進不得食，退無所掠，將復遁逃嘯聚爲腹心患，其不可四也。發兵進討，欲因敵粮，此事不可必者。[11]隨軍轉輸，則又非民力所及。沿邊人户雖有恒産，而賦役繁重，不勝困憊。又凡失業寓河南者，類皆衣食不給。貧窮之迫，盗所由生，如宋人陰爲招募，誘以厚利，使爲鄉導，伺我不虞突而入寇，則内有叛民，外有勍敵，未易圖之，其不可五也。今春事將興，若進兵不還，必違農時，以誤防秋之用，此社稷大計，豈特疆埸利害而已哉，其不可六也。臣愚以爲止當遴選材武將士，[12]分布近邊州郡，敵至則追擊，去則力田，以廣儲蓄。至於士氣益强，民心益固，國用豐饒，自可恢廓先業，成中興之功，一區區之宋何足平乎。"詔付尚書省，宰臣以爲諸軍既進，無復可議，遂寢。

[1]以沮成筭：指阻撓伐宋大計。

[2]秦、鞏：州名。秦州治所在今甘肅省天水市，鞏州治所在今甘肅省隴西縣。　鳳翔：府名。治所在今陝西省鳳翔縣。

[3]偃兵：停戰息兵。

[4]大安：金衛紹王年號（1209—1211）。

[5]北兵：這裏指蒙古軍隊。

[6]西北二兵：指北方的蒙古兵和西方的西夏兵。

[7]去年北還：指貞祐四年（1216）蒙古與金朝簽定和約，蒙古兵暫時北返。

[8]潼關：在今陝西省潼關縣北。

[9]宋自泰和再修舊好：指金章宗泰和年間，宋韓侂胄北伐失敗，於南宋嘉定元年（金泰和八年，1208），與金朝重新簽定"嘉定和議"，停戰修好。

[10]唐、鄧：州名。唐州治所在今河南省唐河縣，鄧州治所在今河南省鄧州市。

[11]不可必者：不一定要這樣做。

[12]遴（lín）選：審慎選拔。

既而元帥承裔等取宋大散關，[1]上諭鼎曰："所得大散關，可保則保，不可則焚毁而還。"於是鼎奏："臣近遣官問諸帥臣，皆曰散關至蘺關諸隘，[2]其地遠甚，中間堡壘相望，如欲分屯非萬人不可。而又有恒州、虢縣所直數關，[3]宋兵皆固守如舊，緩急有事當復分散關之兵。餘衆數少必不能支，而鳳翔、恒、隴亦無應援，[4]恐兩失之。且比年以來，民力困於調度，今方春農事已急，恐妨耕墾，不若焚毁此關，但屯邊隘以張其勢，彼或來侵，互相應援易爲力也。"制可。

[1]承裔：女真人。本名白撒。本書卷一一三有傳。　大散關：關隘名。在今陝西省寶鷄市西南。

[2]蘺關：關隘名。所在地不詳。

[3]恒州：原名盩（zhōu）厔（zhì）縣，金宣宗貞祐四年（1216）升爲恒州，治所在今陝西省周至縣。　虢縣：治所在今陝西省寶鷄市陳倉區。

[4]隴：州名。治所在今陝西省千陽縣西北。

二年四月，鼎乞致仕，[1]上遣近侍諭曰："卿年既耄，[2]朕非不知，然天下事方有次第，卿舊人也，[3]姑宜勉力以終之。"鼎以宣宗多親細務，[4]非帝王體，乃上奏曰："天下之大，萬機之衆，錢穀之冗，非九重所能兼，[5]則必付之有司，天子操大綱、責成功而已，况今多故，豈可躬親細務哉？惟陛下委任大臣，坐收成筭，則恢復之期不遠矣。"上覽其奏不悦，謂宰臣曰："朕惟恐有怠，而鼎言如此何耶？"高琪奏曰："聖主以宗廟社稷爲心，法上天行健之義，[6]憂勤庶政，夙夜不遑，乃太平之階也。[7]鼎言非是。”上喜之。

[1]致仕：亦作致政，即離職退休。

[2]耄（mào）：老年。《禮記·曲禮上》，“八十、九十曰耄”。《鹽鐵論·孝養》，“七十曰耄”。

[3]舊人：此指元老舊臣。

[4]宣宗：廟號。金朝第八任皇帝，即完顔吾睹補，漢名珣。1213 年至 1223 年在位。本書卷一四至卷一六有紀。

[5]九重：天的最高處。此喻指皇帝。

[6]法上天行健之義：《周易·乾卦》：“天行健，君子以自强不息。”法是效法，此句是效法上天自强不息的精神。

[7]太平之階：致天下太平的階梯。

三年正月，上言：“沿邊州府官既有減定資歷月日之格，[1]至于掌兵及守禦邊隘者，征行暴露，備歷艱險，宜一體減免，以示激勸。”從之。二月，上言：“近制，軍前立功犯罪之人，行省、行院、帥府不得輒行誅賞。[2]夫賞由中出則恩有所歸，[3]兹固至當。至于部分犯罪，主將不得施行，則下無所畏而令莫得行矣。”宰臣難之，上以問樞密院官，[4]對如鼎言，乃下詔，自今四品以下皆得裁決。

[1]沿邊州府官既有減定資歷月日之格：金官吏升遷對其出身資歷和任職時間有具體要求和規定，稱“任官格”，簡稱“格”。金末戰事頻仍，爲激勵沿邊州府官員抗敵立功，對“任官格”作相應改動，以適應戰時需要，即“減定資歷月日之格”。

[2]行省、行院、帥府：官署名。金自章宗以來，因用兵、河防等事涉及諸路，臨時設行尚書省，簡稱行省。金蒙交戰後，開始於各主要戰略要地置行樞密院，簡稱行院，以節制各地兵馬。又設行元帥府，簡稱行府，以統各地兵馬。

[3]賞自中出：賞賜之權出自朝廷。

[4]樞密院：軍政官署名。掌國家軍務機密之事。

時元帥内族承裔、移剌粘何伐宋，[1]所下城邑多所焚掠，於是鼎上言："承裔等奉詔宣揚國威，所謂'弔民伐罪'者也。[2]今大軍已克武休，[3]將至興元。[4]興元乃漢中、西蜀喉衿之地，[5]乞諭帥臣，所得城邑姑無焚掠，務慰撫之。誠使一郡帖然，秋毫不犯，則其餘三十軍，將不攻自下矣。若拒王師，乃宜有戮。"上甚是其言，遂詔諭承裔。鼎以年老屢上表求致仕，上謂宰臣曰："胥鼎以老求退，朕觀其精力未衰，已遣人往慰諭之。鼎嘗薦把胡魯，以爲過己遠甚，欲以自代。胡魯固佳，至于駕馭人材，處决機務，不及鼎多矣。"俄以伐宋有功，遷官一階。[6]

[1]移剌粘何：契丹人。一作"移剌粘合""移剌瑗"，字廷玉，契丹世襲猛安，官至樞密使。天興元年（1232），金哀宗出奔蔡州，移剌粘何率鄧州軍民降宋，後死於襄陽。詳見《歸潛志》卷六。

[2]弔：爲"吊"的異體字。

[3]武休：關隘名。在今陝西省留壩縣南。

[4]興元：南宋府名。治所在今陝西省漢中市。

[5]喉衿（jīn）之地：比喻爲咽喉要地，戰略地位重要。衿，

衣帶。

［6］遷官一階：指升散官階一級。

八月，上言："臣奉詔兼節制河東，近晋安帥府令百里内止留桑棗果木，[1]餘皆伐之。方今秋收，乃爲此舉以奪其事，既不能禦敵而又害民，非計也。且一朝警急，其所伐木豈能盡去，使不資敵乎。他木雖伐，桑棗舍屋獨非木乎，此殆徒勞。臣已下帥府止之，而左都監完顔閭山乃言嘗奉旨清野，[2]臣不知其可。"詔從鼎便宜規畫。是時，大元兵大舉入陝西，[3]鼎多料敵之策，朝臣或中沮之，上諭樞密院官曰："胥鼎規畫必無謬誤，自今卿等不須指授也。"尋又遣諭曰："卿專制方面，凡事得以從宜規畫，又何必一一中覆，徒爲逗遛也。"

［1］晋安：鎮名。在今四川省閬中市南。

［2］完顔閭山：女真人。本書卷一〇〇有傳。

［3］大元：按當時蒙古尚未建大元國號，《金史》爲元人所修，所以稱蒙古國爲"大元"。

四年，進封温國公，[1]致仕，詔諭曰："卿屢求退，朕初不許者，俟其安好，復爲朕用爾。今從卿請，仍可來居京師，或有大事得就諮決也。"五年三月，上遣近侍諭鼎及左丞賈益謙曰：[2]"自去冬至今，雨雪殊少，民心不安，軍用或闕，爲害甚重。卿等皆名臣故老，今當何以處之。欲召赴尚書省會議，恐與時相不合，[3]難於面折，[4]故令就第延問，其悉意以陳，毋有所隱。"元光元年五月，[5]上勑宰相曰："前平章胥鼎、左丞賈益謙、工部尚書札里吉、翰林學士孛迭，[6]皆致政老臣，經練國事，當邀赴省與議利害。"仍遣侍官分詣四人者諭意焉。[7]

［1］温國公：封爵名。次國封號，明昌格第三十位。

［2］賈益謙：沃州人。世宗大定十年（1170）詞賦進士，宣宗時官至尚書左丞。本書卷一〇六有傳。

［3］恐與時相不合：唯恐與執政的宰相們意見相左。

［4］面折：當面辯難。

［5］元光：金宣宗年號（1222—1223）。

［6］工部尚書：尚書省工部長官。正三品。　札里吉：人名。族屬、出身不詳。　翰林學士：翰林院屬官。爲翰林學士承旨副佐。正三品。　孛迭：女真人。即完顔孛迭。本書卷一四《宣宗紀上》，貞祐四年（1216）閏七月，"翰林學士完顔孛迭進《中興事迹》"，應與此所記孛迭爲一人。

［7］仍遣侍官分詣四人者諭意焉：按本書卷五六《百官志二》，"近侍局，掌侍從，承勑令，轉進奏帖"。中華點校本本卷校勘記云，此"侍"上當脱"近"字。

六月，晋陽公郭文振奏：[1]"河朔受兵有年矣，[2]向皆秋來春去，今已盛暑不迴，[3]且不嗜戕殺，[4]恣民耕稼，此殆不可測也。樞府每檄臣會合府兵進戰，[5]蓋公府雖號分封，力實單弱，且不相統攝，方自保不暇，朝廷不即遣兵爲援，臣恐人心以謂舉棄河北，甚非計也。伏見前平章政事胥鼎，才兼將相，威望甚隆，向行省河東，人樂爲用。今雖致政，精力未衰，乞付重兵，使總制公府，同力戰禦，庶幾人皆響應，易爲恢復，惟陛下圖之。”

[1]晉陽公郭文振：晉陽公，封爵名。郡公封號。正二品。金宣宗時爲招納地方武裝，先後封河北九郡公，史稱“九公封建”，晉陽公爲九公之一。郭文振，本書卷一一八有傳。

[2]河朔：地區名。泛指今黄河大曲折以東的山西省南部及河北之地。

[3]迴：與“回”字通。

[4]不嗜戕（qiāng）殺：不以殺戮爲癖好，意爲蒙古兵改變了以往殘害生靈爲主的做法。

[5]樞府：此指樞密院元帥府。　府兵：指各郡公軍府所轄的軍隊。

明年，宣宗崩，哀宗即位。[1]正大二年，[2]起復，[3]拜平章政事，進封英國公，[4]行尚書省于衛州。[5]鼎以衰病辭，上諭曰：“卿向在河東，朝廷倚重。今河朔州郡多歸附，須卿圖畫。卿先朝大臣，必濟吾事，大河以北，卿皆節制。”鼎乃力疾赴鎮，[6]來歸者益衆。鼎病不能自持，復申前請，優詔不許。三年，復上章請老，且舉朝賢練軍政者自代。詔答曰：“卿往在河東，殘破孤危，殆不易保，卿一至而定。迄卿移鎮，敵不復侵。何乃過爲嫌避？且君臣均爲一體，朕待下亦豈自殊，自外之語殆爲過計。況餘人才力孰可副卿者。[7]卿年高久勞於外，朕豈不知，但國家百年積累之基，河朔億萬生靈之命，卿當勉出壯圖，同濟大事。”鼎奉詔惶懼不敢退。是年七月，薨。[8]

[1]哀宗：廟號。亦稱義宗，金朝末代皇帝，即完顏寧甲速，漢名守禮，後改名守緒。1224 年至 1234 年在位。本書卷一七至卷一八有紀。

[2]正大：金哀宗年號（1224—1231）。

[3]起復：此指胥鼎致仕後，重新被起用。

[4]英國公：封爵名。國公封號，從一品。

[5]衛州：治所在今河南省衛輝市。

[6]力疾赴鎮：帶病赴衛州上任。

[7]餘人才力孰可副卿者：意爲其他人的才能没有可與胥鼎相比擬的。

[8]薨（hōng）：古以諸侯死稱“薨”。胥鼎爵封國公，例比古之諸侯，所以稱其死爲“薨”。

鼎通達吏事，有度量，爲政鎮静，[1]所在無賢不肖皆得其懽心。南渡以來，書生鎮方面者，惟鼎一人而已。

[1]爲政鎮静：執政練達而從容。

侯摯初名師尹，避諱改今名，[1]字莘卿，東阿人。[2]明昌二年進士，入官慷慨有爲。承安間，積遷山東路鹽使司判官。[3]泰和元年，以課增四分，[4]特命遷官二階。[5]八年七月，追官一階，降授長武縣令。[6]初，摯爲户部主事，[7]與王説規措西北路軍儲以代張煒，[8]摯上章論本路財用不實，至是降除焉。貞祐初，大兵圍燕都，[9]時摯爲中都麯使，[10]請出募軍，已而嬰城有功，[11]

擢爲右補闕。[12]二年正月，詔摯與少府監丞李迥秀分詣西山招撫。[13]宣宗南渡，轉勸農副使，[14]提控紫荊等關。[15]俄遷行六部侍郎。[16]三年四月，同簽樞密院阿勒根訛論等以謂：[17]"今車駕駐南京，河南兵不可易動，且兵不在多，以將爲本。侯摯有過人之才，儻假以便宜之權，使募兵轉粮，事無不克，可升爲尚書，以總制永錫、慶壽兩軍。"[18]於是以摯爲太常卿，[19]行尚書六部事，往來應給之。

[1]侯摯初名師尹，避諱改今名：按完顔希尹有開國之功，熙宗時爲之立廟，定其名爲"國諱"。侯摯初名師尹，因避"尹"字，改名爲"摯"。

[2]東阿：縣名。治所在今山東省東阿縣。

[3]山東路鹽使司判官：應作"山東路鹽鐵司判官"。山東鹽鐵司屬官。正員二人，正七品。

[4]以課增四分：因徵收鹽税比規定的數額增加十分之四。

[5]遷官二階：指升散官階二級。

[6]長武縣：治所在今甘肅省涇川縣東。

[7]户部主事：户部屬官。正員五人，從七品。

[8]王説：中華點校本據本書卷一〇〇《張煒傳》、卷一〇四《王擴傳》的相關記載，改爲"王謙"。王謙，時爲中都都轉運司户籍判官。　張煒：洺州永年縣人。世宗大定二十五年（1185）進士，宣宗時官至户部侍郎、河北東路轉運使。本書卷一〇〇有傳。

[9]燕都：指金中都，治所在今北京市。

[10]中都麯（qū）使：中都都麯使的簡稱，主管釀造酒類及徵收酒税等事。從六品。"麯"爲"曲"的異體字。

[11]嬰（yīng）城：環城固守。

[12]右補闕：諫院屬官。正七品。按《歸潛志》卷六，侯摯

曾任河平軍節度使，本傳未載。

[13]少府監丞：少府監屬官。主管鑄印、織染、裁造等百工營造之事。正員二人，從六品。　李逈（jiǒng）秀：人名。“逈”爲“迥”的異體字。生平不詳。　西山：在今北京市西北。

[14]勸農副使：爲勸農使副佐，掌勸課天下農桑力田之事。正五品。

[15]提控：主管，執掌。　紫荆：關隘名。即今河北省易縣西的紫荆嶺。

[16]行六部侍郎：行六部亦稱“行部”，爲地方上所設立的代行尚書省六部權事的官署機構。出土的金代晚期官印上有“□□行部造”字様。行部官員比尚書省同級官員品級低一級，行六部侍郎應爲正五品。

[17]同簽樞密院：全稱爲“同簽樞密院事”。樞密院屬官，金初正員一人，世宗大定十七年（1177）增一員，尋罷。章宗明昌初，復增一員，尋又罷；明昌三年（1192）九月復增一員。正四品。　阿勒根訛論：女真人，生平不詳。

[18]永錫：女真人。一名合周，出身完顔宗室，時爲元帥左監軍，行元帥府於真定。本書卷一一四有傳。　慶壽：女真人。即烏古論慶壽，時爲元帥左都監。本書卷一〇一有傳。

[19]太常卿：全稱爲“太常寺卿”。主管禮樂、郊廟、祭祀之事，從三品。

摯遂上章言九事，其一曰：“省部所以總天下之紀綱，今隨路宣差便宜、從宜，[1]往往不遵條格，[2]輒劄付六部及三品以下官，[3]其於紀綱豈不紊亂，宜革其弊。”其二曰：“近置四帥府，[4]所統兵校不爲不衆，然而弗克取勝者，蓋一處受敵，餘徒傍觀，未嘗發一卒以爲援，稍見小却，則棄戈遁去，此師老將怯故也。將將之道，[5]惟陛下察之。”其三曰：“率兵禦寇，督民運粮，各有所職，本不可以兼行，而帥府每令雜進，累遇寇至，軍未戰而丁夫已遁，行伍錯亂，敗之由也。夫前陣雖勝，而後必更者，[6]恐爲敵所料耳，況不勝哉。用兵尚變，本無定形，今乃因循不改覆轍，臣雖素不知兵，妄謂率由此失。”其四曰：“雄、保、安肅諸郡據白溝、易水、西山之固，[7]今多闕員，又所任者皆柔懦不武，宜亟選勇猛才幹者分典之。”其五曰：“漳水自衛至海，[8]宜沿流設備，以固山東，使力穡之民安服田畝。”其六曰：“近都州縣官吏往往逋逃，蓋以往來敵中失身者多，[9]兼轉輸頻併，民力困弊，應給不前復遭責罰，秩滿乃與他處一體計資考，[10]實負其人。乞詔有司優定等級，以別異之。”其七曰：“兵威不振，罪在將帥輕敵妄舉，如近日李英爲帥，[11]臨陣之際酒猶未醒，是以取敗。臣謂英既無功，其濫注官爵並宜削奪。”其八曰：“大河之北，民失稼穡，官無俸給，上下不安，皆欲逃竄。加以潰散軍卒還相剽掠，以致平民愈不聊生。宜優加矜恤，亟招撫之。”其九曰：“從來掌兵者多用世襲之官，此屬自幼驕惰不任勞苦，且心膽懦怯何足倚辦。宜選驍勇過人、衆所推服者，不考其素用之。”上略施行焉。

[1]宣差便宜、從宜：宣差，此指宣撫使。便宜、從宜，根據具體情況自行决定辦法和制定對策。本書卷四四《兵志》：“及南遷，河北封九公，因其兵假以便宜從事。沿河諸城置行樞密院元帥府，大者有‘便宜’之號，小者有‘從宜’之名。”

[2]條格：國家統一制定頒行的條文規定。

[3]六部：指尚書省所轄的吏、户、禮、兵、刑、工六部。

[4]近置四帥府：按本書卷一四《宣宗紀上》貞祐三年（1215）八月，"東平、益都、太原、潞州置元帥府"。所謂四元帥府即指此而言。

[5]將將之道：駕禦軍事將領之法。

[6]前陣雖勝，而後必更：在作戰時，爲了防止被敵方抓住規律，前陣雖勝，後隊也必須改變隊形或調整作戰方案。

[7]雄、保、安肅諸郡：州名。雄州治所在今河北省雄縣，保州治所在今河北省保定市，安肅州治所在今河北省徐水縣。　白溝、易水：河名。白溝河爲今河北省雄縣白溝河，易水河爲今河北省大清河。

[8]漳水：河名。今河北省漳河。

[9]失身：此指降附敵方。

[10]秩（zhì）：原意爲官吏的俸禄，引申以指任官期限。　資考：對任官資歷的考核。

[11]李英：遼東渤海人。時爲宣差都提控，領兵據守居庸關。本書卷一〇一有傳。

時元帥蒲察七斤以通州叛，[1]累遣諜者間摯，摯恐爲所陷，上章自辯。詔諭之曰："卿朕素知，豈容間耶。其一意於職，無以猜嫌自沮也。"八月，權參知政事。[2]俄拜参知政事，行尚書省于河北。先是，摯言："河北東、西兩路最爲要地，[3]而真定守帥胡論出輒棄城南奔，[4]州縣危懼。今防秋在邇，甚爲可憂，臣願募兵與舊部西山忠義軍往安撫之。"[5]制可，故有是命。十一月，入見。壬申，遣祭河神于宜村。[6]十二月，復行省于河北。

[1]蒲察七斤：女真人。時爲右副元帥，貞祐三年（1215）正月，蒲察七斤率部降於蒙古。　通州：治所在今北京市通州區。

[2]權參知政事：權，代理。參知政事，副宰相，佐治尚書省事。正員二人，從二品。

[3]河北東、西兩路：河北東路治所在今河北省河間市，河北西路治所在今河北省正定縣。

[4]真定：府名。治所在今河北省正定縣。　胡論出：女真人。姓女奚烈氏。宣宗貞祐三年（1215），胡論出以真定府同知出任元帥右都監，行元帥府於徐州。詳見本書卷一〇一《承暉傳》。

[5]西山忠義軍：指侯摯任宣差提控官時，在燕京西山一帶招募的義軍，稱"忠義軍"。

[6]河神：神話傳説中的黄河之神。傳説古時陝西人馮夷渡黄河溺水而死，變成黄河之神。　宜村：地名。在今河南省衛輝市境内。

四年正月，進拜尚書右丞。嘗上言，宜開沁水以便饋運，[1]至是，詔有司開之。是時，河北大饑，摯上言曰："今河朔饑甚，人至相食，觀、滄等州斗米銀十餘兩，[2]殍殣相屬。伏見沿河上下許販粟北渡，然每石官糴其八，彼商人非有濟物之心也，所以涉河往來者特利其厚息而已，利既無有，誰復爲之。是雖有濟物之名，而實無所渡之物，其與不渡何異。昔春秋列國各列疆界，然晋饑則秦輸之粟，及秦饑，晋閉之糴，[3]千古譏之。况今天下一家，河朔之民皆陛下赤子，而遭罹兵革，尤爲可哀，其忍坐視其死而不救歟。人心惟危，臣恐弄兵之徒，得以藉口而起也。願止其糴，縱民輸販爲便。”詔尚書省行之。

［1］沁水：河名。即沁水河，是流經今山西省南部和河南省北部的一條黄河支流。

［2］觀、滄：州名。觀州治所在今河北省景縣東北，滄州治所在今河北省滄州市。

［3］晋饑則秦輸之粟，及秦饑，晋閉之糴：春秋晋惠公四年（前647），晋國大饑，請求糴粟於秦，秦繆公與之。翌年秦饑，請糴粟於晋，晋惠公聽信奸臣虢射讒言，不與秦粟，並乘危伐秦，兩國交惡。見《左傳》僖公十三年和十四年，亦見《史記》卷三九《晋世家》。

時紅襖賊數萬人入臨沂、費縣之境，[1]官軍敗之，生擒僞宣徽使李壽甫。[2]訊之，則云其衆皆楊安兒、劉二祖散亡之餘，[3]今復聚及六萬，賊首郝定者兖州泗水人，[4]署置百官，僭稱大漢皇帝，已攻泰安、滕、兖、單諸州，[5]及萊蕪、新泰等十餘縣，[6]又破邳州硜子堌，[7]得船數百艘，近遣人北構南連皆成約，行將跨河爲亂。摰以其言聞於上，且曰：“今邳、滕之路不通，恐實有此謀。”遂詔摰行省事于東平，[8]權本路兵馬都總管，[9]以招誘之，若不從即率兵捕討。興定元年四月，濟南、泰安、滕、兖等州土賊並起，[10]肆行剽掠，摰遣提控遥授棣州防禦使完顏霆率兵討之，[11]前後斬首千餘，招降僞元帥石花五、夏全餘黨壯士二萬人，[12]老幼五萬口。

[1]紅襖賊：指紅襖軍。金自衛紹王即位以來，山東、河北一帶爆發大規模農民起義。因起義軍身穿紅襖，故稱紅襖軍。統治者仇視起義軍，所以汚稱其爲“紅襖賊”。　臨沂、費縣：縣名。臨沂縣治所在今山東省臨沂市，費縣治所在今山東省費縣。

[2]僞宣徽使：紅襖起義政權官名。修史者站在統治階級立場上而稱其“僞”。　李壽甫：生平不詳。

[3]楊安兒：紅襖起義軍首領。原名楊安國，金山東益都縣人。章宗泰和年間，楊安兒在山東起義，後接受招安，官刺史、防禦史。衛紹王大安三年（1211），楊安兒再舉義旗，領導紅襖起義，聲勢浩大，建官置署，年號天順，後敗死。詳見本書卷一〇二《僕散安貞傳》。　劉二祖：金山東泰安州人。紅襖起義軍首領，後戰死。

[4]郝定：楊安兒、劉二祖失敗後，郝定在山東兗州領導紅襖軍餘部繼續戰鬬，自稱“大漢皇帝”。後戰敗被擒，死於汴京。

[5]泰安：州名。治所在今山東省泰安市。　滕：州名。治所在今山東省滕州市。　兖：州名。治所在今山東省兖州市。　單：州名。治所在今山東省單縣。

[6]萊蕪：縣名。治所在今山東省萊蕪市。　新泰：縣名。治所在今山東省新泰市。

[7]邳（pī）州：治所在今江蘇省邳州市西南古下邳城。　硜（gāng）子堌（gù）：地名。在今江蘇省邳州市境内。

[8]東平：府名。治所在今山東省東平縣。

[9]權本路兵馬都總管：權，代理。本路兵馬都總管，指山東西路兵馬都總管。時山東西路治東平府。

[10]濟南：府名。治所在今山東省濟南市。

[11]遥授棣州防禦使：棣州防禦使，爲棣州軍政長官。從四品。治所在今山東省惠民縣。時棣州已不歸金管，衹授予虚職，所以稱“遥授”。　完顔霆：本爲中都寶坻縣漢人李二措，宣宗貞祐年間以軍功賜完顔姓。本書卷一〇三有傳。本傳云：“遥授同知益

都府事，加宣差都提控，遷棣州防禦使，賜姓完顏氏。”與此傳所記“遥授棣州防禦使”稍異。

[12]石花五：紅襖軍首領。《金史紀事本末》卷四二《考異》引《續綱目》，石花五、夏全作“石珪、夏全”。石花五當爲石珪的别號。　夏全：紅襖軍首領，失敗後降宋。

是年冬，陞資德大夫，[1]兼三司使。[2]二年二月，摯上言：“山東、河北數罹兵亂，遺民嗷嗷，實可哀卹，[3]近朝廷遣官分往撫輯，其惠大矣。然臣忝預執政，敢請繼行，以宣布國家德信，使疲瘵者得以少蘇，是亦圖報之一也。”宰臣難之，無何，詔遣摯行省于河北，兼行三司安撫事。既行，又上言曰：“臣近歷黄陵崗南岸，[4]多有貧乏老幼自陳本河北農民，因敵驚擾，故南遷以避，今欲復歸本土及春耕種，而河禁邀阻。臣謂河禁本以防閑自北來者耳，此乃由南而往，安所容姦，乞令有司驗實放渡。”詔付尚書省，宰臣奏“宜令樞府講究”，[5]上曰：“民饑且死，而尚爲次第何耶。其令速放之。”

[1]資德大夫：文官散階，正三品上。

[2]三司使：按金代三司始設於章宗泰和八年（1208），省户部官員而置勸農、鹽鐵、度支三司。三司使爲從二品。

[3]卹（xù）：“恤”的異體字。

[4]黄陵崗：地名。在今山東省曹縣西南的黄河故道上。

[5]樞府：指樞密院、元帥府。

四月，招撫副使黄摑阿魯答破李全於密州。[1]初，賊首李全據密州及膠西、高密諸縣，[2]摯督兵討之。會高密賊陳全等四人默白招撫副使黄摑阿魯答，[3]願爲内應，阿魯答乃遣提控朱琛率兵五百赴之。[4]時李全暨其党于忙兒者皆在城中，[5]聞官軍且西來，全潛逸去，忙兒不知所爲。阿魯答馳抵城下，鼓噪逼之，賊守陴者八百人皆下乞降，[6]餘賊四千出走，進軍邀擊之，斬首千級，俘百餘人，所獲軍實甚衆，遂復其城。是夜，琛又用陳全計，拔高密焉。六月，上遣諭摯曰："卿勤勞王家，不避患難，身居相職而往來山堌水寨之間，保庇農民收穫二麥，忠恪之意朕所具知。雖然，大臣也，防秋之際亦須擇安地而處，[7]不可墮其計中。"摯對曰："臣蒙大恩，死莫能報，然承聖訓敢不奉行。擬駐兵于長清縣之靈岩寺，[8]有屋三百餘間，且連接泰安之天勝寨，[9]介於東平、益都之間，[10]萬一兵來，足相應援。"上恐分其兵粮，乃詔權移邳州行省。

[1]招撫副使：招撫使副佐。金末臨時設立的官職，掌安輯遭受戰亂的百姓等事。本書《百官志》失載。　黄摑阿魯答：女真人。《宋史》卷四七六《李全傳》作"黄摑阿魯達"，稱其官名爲"經歷官"，與本傳所記"招撫副使"不同。　密州：治所在今山東省諸城市。

[2]李全：紅襖軍首領，金山東濰州北海人。宣宗貞祐年間，李全與其兄李福在濰州響應楊安兒起義。楊安兒失敗後，李全與安兒妹楊妙真結爲夫婦，開始與小股義軍作戰。李全後來附宋，又叛宋降蒙，被宋兵所殺。《宋史》卷四七六有傳。　膠西、高密：縣名。膠西縣治所在今山東省膠州市，高密縣治所在今山東省高密市。

[3]陳全：紅襖軍首領。

[4]朱琛（chēn）：生平不詳。

[5]于忙兒：紅襖軍首領。

[6]陴（pí）：城墻上的矮墻。

[7]安地：指安全的地方。

[8]長清縣：治所在今山東省長清縣。　靈岩寺：佛寺名。在長清縣東南。

[9]天勝寨：在今山東省泰安市境内。以上下文義，天勝寨當在泰安市西北。

[10]益都：府名。治所在今山東省青州市，時亦爲山東東路治所。

九月，摯上言："東平以東累經殘毀，至于邳、海尤甚，[1]海之民户曾不滿百而屯軍五千，邳户僅及八百，軍以萬計。夫古之取兵以八家爲率，[2]一家充軍七家給之，猶有傷生廢業、疲於道路之歎。今兵多而民不足，使蕭何、劉晏復生亦無所施其術，[3]况於臣者何能爲哉。伏見邳、海之間，貧民失業者甚衆，日食野菜，無所依倚，恐因而嘯聚以益敵勢。乞募選爲兵，自十月給粮，使充戍役，至二月罷之，人授地三十畝，貸之種粒而驗所收穫，量數取之，逮秋復隸兵伍。且戰且耕，公私俱利，亦望被俘之民易於招集也。"詔施行之。

[1]海：州名。治所在今江蘇省連雲港市西南。

[2]以八家爲率（lǜ）：以八家爲一計算單位。

[3]蕭何：原籍沛縣人，與漢高祖劉邦同縣。輔佐劉邦定天下，善於理財，史稱"蕭相國"。《史記》《漢書》均有傳。　劉宴：唐

代曹州南華縣人，幼爲神童，八歲即被唐玄宗召見，授太子正字。後官至吏部尚書，又加授關内河東三川轉運、鹽鐵及諸道青苗使。《新唐書》《舊唐書》均有傳。

是時，樞密院以海州軍食不足，艱于轉輸，奏乞遷于内地。詔問摯，摯奏曰："海州連山阻海，與沂、莒、邳、密皆邊隅衝要之地，[1]比年以來爲賊淵藪者，宋人資給之故。若棄而他徙，則直抵東平無非敵境，地大氣增，後難圖矣，臣未見其可。且朝廷所以欲遷者，止慮粮儲不給耳。臣請盡力規畫，勸喻農民趨時耕種，且令煮鹽易粮，或置場宿遷，[2]以通商旅，可不勞民力而辦。仍擇沭陽之地可以爲營屯者，[3]分兵護邏，雖不遷無患也。"上是其言，乃止。

[1]沂、莒：州名。沂州治所在今山東省臨沂縣，莒州治所在今山東省莒縣。

[2]場：指榷場。即貿易市場。　宿遷：縣名。治所在今江蘇省宿遷市，位於宋、金交界處。

[3]沭（shù）陽：縣名。治所在今江蘇省沭陽縣。

十月，先是，邳州副提控王汝霖以州廩將乏，[1]扇其軍爲□。[2]山東東路轉運副使兼同知沂州防禦使程戩懼禍及己，[3]遂與同謀，因結宋兵以爲外應。摯聞，即遣兵捕之，訊竟具伏，汝霖及戩并其党彈壓崔榮、副統韓松、萬户戚誼等皆就誅，[4]至是以聞。三年七月，設汴京東、西、南三路行三司，[5]詔摯居中總其事焉。十月，以裏城畢工，[6]遷官一階。四年七月，遷榮禄大夫，[7]致仕。

[1]王汝霖：生平不詳。　州廩：州裏的官倉。

[2]扇其軍爲□：以上下文義推測，所缺一字應爲“亂”或“變”。扇，與“煽”字通。

[3]山東東路轉運副使：即山東東路轉運同知，爲轉運使副佐。從四品。　同知沂州防禦使：爲沂州防禦使副佐，主管通判防禦使事。正六品。　程戩：生平不詳。

[4]彈壓：官名。本書《百官志》失載。據《世宗紀》，世宗時即有彈壓之官。1975年，遼寧省喀左縣出土一方金代“都彈壓所之印”（見景愛《金代官印集》，文物出版社1991年版）。　崔榮：生平不詳。　副統：武職，金末招募義軍，以四萬户爲一副統，統兵官就稱副統。　韓松：生平不詳。　萬户：金初在猛安之上置軍帥，軍帥之上置萬户，爲高級軍事長官和將領。海陵王天德三年（1151），罷萬户世襲之官。金末復設，以五謀克爲一千户（猛安），四千户爲一萬户，萬户官降爲正九品的低級軍官。　戚誼：生平不詳。

[5]汴京東、西、南三路行三司：官署名。即三路各設有三司的代行機構，意與“行省”“行部”同。本書卷一〇〇《李復亨傳》作“置京東、京西、京南三路行三司”。

[6]裏城：指汴京内城，金宣宗時在术虎高琪等人建議下所修，詳見本書卷一〇六《术虎高琪傳》。

[7]榮禄大夫：文官散階，從二品下。

天興元年正月，[1]起復爲大司農。[2]四月，歸大司農印，復致仕。八月，復起爲平章政事，封蕭國公，[3]行京東路尚書省事。[4]以軍三千護送就舟張家渡，[5]行至封丘，[6]敵兵覺，不能進。諸將卒謀倒戈南奔，留數騎衛摯。摯知其謀，遂下馬，坐語諸將曰："敵兵環視，進退在我。汝曹不思持重，吾寧死于汝曹之手，不忍爲亂兵所蹂，以辱君父之命。"諸將諾而止，得全師以還，聞者壯之。十一月，復致仕。居汴中，有園亭蔡水濱，[7]日與耆舊讌飲，[8]及崔立以汴城降，[9]爲大兵所殺。

[1]天興：金哀宗年號（1232—1234）。

[2]大司農：金初置勸農使司，長官爲勸農使，章宗泰和八年（1208）罷。宣宗貞祐年間復置勸農使司，興定六年（1222）罷勸農使司，改設司農司。長官爲大司農，掌勸課農桑，兼采訪公事。正二品。

[3]蕭國公：封爵名。小國封號，明昌格第二十八位。

[4]京東路：按金十九路中無京東路之名，此系金末臨時行政建置，統轄汴京以東之地。

[5]張家渡：黄河渡口名。

[6]封丘：縣名。治所在今河南省封丘縣。

[7]蔡水：河名。亦稱蔡河，源出今河南省開封市，南流入淮河。

[8]讌："宴"的異體字。

[9]崔立：將陵人。少貧無行，乘兵亂從上黨公張開，任都統。哀宗東狩，崔立爲西面元帥，留守京師，在汴京發動政變，降蒙。後被都尉李琦等殺死。本書卷一一五有傳。

摯爲人威嚴，御兵人莫敢犯。在朝遇事敢言，又喜薦士，如張文舉、雷淵、麻九疇輩皆由摯進用。[1]南渡後宰執中，人望最重。

[1]張文舉：曹州東明縣人。名特立，以字行，章宗泰和三年（1203）進士。哀宗正大四年（1227），官監察御史，爲官亢直。本書卷一二八有傳。　雷淵：應州渾源縣人。至寧元年（1213）中進士，宣宗興定末任監察御史。本書卷一一〇有傳。　麻九疇：易州人。幼穎悟，一時被認爲神童。入太學，有文名。宣宗南渡，府試、會試皆詞賦第二，經義第一，殿試以誤絀，皇帝特賜及第。後被蒙古兵俘虜，病死。本書卷一二六有傳。

把胡魯，[1]不詳其初起。貞祐二年五月，宣宗南遷，由左諫議大夫擢爲御前經歷官，[2]上面諭之曰："此行，軍馬朕自總之，事有利害可因近侍局以聞。"[3]三年十一月，出爲彰化軍節度使，[4]兼涇州管内觀察使。四年五月，改知京兆府事，[5]兼本路兵馬都總管，[6]充行省參議官。[7]

[1]把胡魯：女真人。本書卷五五《百官志一》記女真白號之姓中有把氏。陳述認爲把氏原居地應在本書卷六五《斡賽傳》所記的把忽嶺（見陳述《金史拾補五種》卷二，科學出版社 1960 年版）。

[2]左諫議大夫：諫院長官。掌諫正百官非違，糾正官邪。正四品。　御前經歷官：本書《百官志》不載，疑是金末臨時設置的官職。

[3]近侍局：官署名。主管皇帝侍從，承宣敕命，轉進奏貼，其官員多由宗室、外戚、貴胄子弟擔任。

[4]彰化軍：州軍名。治所原在今甘肅省涇川縣，宣宗元光二年（1223）徙治今涇川縣東。

[5]知京兆府事：即京兆府尹。京兆府行政長官，兼本路兵馬都總管。正三品。治所在今陝西省西安市。

[6]兵馬都總管：總管府長官。主管城防兵馬甲仗，總判府事。正三品。由本府府尹兼任。

[7]行省參議官：亦稱參謀官，行省屬官。本書卷一四《宣宗紀上》貞祐三年（1215）九月，“詔授隱士王澮大中大夫、右諫議大夫，充遼東宣撫司參謀官”。卷一〇七《張行信傳》，“遼東宣撫副使完顔海奴言，參議官王澮嘗言，本朝紹高辛、黄帝之後也”。由此知“參議”“參謀”意同，時宣撫司亦有參議官。本書《百官志》不載。

興定元年三月，授陝西路統軍使，[1]兼前職。二年正月，召爲御史中丞。[2]三月，上言：“國家取人，惟進士之選爲重，不求備數，務在得賢。竊見今場會試，考官取人泛濫，[3]非求賢之道也。宜革其弊，依大定舊制。”[4]詔付尚書省集文資官雜議，卒依泰和例行之。[5]是月，拜參知政事。六月，詔權左副元帥，[6]與平章胥鼎同事防秋。三年六月，平凉等處地震，[7]胡魯因上言：“皇天不言，以象告人，[8]災害之生必有其故，乞明諭有司，敬畏天戒。”上嘉納之，遣右司諫郭著往閲其迹，[9]撫諭軍民焉。

[1]陝西路統軍使：海陵王天德二年（1150），置陝西、河南、山西三路統軍司，各設統軍使一員，後又置山東益都統軍司，分統天下兵馬。正隆末年，升陝西路統軍司爲都統府。世宗大定五年（1165），陝西路都統府復降爲統軍司。統軍使主管統領兵馬，鎮守邊陲。正三品。陝西路統軍司治所在今陝西省西安市。

[2]御史中丞：御史臺屬官。爲御史大夫副佐。從三品。

[3]今場會試，考官取人泛濫：按金代科舉進士科有三，即詞

賦科、經義科、策論進士科。詞賦科、經義科取漢士，策論科取女真文士。本書卷五一《選舉志一》載，興定二年（1218）會試，策論進士不足二人取其一，詞賦、經義二人取一，與早中期相比，確有"濫取"之勢。

[4]大定舊例：指世宗大定年間科舉取士的慣例。本書卷五一《選舉志一》載，大定年間會試，詞賦、經義兩科進士約六人取一，策論進士約三人取一。

[5]泰和例：指章宗泰和年間的慣例。本書卷五一《選舉志一》載，泰和年間會試，詞賦、經義兩科進士約四人取一，策論進士約三人取一。

[6]左副元帥：都元帥府屬官。爲都元帥副佐。正二品。

[7]平涼：府名。治所在今甘肅省平涼市。

[8]以象告人：以天象警告世人，是一種迷信的説法。

[9]右司諫郭著：右司諫，諫院屬官。從五品。郭著，其名亦見於本書卷一〇七《高汝礪傳》。

四年四月，權尚書右丞、左副元帥，行尚書省、元帥府于京兆。時陝西歲運粮以助關東，[1]民力寖困，胡魯上言："若以舟楫自渭入河，[2]順流而下，庶可少紓民力。"從之。時以爲便。

[1]關東：指潼關以東之地。

[2]渭：河名。即今陝西省境内的渭河。　河：此指黄河。

五年正月，朝議欲復取會州，[1]胡魯上言："臣竊計之，月當費米三萬石、草九萬稱，[2]轉運丁夫不下十餘萬人。使此城一月可拔，其費已如此，況未必耶。臨洮路新遭劫掠,[3]瘡痍未復，所須芻粮決不可辦，雖復取之慶陽、平凉、鳳翔及邠、涇、寧、原、恒、隴等州,[4]亦恐未能無闕。今農事將興，沿邊常費已不暇給，豈可更調十餘萬人以餉此軍。果欲行之，則數郡春種盡廢矣。政使此城必得,[5]不免留兵戍守，是飛輓之役無時而已也。[6]止宜令承裔軍于定西、鞏州之地,[7]護民耕稼，俟敵意怠，然後取之。”詔付省院曰：“其言甚當，從之可也。”

[1]會州：治所在今甘肅省靖遠縣西南。

[2]稱（chèng）：古代重量單位名。

[3]臨洮路：亦稱臨洮府路，治所在今甘肅省臨洮縣。

[4]慶陽：府名。治所在今甘肅省慶陽市。　邠、涇、寧、原：州名。邠州治所在今陝西省彬縣，涇州治所在今甘肅省涇川縣，寧州治所在今甘肅省寧縣，原州治所在今甘肅省鎮原縣。

[5]政使：恰好之意。政，通正。

[6]飛輓（wǎn）之役：指運送糧草的徭役。此詞語始見於唐，宋金沿用。飛輓，急速運送。

[7]定西：縣名。治所在今甘肅省定西縣南。

三月，上言：“禦敵在乎强兵，强兵在乎足食，此當今急務也。竊見自陝以西，州郡置帥府者九，其部衆率不過三四千，而長校猥多，虛糜廩給,[1]甚無謂也。臣謂延安、鳳翔、鞏州邊隅重地固當仍舊,[2]德順、平凉等處宜皆罷去。[3]河南行院、帥府存沿邊並河者，餘亦宜罷之。”制可。

[1]虚糜廪給：白白浪費官俸。

[2]延安：府名。治所在今陝西省延安市。

[3]德順：州名。治所在今甘肅省静寧縣。

是年十月，[1]西北兵三萬攻延安，胡魯遣元帥完顏合達、元帥納合買住禦之，[2]遂保延安。先是，胡魯以西北兵勢甚大，屢請兵於朝，上由是惡之。元光元年正月，遂罷参知政事，以河中府事權安撫使。[3]於是陝西西路轉運使夾谷德新上言曰：[4]"臣伏見知河中府把胡魯廉直忠孝，公家之利知無不爲，實朝廷之良臣也。去歲，兵入延安，胡魯遣將調兵，城賴以完，不爲無功。今合達、買住各授世封，[5]而胡魯改知河中府。切謂方今用人之時，使謀略之臣不獲展力，緩急或失事機。誠宜復行省之任，使與承裔共守京兆，令合達、買住捍禦延安，以藩衛河南，則内外安矣。"不報。

[1]是年十月：按本書卷一六《宣宗紀下》興定五年（1221），"十一月，大元兵攻延安"。本書卷一一二《完顏合達傳》亦記保衛延安事於興定五年十一月，所以此處"十月"應爲"十一月"。

[2]完顏合達：女真人。本書卷一一二有傳。　納合買住：女真人。本書卷一五《宣宗紀中》興定三年（1219）四月，"夏人據通秦寨，提控納合買住擊敗之"。此提控納合買住應與本傳所記納合買住爲一人。

[3]以河中府事權安撫使：中華點校本據道光四年殿本，改"河中府事"爲"知河中府事"。安撫使，原名宣撫使。本書卷五五《百官志一》載，章宗泰和八年（1208），改陝西宣撫司爲安撫司，所以宣撫使官名亦應改爲安撫使。主管節制各路兵馬，從

一品。

[4]陝西西路轉運使：轉運司長官。主管本路賦税錢穀、倉庫出納、權衡度量之制。正三品。陝西西路治所在今陝西省鳳翔縣。夾谷德新：女真人，生平不詳。

[5]合達、買住各授世封：指二人各受世襲猛安謀克之封賞。本書卷一〇二《完顔合達傳》載，合達於元光元年（1222）授山東西路吾改必剌世襲謀克。

六月，召爲大司農，既至汴，遂上言曰："邇來群盜擾攘，侵及内地，陳、潁去京不及四百里，[1]民居稀闊，農事半廢，蔡、息之間十去八九。[2]甫經大赦，賊起益多，動計數百，驅牛焚舍，恣行剽掠，田穀雖熟莫敢獲者。所在屯兵率無騎士，比報至而賊已遁，叢薄深惡復難追襲，則徒形跡而已。今向秋成，奈何不爲處置也。"八月，復拜參知政事，上謂之曰："卿頃爲大司農，巡行郡縣，盜賊如何可息？"對曰："盜賊之多，以賦役多也。賦役省則盜賊息。"上曰："朕固省之矣。"胡魯曰："如行院、帥府擾之何。"上曰："司農官既兼采訪，自今其令禁止之。"

[1]陳、潁：州名。陳州治所在今河南省淮陽市，潁州治所在今安徽省阜陽市。

[2]蔡、息：州名。蔡州治所在今河南省汝南縣，息州治所在今河南省息縣。

初，胡魯拜命日，巡護衛紹王宅都將把九斤來賀，[1]御史粘割阿里言：[2]"九斤不當遊執政門，胡魯亦不當受其賀，請併案之。”[3]於是詔諭曰：“卿昔行省陝西，擅出繫囚，[4]此自人主當行，非臣下可專，人苟有言，其罪豈特除名。朕爲卿地，[5]因而肆赦，以弭衆口，[6]卿知之乎。今九斤有職守，且握兵柄，而縱至門下，法當責降，[7]朕重卿素有直氣，故復曲留。公家事但當履正而行，要取人情何必爾也，卿其戒之。”是年十二月，進拜尚書右丞。

[1]巡護衛紹王宅都將：按本書卷五七《百官志三》提舉衛紹王家屬條記，設有提舉、同提舉官，舊名東海郡侯邑令、邑丞，而不載都將之名。此稱“巡護衛紹王宅都將”，其爲監視看管衛紹王家屬官員無疑。或“都將”即“提舉”之別稱，待考。　衛紹王：封號。金代第七任皇帝，本名興勝，漢名允濟。1209 年至 1213 年在位。本書卷一三有紀。　把九斤：女真人。生平不詳。

[2]御史粘割阿里：御史，監察御史的簡稱。爲御史臺屬官，掌糾察内外百官、檢查官署賬目並監祭禮及出使之事。正員十二人，正七品。粘割阿里，女真人。生平不詳。

[3]案之：“案”與“按”字通。查辦之意。

[4]擅出繫囚：擅自釋放在押囚犯。

[5]地：此指進退迴旋的餘地。

[6]以弭（mǐ）衆口：用以平息衆人的閑話。

[7]法當責降：依法應責罰和降奪官職。

元光二年正月，上諭宰臣曰：“陝右之兵將退，當審後圖，不然今秋又至矣。右丞胡魯深悉彼中利害，其與共議之。”尋遣胡魯往陝西，與行省賽不、合達從宜規畫焉。[1]哀宗即位，以有册立功，進拜平章政事。正大元年四月，薨。[2]詔加贈右丞相、東平郡王。[3]胡魯爲人忠實，憂國奉公。及亡，朝廷公宰，下迨吏民，皆嗟惜之。

[1]賽不、合達：皆爲女真人。賽不即完顔賽不，合達即完顔合達，時二人皆行省於陝西。本書卷一一三有傳。

[2]正大元年四月，薨：按本書卷一七《哀宗紀上》，“（正大元年）五月戊戌，平章政事把胡魯薨”，與此處所記“正大元年四月薨”不同。

[3]東平郡王：封爵名。郡王封號，正一品。

師安石字子安，[1]清州人，[2]本姓尹氏，避國諱更焉。[3]承安五年詞賦進士。[4]爲人輕財尚義。初補尚書省令史，[5]適宣宗南遷，留平章完顔承暉守燕都，[6]承暉將就死，以遺表托安石使赴行在，[7]安石間道走汴以聞。上嘉之，擢爲樞密院經歷官。[8]時哀宗在春宫，[9]領密院事，[10]遂見知遇。

[1]師安石字子安：按，劉祁《歸潛志》卷六，“師參政安石字仲安”。與本傳所記“字子安”不同。

[2]清州：治所在今河北省青縣。

[3]國諱：即完顔希尹名諱。

[4]承安：金章宗年號（1196—1200）。

[5]尚書省令史：尚書省屬吏。正員七十人，其中漢、女真各三十五人。

[6]完顔承暉：女真人。本名福興。宣宗南遷，以右丞相兼都元帥，與皇太子留守中都。貞祐三年（1215）五月二日，抹撚盡忠

棄中都南逃，承暉飲藥自殺殉國。本書卷一〇一有傳。

[7]行在：皇帝臨時駐蹕之地。

[8]樞密院經歷官：樞密院屬官。從五品。

[9]春宫：指皇太子所居的東宫，亦稱“春闈”。

[10]領密院事：即主領樞密院，時哀宗完顔守緒以皇太子身份任樞密使。

元光二年，累遷御史中丞。其七月，上章言備禦二事，其一曰：“自古所以安國家、息禍亂，不過戰、守、避、和四者而已。爲今之計，守、和爲上。所謂守者，必求智謀之士，使内足以得戍卒之心，外足以挫敵人之鋭，不惟彼不能攻，又可以伺其隙而敗之。其所謂和，則漢、唐之君固嘗用此策矣，豈獨今日不可用乎。乞令有司詳議而行。”其二曰：“今敵中來歸者頗多，宜豐其粮餉，厚其接遇，度彼果肯爲我用，[1]則擇有心力者數十人，潛往以誘致其餘。來者既衆，彼必轉相猜貳，然後徐起而圖之，則中興之功不遠矣。”[2]上嘉納之。

[1]度（duó）：推測。

[2]中興：復興。

九月，坐劾英王守純附奏不實，[1]决杖追官。[2]及哀宗即位，正大元年擢爲同簽樞密院事。[3]二年，復御史中丞。三年，工部尚書、權左參政。[4]四年，進尚書右丞。五年，臺諫劾近侍張文壽、張仁壽、李麟之，[5]安石亦論列三人不已，[6]上怒甚，有旨謂安石曰：“汝便承取賢相，朕爲昏主，[7]止矣。”如是數百言。安石驟蒙任用，遽遭摧折，疽發腦而死，上甚悼惜之。

[1]英王守純：英王，封爵名。次國封號，明昌格第二十八位。守純，女真人。金宣宗第二子，時爲平章政事。本書卷九三有傳。

[2]決杖追官：被罰杖刑，追奪官職。

[3]同簽樞密院事：樞密院屬官。金初設一員，世宗大定十七年（1177）增一員，不久罷。章宗明昌初復增一員，不久又罷；明昌三年（1192）復增一員，正四品。

[4]工部尚書：尚書工部長官。主管天下修建營造、工匠、屯田、山林川澤之禁、江河堤岸、道路橋樑之事。正三品。　左參政：即左參知政事。金尚書省有參知政事二員，同爲從二品，不分左、右。或金末分參政爲左、右，待考。

[5]臺諫劾近侍張文壽、張仁壽、李麟之：臺諫，指御史臺官員。本書卷一七《哀宗紀上》正大五年（1228）三月，“乙酉，監察御史烏古論不魯剌劾近侍張文壽、張仁壽、李麟之受饋遺，曲赦其罪而出之”。張文壽後任睢州刺史，天興元年（1232）二月死於歸德。

[6]論列：此指在上奏中論説和羅列張文壽等的罪過。

[7]汝便承取賢相，朕爲昏主：意爲你可借機獲取賢相之名，而使皇帝背“昏主”的駡名。

贊曰：宣宗南遷，[1]天命去矣，當是時雖有忠良之佐、謀勇之將，亦難爲也。然而汝礪、行信拯救于内，胥鼎、侯摯守禦于外，訖使宣宗得免亡國，而哀宗復有十年之久，人才有益于人國也若是哉。胡魯養兵惜穀之論，善矣。安石不負承暉之托，遂見知遇，以論列近侍觸怒而死，悲夫。

［1］宣宗南遷：宣宗即位後，迫於蒙古軍事壓力，於貞祐二年（1214）將金朝首都由中都南遷汴京，即從今天的北京遷到開封。此後金王朝走向衰落。

金史　卷一〇九

列傳第四十七

完顏素蘭　陳規　許古

完顏素蘭一名翼，字伯揚，至寧元年策論進士也。[1]貞祐初，[2]累遷應奉翰林文字，[3]權監察御史。[4]二年，宣宗遷汴，[5]留皇太子於燕都，[6]既而召之，素蘭以爲不可，平章高琪曰：[7]"主上居此，太子宜從。且汝能保都城必完否？"素蘭曰："完固不敢必，但太子在彼則聲勢俱重，邊隘有守則都城可無虞。昔唐明皇幸蜀，[8]太子實在靈武，[9]蓋將以繫天下之心也。"不從，竟召太子從。

[1]至寧元年策論進士：至寧，金衛紹王年號（1213）。策論進士，又稱女真進士，是專門録取女真文士的科目，始設於世宗大定十三年（1173）。據《歸潛志》卷六載，完顏素蘭是"至寧元年女真進士魁"，即女真進士科一甲第一名，俗稱狀元。時進士科有三，即詞賦、經義、策論。詞賦、經義取漢士，兩科合爲一榜；策論取女真文士，獨爲一榜。兩榜各有狀元。

［2］貞祐：金宣宗年號（1213—1217）。

［3］累遷應奉翰林文字：應奉翰林文字，翰林院屬官。從七品。金制，狀元釋褐即授應奉翰林文字。完顏素蘭應是釋褐爲此職，“累遷”乃是誤記。

［4］權監察御史：權，代理。監察御史，御史臺屬官。掌糾察内外百官、檢查官署賬目並監祭禮及出使之事。世宗大定二年（1162）定員八人，章宗承安四年（1199）增至十人，五年又增至十二人，正七品。

［5］宣宗遷汴：貞祐二年（1214），在蒙古軍事壓力下，金宣宗將金朝首都由中都南遷到汴京，即從今天的北京遷到開封。此後金王朝走向衰落。宣宗，廟號。即完顏吾睹補，漢名珣。1213 年至 1223 年在位。本書卷一四至卷一六有紀。汴，指汴京，古都城名。北宋時爲首都，金稱南京，治所在今河南省開封市。

［6］皇太子：指莊獻太子，名守忠，宣宗長子。本書卷九三有傳。　燕都：都城名。古稱燕京，遼爲南京析津府，金海陵王貞元元年（1153）遷都於燕京，改稱中都，治所在今北京市。

［7］平章：即平章政事。金尚書省在左、右丞相之下設平章政事二員，掌承天子，平章萬機。從一品。　高琪：女真人。即术虎高琪。本書卷一〇六有傳。

［8］唐明皇：唐玄宗李隆基，713 年至 756 年在位。

［9］靈武：唐代郡名。治所在今寧夏回族自治區靈武縣南。公元 755 年，安禄山發動反唐叛亂，長安不守，唐玄宗逃往四川。皇太子李亨即帝位於靈武，史稱“唐肅宗”。李亨以靈武爲根據地，借助朔方節度使郭子儀和回鶻的兵力，收復長安。

七月，車駕至汴，素蘭上書言事，略曰：“昔東海在位，[1]信用讒諂，踈斥忠直，以致小人日進，君子日退，紀綱紊亂，法度益隳。風折城門之關，火焚市里之舍，盖上天垂象以儆懼之也。[2]言者勸其親君子、遠小人、恐懼修省以答天變，東海不從，遂至亡滅。夫善救亂者必迹其亂之所由生，善革弊者必究其弊之所自起，誠能大明黜陟以革東海之政，[3]則治安之効可指日而待也。陛下龍興，[4]不思出此，輒議南遷，詔下之日士民相率上章請留，啓行之日風雨不時、橋梁數壞，人心天意亦可見矣。此事既往，豈容復追，但自今尤宜戒慎，覆車之轍不可引轅而復蹈也。”

[1]東海：郡侯封號。指東海郡侯。金代第七任皇帝衛紹王永濟被紇石烈執中所弑，宣宗即位，降封衛紹王爲東海郡侯，後金人簡稱其爲“東海”。

[2]上天垂象以儆懼之：謂上天用非常現象以警告世人，是一種迷信的附會。

[3]黜（chù）陟（zhì）：罷免和升遷官吏。

[4]龍興：登極作皇帝。

又曰：“國家不可一日無兵，兵不可一日無食。陛下爲社稷之計，宮中用度皆從貶損，而有司復多置軍官，[1]不恤妄費，甚無謂也。或謂軍官之衆所以張大威聲，臣竊以爲不然。不加精選而徒務其多，緩急臨敵其可用乎？且中都惟其粮乏，[2]故使車駕至此。稍獲安地，遂忘其危而不之備，萬一再如前日，未知有司復請陛下何之也。”

[1]有司：指具體的職能部門。

[2]中都：都城名。即燕京，金朝第四任皇帝完顔亮遷都於燕

京，改稱中都，治所在今北京市。

三年正月，素蘭自中都計議軍事迴，[1]上書求見，乞屏左右。[2]上遣人諭之曰："屏人奏事，朕固常爾。近以游茂因緣生疑間之語，[3]故凡有所引見，必令一近臣立侍，汝有封章亦無患不密也。"尋召至近侍局，[4]給紙劄令書所欲言，[5]書未及半，上出御便殿見之，悉去左右，惟近侍局直長趙和和在焉。[6]素蘭奏曰："臣聞興衰治亂有國之常，在所用之人如何耳。用得其人，雖衰亂尚可扶持，一或非才，則治安亦亂矣。向者糺軍之變，[7]中都帥府自足剿滅，朝廷乃令移剌塔不也等招誘之，[8]使帥府不敢盡其力，既不能招，愈不可制矣。至於伯德文哥之叛，[9]帥府方議削其權，而朝廷傳旨俾領義軍，[10]文哥由是益肆，改除之令輒拒不受，[11]不臣之狀亦顯矣。帥府方且收捕，而朝廷復赦之，且不令隸帥府。國家付方面於重臣，乃不信任，顧養叛賊之姦，不知誰爲陛下畫此計者。臣自外風聞，皆平章高琪之意，惟陛下裁察。"上曰："汝言皆是。文哥之事，朕所未悉，誠如所言，朕肯赦之乎？且汝何以知此事出於高琪？"素蘭曰："臣見文哥牒永清副提控劉温云：'所差人張希韓至自南京，[12]道副樞平章處分，[13]已奏令文哥隸大名行省，[14]勿復遵中都帥府約束。'温即具言於帥府。然則，罪人與高琪計結明矣。"上頷之。素蘭續奏曰："高琪本無勳勞，[15]亦無公望，向以畏死故擅誅胡沙虎，[16]蓋出無聊耳。一旦得志，妬賢能，樹姦黨，竊弄國權，自作威福。去歲，都下書生樊知一者詣高琪言，[17]‘乣軍不可信，恐終作亂’，遂以刀杖决殺之，自是無復敢言軍國利害者。宸聽之不通，[18]下情之不達，皆此人罪也。及乣軍爲變，以黨人塔不也爲武寧軍節度使往招之，[19]已而無成，則復以爲武衛軍使。[20]塔不也何人，且有何功，而重用如此。以臣觀之，此賊變亂紀綱，戕害忠良，實有不欲國家平治之意。昔東海時，胡沙虎跋扈無上，天下知之，而不敢言，獨臺官烏古論德升、張行信彈劾其惡，[21]東海不察，卒被其禍。今高琪之姦過於胡沙虎遠矣。臺諫職當言責，[22]迫於兇威，噤不敢忤。然内外臣庶見其恣横，莫不扼腕切齒，[23]欲一剸刃，[24]陛下何惜而不去之耶。臣非不知言出而患至，顧臣父子迭仕聖朝，久食厚禄，不敢偷安。惟陛下斷然行之，社稷之福也。”上曰：“此乃大事，汝敢及之，甚善。”素蘭復奏：“丞相福興，[25]國之勳舊，乞召還京，以鎮雅俗，付左丞衆多以留後事，[26]足矣。”上曰：“如卿所言，二人得無相惡耶。”素蘭曰：“福興、衆多同心同德，無不協者。”上曰：“都下事殷，恐丞相不可輟。”素蘭曰：“臣聞朝廷正則天下正，不若令福興還，以正根本。”上曰：“朕徐思之。”素蘭出，上復戒曰：“今日與朕對者止汝二人，慎無泄也。”厥後，上以素蘭屢進直言，命再任監察御史。

[1]迴：同“回”。

[2]屏左右：讓皇帝的左右近侍退避。

[3]游茂：時爲太府監丞。　因緣生疑間之語：指因爲摒退左

右而懷疑奏事者乘機離間君臣。

［4］近侍局：官署名。主管皇帝侍從，承宣勅命，轉進奏貼，官員多以宗室、外戚、貴胄子弟充任。《歸潛志》卷七，“金朝近習之權甚重，置近侍局於宮中，職雖五品，其要密與宰相等，如舊日中書，故多以貴戚、世家、恩倖者居其職，士大夫不預焉。”

［5］紙劄：書寫的紙張。

［6］近侍局直長趙和和：近侍局直長，近侍局屬官，正員二人，正八品。趙和和，生平不詳。

［7］糺軍：“糺”字讀音過去有“yǎo”“jiū”等十幾種讀法，莫衷一是。近年劉鳳翥認爲應讀“又”（參見劉鳳翥《解讀契丹文字與深化遼史研究》，載《遼金史研究》，中國文化出版社 2003 年版）。其字意也衆説紛紜。金代糺軍指以契丹人爲主體所組成的一支軍隊。時糺軍駐扎在中都城南，發生叛亂。

［8］移剌塔不也：契丹人。時爲武寧軍節度使，本書卷一〇六有傳。

［9］伯德文哥：奚人，是平章政事术虎高琪的黨羽。

［10］義軍：軍名。金宣宗南渡以後，金蒙戰争規模日益擴大，正規軍已無力全面承擔起抗蒙重任，於是開始實行募軍，稱爲“義軍”，義軍的編制與正規軍有所不同，“三十人爲一謀克，五謀克爲一千户，四千户爲一萬户，四萬户爲一副統，兩副統爲一都統，設一總領提控”。見本書卷一〇二《蒙古綱傳》。

［11］改除之令輒拒不受：時朝廷議削伯德文哥兵權，下詔令其改領義軍，受中都元帥府節制，伯德文哥在术虎高琪的庇護下，拒不受詔。詳見本書卷一〇六《术虎高琪傳》。

［12］牒（dié）：中國古代官府往來的文書。　永清副提控劉温：永清，縣名。治所在今河北省永清縣。副提控，亦稱副總領。金廷南遷後，招募義軍，以四萬户爲一副統，兩副統爲一都統，都統官爲正七品。都統之外，又設一總領提控，副提控是總領提控的副佐。劉温，生平不詳。　張希韓至自南京：張希韓，生平不詳。

南京，都城名。即汴京，北宋爲首都，金稱南京，治所在今河南省開封市。

[13]副樞平章：即樞密副使、平章政事。這裏指术虎高琪。

[14]大名行省：大名，府名。治所在今河北省大名縣。行省，官署名。即行尚書省，金在地方所設立的代行尚書省權事的官署機構。

[15]勳勞：功勞。

[16]胡沙虎：女真人。即紇石烈執中。本書卷一三二有傳。

[17]樊知一：生平不詳。

[18]宸（chén）聽："宸"字喻指帝王。"宸聽"即皇帝的聽聞。

[19]武寧軍節度使：徐州軍政長官。主管鎮撫諸軍防刺，總判本鎮兵馬，兼徐州管内觀察使事。從三品。武寧軍治所在今江蘇省徐州市。

[20]武衛軍使：武職，即武衛軍都指揮使。主管防守都城，警捕盜賊，從三品。

[21]臺官烏古論德升、張行信：臺官，指御史臺官員。烏古論德升，女真人。時爲侍御史。本書卷一二二有傳。張行信，時爲左諫議大夫，本書卷一〇七有傳。

[22]臺諫：指御史臺和諫院。

[23]掟：同"扼"。

[24]剚（zì）刃：亦作"傳刃"，意爲用刀刺入人體。

[25]福興：女真人。即完顔承暉，本名福興，時爲右丞相兼都元帥。本書卷一〇一有傳。

[26]左丞彖（tuàn）多：左丞，尚書省副宰相，與尚書右丞同爲正二品，位在右丞之上。彖多，女真人。即抹撚盡忠。本書卷一〇一有傳。

四年三月，言："臣近被命體問外路官，[1]廉幹者擬不差遣，若懦弱不公者罷之，具申朝廷，别議擬注。[2]臣伏念彼懦弱不公之人雖令罷去，不過止以待闕者代之，其能否又未可知，或反不及前官，蓋徒有選人之虚名，而無得人之實跡。古語曰：'縣令非其人，百姓受其殃。'今若後官更劣，則爲患滋甚，豈朝廷恤民之意哉。夫守令，[3]治之本也。乞令隨朝七品、外路六品以上官，各舉堪充司縣長官者，仍明著舉官姓名，他日察其能否，同定賞罰，庶幾其可。議者或以閡選法、紊資品爲言，[4]是不知方今之事與平昔不同，豈可拘一定之法，坐視斯民之病而不權宜更定乎。"詔有司議行之。

[1]外路官：指當時南京路以外的各路地方官。

[2]别議擬注：另外計議除授。

[3]守令：指州縣親民長官。

[4]閡（hé）選法、紊資品：意爲阻礙選官之法，搞亂官員的資歷和品級。

時哀宗爲皇太子，[1]春宫所設師保贊諭之官多非其人，[2]於是素蘭上章言："臣聞太子者天下之本也，欲治天下先正其本，正本之要無他，在選人輔翼之耳。夫生于齊者能齊言而不能楚語，[3]未習之故也。人之性亦在夫習之而已。昔成王在繈褓中，[4]即命周、召以爲師保，[5]戒其逸豫之心，告以持守之道，終之功光文武，[6]垂休無窮。[7]欽惟陛下順天人之心，預建春宫。皇太子仁孝聰明出于天資，總制樞務固已綽然有餘，[8]倘更選賢如周、召之儔者使之夾輔，[9]則成周之治不足侔矣。”上稱善。未幾，擢爲内侍局直長，[10]尋遷諫議大夫，[11]進侍御史。[12]

[1]哀宗：廟號。亦稱義宗，金朝末代皇帝，本名寧甲速，漢名守禮，後改名守緒。1224 年至 1234 年在位。本書卷一七至卷一八有紀。

[2]春宫：太子所居的東宫，亦稱“春闈”。　師保贊諭之官：指東宫的屬官。東宫的師保官有太子太師、太子太傅、太子太保，太子少師、太子少傅、太子少保，合稱爲“三師、三少”。贊諭官有左、右贊善，左、右諭德。

[3]齊：春秋戰國的諸侯國名。其統治地區在今山東省。　楚：春秋戰國的諸侯國名。其統治中心在今湖北省。

[4]成王：指周成王。姓姬名誦，周武王之子。

[5]周、召（shào）：周成王兩位大臣封爵名。即周公、召公，周公名姬旦，召公名姬奭，二人皆爲周武王兄弟。武王死後，其子成王以少主即位，得周、召二公輔佐，使周朝統治穩定。

[6]功光文武：發揚和光大了文王和武王的功業。

[7]垂休無窮：休，原意是美善。意爲美譽流傳無窮。

[8]總制樞務：主管樞密院的政務和軍務。時皇太子完顏守緒爲樞密使。

[9]儔（chóu）：同輩、同一類人物。　夾輔：左、右輔佐。

[10]内侍局直長：檢本書《百官志》内侍局條，内侍局置令、丞、局長等官，無“直長”。而近侍局條則記，“直長，正八品”。《歸潛志》卷六載完顏素蘭“仕歷清要，時望甚隆，爲宣宗所知，擢任近侍局”。此處“内侍局直長”應爲“近侍局直長”。

[11]諫議大夫：諫院長官。有左、右諫議大夫，主管監察諫諍。皆正四品。

［12］侍御史：御史臺屬官。主管奏事、判臺事。正員二人，從五品。

興定二年四月，[1]以蒲鮮萬奴叛，[2]遣素蘭與近侍局副使内族訛可同赴遼東，[3]詔諭之曰："萬奴事竟不知果何如，卿等到彼當得其詳，然宜止居鐵山，[4]若復遠去，則朕難得其耗也。"又曰："朕以訛可性頗率易，故特命卿偕行，每事當詳議之。"素蘭將行，上言曰："臣近請宣諭高麗復開互市事，[5]聞以詔書付行省必蘭出。[6]若令行省就遣諭之，不過鄰境領受，恐中間有所不通，使聖恩不達於高麗，高麗亦無由知朝廷本意也。況彼世爲藩輔，[7]未嘗闕臣子禮，如遣信使明持恩詔諭之，貸糧、開市二者必有一濟。苟俱不從，則其曲在彼，然後另議圖之可也。"上是其言，於是遣典客署書表劉丙從行。[8]及還，授翰林待制。[9]

［1］興定：金宣宗年號（1217—1222）。

［2］蒲鮮萬奴：女真人。《續資治通鑑》卷一五九作"完顔萬奴"。《建炎以來朝野雜記》卷一九作"蕭萬奴"。萬奴於章宗泰和年間曾任尚厩局使，後參加對宋戰争，任副統軍。衛紹王至寧元年（1213），出任遼東宣撫使，鎮壓契丹人耶律留哥叛亂。軍事失利後於宣宗貞祐三年（1215）叛金，自稱"天王"，國號"大真"，年號"天泰"。後由遼東遷合懶路，改國號爲"東夏"。1233年被蒙古兵生擒。

［3］近侍局副使：近侍局屬官。爲近侍局提點副佐。從六品。内族訛可：内族，金皇室完顔氏成員原稱宗室，章宗時爲避世宗父宗輔（一名宗堯）名諱，改稱"内族"。訛可，女真人，即完顔訛

可。本書卷一一一《完顏訛可傳》載，金末内族有兩訛可，一稱“草火訛可”，一稱“板子訛可”，皆護衛出身。後兩訛可同領兵鎮守河中府，“草火訛可”戰死，“板子訛可”僥倖逃出，被杖責而死。此任近侍局副使之訛可，不詳爲誰，待考。

[4]鐵山：山名。古稱“烏石山”，訛爲“馬石山”。今遼寧省大連市旅順口區的老鐵山。

[5]高麗：國名。指當時朝鮮半島的王氏高麗國。

[6]以詔書付行省必蘭出：必蘭出，女真人。必蘭爲女真姓。中華點校本卷六二《交聘表下》校勘記認爲，必蘭出即本書卷一五《宣宗紀中》所載之遼東行首夾谷必蘭。夾谷，女真姓，必蘭，爲名。此處作“必蘭出”，此人是否即夾谷必蘭，存疑待考。

[7]彼世爲藩輔：指高麗國世代臣附於金朝，作金的屬國。

[8]典客署書表劉丙：典客署書表，爲典客署屬吏，正員十八人。劉丙，生平不詳。

[9]翰林待制：翰林院屬官。分掌詞命文字，分判院事。無定員，正五品。

正大元年正月，[1]詔集群臣議修復河中府，[2]素蘭與陳規等奏其未可，語在《規傳》。是月，轉刑部郎中。[3]時南陽人布陳謀反，[4]坐繫者數百人，司直白華言於素蘭曰：[5]“此獄詿誤者多，[6]新天子方務寬大，他日必再詔推問，比得昭雪，死於榜笞之下者多矣。”[7]素蘭命華及檢法邊澤分别當死、當免者，[8]素蘭以聞，止坐首惡及擬僞將相者數人，餘悉釋之。八月，權户部侍郎。[9]二年三月，授西京司農卿，[10]俄改司農大卿，[11]轉御史中丞。[12]七年七月，權元帥右都監、參知政事，[13]行省於京兆。[14]未幾，遷金安軍節度使，[15]兼同、華安撫使。[16]既而，召還朝，行至陝被圍，[17]久之，亡奔行在，[18]道中遇害。

［1］正大：金哀宗年號（1224—1232）。

［2］河中府：治所在今山西省永濟市西。

［3］刑部郎中：刑部屬官。從五品。

［4］南陽人布陳：南陽，縣名。治所在今河南省南陽市。布陳，生平不詳。

［5］司直：大理寺屬官。主管參議疑獄，披詳法狀。正員四人，正七品。　白華：隩州人，宣宗貞祐三年（1215）進士，哀宗時官樞密院判官。天興二年（1233），白華與移剌瑗以鄧州投宋，後又降蒙。本書卷一一四有傳。

［6］詿（guà）誤：貽誤，連累。

［7］榜笞：杖責。

［8］檢法：官名。右三部檢法司屬官。正員二十二人，從八品。邊澤：生平不詳。

［9］户部侍郎：户部尚書副佐。正員二人，正四品。

［10］西京司農卿：西京司農司屬官。正員三人，正四品。西京治所在今山西省大同市。

［11］司農大卿：即大司農。司農司長官，主管本路勸課農桑，兼采訪公事。正二品。

［12］御史中丞：御史臺屬官。爲御史大夫副佐。從三品。

［13］權元帥右都監：權，代理之意。元帥右都監，都元帥府屬官，掌征討之事。從三品。1954 年，在河北保定市徵集一方金代銅印，印文爲“元帥左都監印”（鄭紹宗《河北古代官印集釋》，《文物》1984 年第 9 期）。　參知政事：金尚書省執政官，即副宰相。佐治尚書省事。正員二人，從二品。

［14］京兆：府名。治所在今陝西省西安市。

［15］金安軍節度使：主管鎮撫諸軍防刺、總判本鎮兵馬兼華州管内觀察使事，從三品。治所在今陝西省華縣。

［16］同、華：州名。同州治所在今陝西省大荔縣；華州治所在今陝西省渭南市。　安撫使：章宗泰和六年（1206），置陝西路宣撫使，設宣撫司，節制陝西兵馬公事。八年，改爲安撫司，官名改爲安撫使。從一品。出土的金代官印中有“安撫使司之印”（見景愛《金代官印集》，文物出版社 1991 年版，第 32 頁）。

［17］陝：州名。治所在今河南省陝縣。

［18］行在：皇帝臨時駐蹕之地。

素蘭莅官以修謹得名，然苛細不能任大事，較之輩流頗可稱。[1]自擢爲近侍局直長，每進言多有補益。其居父喪，不飲酒，廬墓三年，[2]時論以爲難。

［1］輩流：同輩、同類人物。

［2］廬墓：在父母墓旁搭蓋草屋居之守孝。

陳規字正叔，絳州稷山人。[1]明昌五年詞賦進士，[2]南渡爲監察御史。貞祐三年十一月，上章言：“參政侯摯初以都西立功，[3]獲不次之用，[4]遂自請鎮撫河北。陛下遽授以執政，[5]盖欲責其報効也。既而盤桓西山，[6]不能進退，及召還闕，[7]自當辭避，乃恬然安居，至於按閱倉庫，規畫榷酤，[8]豈大臣所宜親。方今疆土日蹙，將帥乏人，士不選練，冗食猥多，[9]守令貪殘，百姓流亡，盜賊滋起，災變不息，則當日夜講求其故，啓告陛下者也，而摯未嘗及之。伏願陛下特賜省察，量其才分別加任使，無令負天下之謗。”不報。又言：“警廵使馮祥進由刀筆，[10]無他才能，第以慘刻督責爲事。由是升職，恐長殘虐之風，乞黜退以勵餘者。”詔即罷祥職，且諭規曰：“卿知臣子之分，敢言如此，朕甚嘉之。”

［1］絳州：金宣宗興定二年（1218）升爲晋安府，治所在今山西省新絳縣。　稷山：縣名。治所在今山西省稷山縣。

［2］明昌：金章宗年號（1190—1196）。　詞賦進士：金科舉科目名，漢進士科之一。

［3］侯摯：東阿人。章宗明昌二年（1191）進士，宣宗時官至尚書右丞。本書卷一〇八有傳。

［4］不次之用：破格提拔使用。

［5］執政：即執政官。指尚書左丞、右丞，参知政事等副宰相。

［6］西山：在今北京市西北。

［7］闕（què）：此指朝廷。

［8］榷酤（gū）：酒類專賣。

［9］冗（rǒng）食：古代官吏因值朝班而由公家供膳，稱“冗食”。此喻食公家俸禄而不幹實事的官吏。

［10］警巡使：時諸京設警巡院，長官爲警巡使，主管平理獄訟，警察所部，總判院事。正六品。　馮祥：生平不詳。　刀筆：亦稱“刀筆吏”。指專理文書的小吏。

四年正月，上言：“伏見沿河悉禁物斛北渡，[1]遂使河北艱食，人心不安。昔秦、晋爲讎，[2]一遇年饑則互輸之粟。今聖主在上，一視同仁，豈可以一家之民自限南北，坐視困餒而不救哉。况軍民効死禦敵，使復乏食，生亦何聊，人心一摇，爲害不細。臣謂宜於大陽、孟津等渡委官閲視，[3]過河之物每石官收不過其半，則富有之家利其厚息，輻凑而往，庶幾公私俱足。”宰執以河南軍儲爲重，[4]詔兩渡委官取其八，二以與民，至春澤足，大兵北還，乃依規請。制可。[5]

[1]物斛（hú）：斛，古代量器名。亦作容量單位，又引申爲糧食。物斛，指物品和糧食。

[2]秦、晋：春秋時諸侯國名。秦的統治中心在今陝西省，晋的統治中心在今山西省。

[3]大陽、孟津：黄河渡口名。大陽渡，在今山西省平陸縣南二里，即春秋時的茅津，有茅城，亦稱茅亭。孟津渡，在今河南省孟津縣東北、孟州市西南。

[4]宰執：宰相和執政官，指宰相和副宰相。

[5]制：皇帝的詔命。

三月，上言：“臣因巡按至徐州。[1]去歲河北紅襖盗起，[2]州遣節度副使紇石烈鶴壽將兵討之，[3]而乃大掠良民家屬爲驅，[4]甚不可也。乞明勑有司，凡鶴壽所虜俱放免之，餘路軍人有掠本國人爲驅者，亦乞一體施行，庶幾河朔有所係望，上恩無有極已。”事下尚書省，命徐州、歸德行院拘括放之，[5]有隱匿者坐掠人爲奴婢法，仍許諸人告捕，依令給賞，被虜人自訴者亦賞之。

[1]徐州：州名。治所在今江蘇省徐州市。

[2]紅襖盗：金宣宗貞祐三年（1215），在山東、河北一帶爆發起義，將士皆衣紅襖，史稱“紅襖軍”。金統治者仇視起義軍，污稱爲“紅襖盗”“紅襖賊”。

[3]節度副使紇石烈鶴壽：節度副使，爲節度州屬官，從五品。

紇石烈鶴壽，女真人。時爲武寧軍節度副使，本書卷一二二有傳。

[4]驅：亦稱“驅口”“驅丁”。其社會地位低於平民，高於奴隸，多爲戰爭中被擄獲的人。

[5]歸德：府名。治所在今河南省商丘市。　行院：行樞密院的簡稱，是朝廷在地方所設立的代行樞密院權事的軍政官署機構。

四月，上言：“河北瀕河州縣，率距一舍爲一寨，[1]籍居民爲兵。數寨置總領官一人，[2]並以宣差從宜爲名。[3]其人大抵皆閑官，義軍之長、偏裨之屬尤多無賴輩，[4]徵逐宴飲取給于下，日以爲常。及敵至則伏匿不出，敵去騷擾如初。此輩小人假以重柄，朝廷號令威權無乃太輕乎。臣謂宜皆罷之，第委宣撫司從宜措畫足矣。”[5]制可。

[1]一舍：舍，里程單位名。古行軍三十里爲一舍。

[2]總領官：武職，金末招募義軍，以四萬户爲一副統，兩副統爲一都統。都統之外，又設一總領官，亦稱“提控”。出土的金代官印中有“總領提控印”和“總領都提控印”（見景愛《金代官印集》，文物出版社 1991 年版，第 192 頁）。

[3]宣差從宜：意爲受朝廷的差遣派任，可相機自主處理軍政事務。本書卷四四《兵志》：“及南遷，河北封九公，因其兵假以便宜從事，沿河諸城置行樞密院元帥府，大者有‘便宜’之號，小者有‘從宜’之名。”

[4]義軍之長：義軍的官長，有百户、千户、萬户、副統、都統、總領等。　偏裨之屬：指義軍的各級官長副職。

[5]宣撫司：軍政官署名。章宗泰和年間，南宋韓侂胄北伐，金始置陝西路宣撫司，節制陝西兵馬公事，後改爲陝西安撫司。金

末爲適應戰争需要，先後置山東東西路、大名路、河北東西路、河東南北路、陝西路、遼東咸平路、北京路、隆安路、肇州路、上京路等十處宣撫司。

七月，上章言：

陛下以上聖寬仁之姿，當天地否極之運，[1]廣開言路以求至論，雖狂妄失實者亦不坐罪。臣忝耳目之官，[2]居可言之地，苟爲緘默，何以仰酬洪造。[3]謹條陳八事，[4]願不以人微而廢之，即無可采，乞放歸山林以懲尸禄之罪。

[1]否極：否，《周易》中的卦名，意爲“不順利”。《周易·否》：“否之匪人，不利君子貞，大往小來。”極，即終。這裏指國家處於危難之際。

[2]耳目之官：御史臺的官員掌糾察百官之責，充當皇帝的耳目，所以稱“耳目之官”。

[3]洪造：意爲上天。

[4]條陳八事：劉祁《歸潛志》卷四作“上宣宗十事”，與此稍異。

一曰：責大臣以身任安危。今北兵起自邊陲，深入吾境，大小之戰無不勝捷，以致神都覆没，[1]翠華南狩，[2]中原之民肝腦塗地，大河以北莽爲盗區，臣每念及此，驚怛不已。况宰相大臣皆社稷生靈所繫以安危者，豈得不爲陛下憂慮哉。每朝奏議不過目前數條，特以碎末，互生異同，俱非救時之急者。况近詔軍旅之務，專委樞府，[3]尚書省坐視利害，泛然不問，以爲責不在己，其於避嫌周身之計則得矣，社稷生靈將何所賴。古語云："疑則勿任，任則勿疑。"[4] 又曰："謀之欲衆，斷之欲獨。"[5]陛下既以宰相任之，豈可使親其細而不圖其大者乎。伏願特出睿斷，[6]若軍伍器械、常程文牘即聽樞府專行，[7]至於戰守大計、征討密謀皆須省院同議可否，則爲大臣者知有所責，而天下可爲矣。

[1]神都：指金中都，治所在今北京市。

[2]翠華南狩：翠華，原指皇帝儀仗隊中用翠鳥羽毛裝飾的旗，喻指皇帝鑾駕。南狩，"狩"字原意爲皇帝冬天行獵。"南狩"意爲金廷南遷。

[3]樞府：指樞密院、元帥府。

[4]疑則無任，任則無疑：本書卷四引作"諺不云乎，疑人勿使，使人勿疑"。

[5]謀之欲衆，斷之欲獨：此句出處不詳。大意是廣泛徵求意見，然決斷在於一人。

[6]睿斷：聖斷，明智的決斷。

[7]常程文牘：一般常規的公文。

二曰：任臺諫以廣耳目。人主有政事之臣，有議論之臣。政事之臣者宰相執政，和陰陽，遂萬物，鎮撫四夷，親附百姓，與天子經綸於廟堂之上者也。議論之臣者諫官御史，與天子辨曲直、正是非者也。二者豈可偏廢哉。昔唐文皇制中書門下入閤議事皆令諫官隨之，[1]有失輒諫。國朝雖設諫官，徒備員耳，每遇奏事皆令迴避。或兼他職，或爲省部所差，有終任不覿天顔、不出一言而去者。[2]雖有御史，不過責以糾察官吏、照刷案牘、巡視倉庫而已，其事關利害或政令更革，則皆以爲機密而不聞。萬一政事之臣專任胸臆、威福自由，或掌兵者以私見敗事機，陛下安得而知之。伏願遴選學術詼博、通曉世務、骨鯁敢言者以爲臺諫，[3]凡事關利害皆令預議，其或不當，悉聽論列，不許兼職及充省部委差，苟畏徇不言則從而黜之。

[1]唐文皇：唐太宗李世民。李世民死後謚號“文武大聖大廣孝皇帝”。後世簡稱爲“唐文皇”。　中書門下：行政官署名。唐襲隋制，中央設中書、門下、尚書三省，中書省爲决策機構，門下省爲審議機構，尚書省爲執行機構。　諫官：金采唐、宋之制，設諫院，置左右諫議大夫，左右司諫、左右補闕、左右拾遺爲諫官。

[2]不覿（dí）天顔：没有見到皇帝的面。

[3]學術詼博：按，“詼”應爲“浹（jiā）”，意爲學問深廣。骨鯁敢言：剛直敢講。

三曰：崇節儉以答天意。昔衛文公乘狄人滅國之餘，[1]徙居楚丘，[2]纔革車三十兩，[3]乃躬行儉約，冠大帛之冠，衣大布之衣，[4]季年致騋牝三千，遂爲富庶。漢文帝承秦、項戰争之後，[5]四海困窮，天子不能具鈞駟，[6]乃示以敦朴，身衣弋綈，[7]足履革舄，未幾天下富安，四夷咸服。國家自兵興以來，州縣殘毁，存者復爲土寇所擾，獨河南稍完，然大駕所在，其費不貲，舉天下所奉責之一路，顧不難哉。賴陛下慈仁，上天眷佑，蝗災之餘而去歲秋禾、今年夏麥稍得支持。夫應天者要在以實，行儉者天必降福，切見宫中及東宫奉養與平時無異，隨朝官吏、諸局承應人亦未嘗有所裁省。[8]至於貴臣、豪族、掌兵官莫不以奢侈相尚，服食車馬惟事紛華。今京師鬻明金衣服及珠玉犀象者日增於舊，[9]俱非克己消厄之道。願陛下以衛文公、漢文帝爲法，凡所奉之物痛自撙節，罷冗員，減浮費，戒豪侈，禁戢明金服飾，庶皇天悔過，太平可致。

[1]衛文公：春秋時衛國的國君，姓姬名燬，公元前659年至前635年在位。　狄：春秋時族名。亦作“翟”。狄人長期活動於齊、魯、晋、衛、宋、邢等國之間。

[2]楚丘：春秋時衛國縣邑名。在今河南省滑縣東，衛文公遷都於此。

[3]纔：是“才”的異體字。　兩：與“輛”字通。

[4]冠大帛之冠，衣大布之衣：《禮記正義》卷二九：“年不順成，君衣布。”鄭注曰：“君衣布者，謂若衛文公大布之衣、大帛之冠是也。”大帛，厚繒；大布，麤布。

[5]漢文帝：西漢第三任皇帝，漢高祖劉邦之子，名劉恒。公元前179年至前157年在位。

[6]鈞駟：色毛純一的四馬之車。

[7]弋（yì）綈（tí）：黑色的質粗厚且平滑有光澤的絲織品衣服。“弋”字通“黓”。

[8]諸局承應人：指皇宫所屬各局專爲皇帝服務的官員和吏役。

[9]明金衣服：以金綫織綴的服裝。　犀象：指以犀牛角和象

牙製成的奢侈品。

四曰：選守令以結民心。方今舉天下官吏軍兵之費、轉輸營造之勞，皆仰給河南、陝西。加之連年蝗旱，百姓荐饑，行賑濟則倉廩懸乏，免征調則用度不足，欲其實惠及民，惟得賢守令而已。當賦役繁殷、期會促迫之際，若措畫有方則百姓力省而易辦，一或乖謬有不勝其害者。况縣令之弊無甚于今，由軍衛監當進納勞効而得者十居八九，[1]其桀黠者乘時貪縱，庸懦權歸猾吏。近雖遣官廉察，治其姦濫，易其疲軟，然代者亦非選擇，所謂除狼得虎也。伏乞明勅尚書省，公選廉潔無私、才堪牧民者，[2]以補州府官。仍清縣令之選，及責隨朝七品、外任六品以上官各保堪任縣令者一員，如他日犯贓並從坐。[3]其資歷已係正七品，及見任縣令者，皆聽寄理，俟秩滿升遷。復令監察以時巡按，[4]有不法及不任職者究治之，則實惠及民而民心固矣。

［1］軍衛監：指有軍功的人和出身於皇帝護衛、宫内各監的人。

［2］牧民者：治理百姓的親民官，指州縣之守令。

［3］從坐：即連坐。

［4］巡按：巡視按察。

五曰：博謀群臣以定大計。比者徙河北軍户百萬余口于河南，[1]雖革去冗濫而所存猶四十二萬有奇，歲支粟三百八十餘萬斛，致竭一路終歲之斂，不能贍此不耕不戰之人。雖無邊事，亦將坐困，況兵事方興，未見息期耶。近欲分布沿河，使自種殖，然游惰之人不知耕稼，群飲賭博習以成風，是徒煩有司徵索課租而已。舉數百萬衆坐糜廩給，緩之則用闕，急之則民疲，朝廷惟此一事已不知所處，又何以待敵哉。是蓋不審於初，不計其後，致此誤也。使初遷將去留從其所願，[2]則欲來者是足以自贍之家，何假官廩，[3]其留者必有避難之所，不必强遣，當不至今日措畫之難。古昔人君將舉大事，則謀及乃心，謀及卿士、庶人、卜筮，乞自今凡有大事必令省院臺諫及隨朝五品以上官同議爲便。

[1]軍户：金代户籍的一種，指家有現役軍人的民户。女真猛安謀克户亦稱軍户。

[2]使初遷將去留從其所願：中華點校本據殿本改“將”字爲“時”。

[3]官廩：國家的倉庫。

六曰：重官賞以勸有功。陛下即位以來，屢沛覃恩以均大慶，[1]不吝官爵以激人心，至有未滿一任而併進十級，[2]承應未出職而已帶驃騎榮禄者，[3]冗濫之極至于如此，復開鬻爵進獻之門，[4]然則被堅執鋭効死行陣者何所勸哉。官本虚名，特出於人主之口，而天下之人極意趨慕者，以朝廷愛重耳。若不計勳勞，朝授一官，暮升一職，人亦將輕之而不慕矣。已然之事既不可咎，伏願陛下重惜將來，無使公器爲尋常之具，[5]功賞爲僥倖所乘。又今之散官動至三品，[6]有司艱於遷授，宜於減罷八資内量增階數，[7]易以美名，庶幾曆官者不至于太驟，而國家恩權不失之太輕矣。

[1]屢沛覃（tán）恩以均大慶：覃恩，廣布恩澤。均大慶，意爲使衆官都能均沾皇帝登極喜慶的實惠。

[2]一任：金制，職事官一任爲三十個月，群牧使及税官爲三十六個月，防禦使爲四十個月，三品以上爲五十個月，轉運使爲六十個月。

[3]驃（piào）騎榮禄：階官名。驃騎，即驃騎上將軍，武官散階，正三品下。榮禄，即榮禄大夫，文官散階，從二品下。

[4]鬻爵進獻：賣官鬻爵，即以錢物買取官爵。

[5]公器：喻指官爵。

[6]散官：有官名而無職事的官稱。

[7]八資：爲官員叙遷制度，一般是逐資遷轉，如有軍功、政績可超轉。《金史·百官志》無載，具體内容不詳。

七曰：選將帥以明軍法。夫將者國之司命，[1]天下所賴以安危者也。舉萬衆之命付之一人，呼吸之間以決生死，其任顧不重歟？自北兵入境，野戰則全軍俱殃，城守則闔郡被屠，豈皆士卒單弱、守備不嚴哉，特以庸將不知用兵之道而已。古語云：“三辰不軌，取士爲相。四夷交侵，拔卒爲將。”[2]今之將帥大抵先論出身官品，或門閥膏粱之子，或親故假托之流，平居則意氣自高，遇敵則首尾退縮，將帥既自畏怯，士卒夫誰肯前。又居常裒刻，納其饋獻，[3]士卒因之以擾良民而莫可制。及率之應敵，在途則前後亂行，頓次則排門擇屋，[4]恐逼小民，恣其求索，以此責其畏法死事，豈不難哉。况今軍官數多，自千户而上有萬户、有副統、有都統、有副提控，[5]十羊九牧，[6]號令不一，動相牽制。切聞國初取天下，元帥而下惟有萬户，所統軍士不下數萬人，專制一路豈在多哉，多則難擇，少則易精。今之軍法，每二十五人爲一謀克，四謀克爲一千户，謀克之下有蒲輦一人、旗鼓司火頭五人，[7]其任戰者纔十有八人而已。又爲頭目選其壯健以給使令，則是一千户所統不及百人，不足成其隊伍矣。古之良將常與士卒同甘苦，今軍官既有俸廩，又有券糧，[8]一日之給兼數十人之用。將帥則豐飽有餘，士卒則飢寒不足，曷若裁省冗食而加之軍士哉。伏乞明勑大臣，精選通曉軍政者，分詣諸路，編列隊伍，要必五十人爲一謀克，四謀克爲一千户，五千户爲一萬户，謂之散將。萬人設一都統，謂之大將，總之帥府。數不足者皆併之，其副統、副提控及無軍虚設都統、萬户者悉罷省。仍勑省院大臣及内外五品以上，各舉方略優長、武勇出衆、材堪將帥者一二人，不限官品，以充萬户以上都統、元帥之職。千户以下，選軍中有謀略武藝爲衆所服者充。申明軍法，居常教閲，必使將帥明於奇正虚實之數，士卒熟于坐作進退之節。至于弓矢鎧仗須令自負，習於勞苦。若有所犯，必刑無赦。則將帥得人，士氣日振，可以待敵矣。

[1]司命：本爲星官名，引喻爲灾祥的主宰。

[2]三辰不軌，取士爲相。四夷交侵，拔卒爲將：語出《後漢書》卷五一《陳龜傳》，原文爲："臣聞三辰不軌，擢士爲相。蠻夷不恭，拔卒爲將。"與此微異。

[3]餽獻：獻送禮品和財物。

[4]頃次："頃"字，中華點校本據道光四年（1824）殿本改爲"頓"。頓次，此指軍隊駐地。

[5]千户：亦稱猛安。金末招募義軍，以三十人或二十五人爲一謀克，五謀克爲一千户，與金初猛安無法相比。　萬户、副統、都統、副提控：金末義軍官名。時以四千户爲一萬户，萬户官爲正九品。四萬户爲一副統，副統官爲正八品。兩副統爲一都統，都統官爲正七品。都統之外又設提控（亦稱總領），從五品。副提控是提控官副佐。

[6]十羊九牧：十隻羊有九個牧羊人，形容官長之濫。《隋書·楊尚希傳》："所謂民少官多，十羊九牧。"

[7]蒲輦：亦作"蒲里衍"。《三朝北盟會編》卷三作"蒲里偃"。卷二四三引《煬王江上録》作"葫蘆眼"。本書卷四四《兵志》，"謀克之副曰蒲里衍"。《金虜圖經》，"一謀克轄兩蒲輦（蒲輦五十户也）"。蒲輦是領五十名正兵的下級軍官。　火頭：伙夫。

[8]券糧：無職事官的俸給稱券糧。本書卷四四《兵志》，貞祐三年（1215），"又見職及遥授者，已有俸給，又與無職事者同支券糧"。

八曰：練士卒以振兵威。昔周世宗常曰："兵貴精而不貴多，百農夫不能養一戰士，奈何朘民脂膏養此無用之卒。苟健懦不分，衆何以勸。”[1]因大蒐軍卒，[2]遂下淮南、取三關，[3]兵不血刃，選練之力也。唐魏徵曰：“兵在以道御之而已。御壯健足以無敵于天下，何取細弱以增虛數。”[4]比者凡戰多敗，非由兵少，正以其多而不分健懦，故爲敵所乘，懦者先奔，健者不能獨戰而遂潰，此所以取敗也。今莫若選差習兵公正之官，將已籍軍人隨其所長而類試之。[5]其武藝出衆者别作一軍，量增口糧，時加訓練，視等第而賞之。如此，則人人激厲，爭効所長，而衰懦者亦有可用之漸矣。昔唐文皇出征，常分其軍爲上中下，凡臨敵則觀其强弱，使下當其上，而上當其中，中當其下。敵乘下軍不過奔逐數步，而上軍、中軍已勝其二軍，用是常勝。蓋古之將帥亦有以懦兵委敵者，要在預爲分别，不使混淆耳。

[1]周世宗：五代時後周皇帝，名柴榮。955 年至 959 年在位。此處引文出自《資治通鑑》卷二九二：“凡兵務精不務多，今以農夫百未能養甲士一，奈何浚民之膏澤，養此無用之物乎！且健懦不分，衆何以勸！”知此所引非原文，乃是據其義引之。

[2]大蒐（sōu）：大規模檢閲士卒。

[3]淮南：地區名。指淮河以南，時周世宗一連攻下淮南屬於南唐的十四個州。　三關：古代三座關隘的總稱。淤口關在今河北省霸州市東，益津關在今河北省霸州市，瓦橋關在今河北省雄縣。

[4]魏徵：唐太宗時大臣，敢於犯顔直諫。《新唐書》卷九七有傳。所引魏徵之言見於《資治通鑑》卷一九二：“夫兵在御之得其道，不在衆多。陛下取其壯健，以道御之，足以無敵於天下。何

必多取細弱，以增虛數乎！”此處系據原文摘要引之。

［5］類試：分類而試其高低。

上覽書不悦，詔付尚書省詰之。宰執惡其紛更諸事，謂所言多不當。於是，規惶懼待罪，詔諭曰：“朕始以規有放歸山林之語，故令詰之，乃辭以不識忌諱，意謂朕惡其言而怒也。朕初無意加罪，其令御史臺諭之。”[1]尋出爲徐州帥府經歷官。[2]

［1］御史臺：官署名。古代國家的中央監察機構。掌糾察彈劾内外百官善惡，凡内外刑獄所屬理斷不當，有陳述者付臺治之。

［2］徐州帥府經歷官：金於都元帥府設經歷官一員，正七品。徐州帥府爲行府，其經歷官比中樞帥府低一級，應爲從七品或正八品。

正大元年，[1]召爲右司諫，[2]數上章言事，尋權吏部郎中。[3]時詔群臣議修復河中府，規與楊雲翼等言：[4]“河中今爲無人之境，陝西民力疲乏，修之亦不能守，不若以見屯軍士量力補治，待其可守即修之未晚也。”從之。未幾，坐事解職。[5]初，吏部尚書趙伯成坐銓選吏員出身王京與進士王著填開封警巡判官見闕，[6]爲京所訟免官，規亦坐之。是年十一月，改充補闕。[7]十二月，言將相非材，且薦數人可用者。

［1］正大：金哀宗年號（1224—1232）。

［2］右司諫：諫院屬官。與左司諫同爲從五品，位在左司諫之下。

[3]權吏部郎中：權，代理。吏部郎中，吏部屬官，正員二人，從五品。按《歸潛志》卷四作“改刑部郎中”，與本傳異。

[4]楊雲翼：平定州樂平縣人。章宗明昌五年（1194）經義科進士一甲第一名，時爲翰林學士，後官至禮部尚書。本書卷一一〇有傳。

[5]坐事解職：因事犯罪被解除官職。

[6]吏部尚書趙伯成：吏部尚書，爲吏部長官，主管除授、銓選、黜陟文武官吏等事，正三品。趙伯成，本書卷四八《食貨志三》載，宣宗貞祐四年（1216），趙伯成爲侍御史。本書卷一〇七《高汝礪傳》記，興定三年（1219）趙伯成任吏部侍郎。　銓選：官制術語。意爲選用官吏。　吏員：各級官署的低級小吏，即文書之流的刀筆吏。　王京：生平不詳。　王著：生平不詳。　開封警巡判官：官名。即京師警巡院判官，掌稽查失誤，簽判院事。正員二人，正九品。

[7]補闕：諫院屬官。有左、右補闕，皆爲正七品。

二年正月，規及臺諫同奏五事：一，乞尚書省提控樞密院，[1]如大定、明昌故事。[2]二，簡留親衛軍。[3]三，沙汰冗軍，減行樞密院、帥府。四，選大臣爲宣撫使，招集流亡以實邊防。五，選官置所，議一切省減。略施行之。

[1]樞密院：軍政官署名。掌國家軍務機密之事。

[2]大定：金世宗年號（1161—1190），章宗即位後又延用一年。

[3]親衛軍：亦稱“親軍”。皇帝的侍衛軍，由金初的合札猛安發展而來。

四月，以大旱詔規審理冤滯，[1]臨發上奏："今河南一路便宜、行院、帥府、從宜凡二十處，陝西行尚書省二、帥府五，[2]皆得以便宜殺人，[3]冤獄在此不在州縣。"又曰："雨水不時則責審理，然則職燮理者當何如。"上善其言而不能有爲也。

[1]冤滯：冤案和疑而不決之案。

[2]行尚書省：官署名。金自章宗以來，因用兵、河防等事涉及諸路，臨時設尚書省，爲中央尚書省在地方上的派出機構，簡稱行省。時陝西設二行省。　帥府：即行元帥府。中央元帥府在地方上所設的派出機構，簡稱行府。

[3]便宜殺人：不上奏朝廷審核，自行決殺犯人。

十一月，上召完顏素蘭及規入見，面諭曰："宋人輕犯邊界，我以輕騎襲之，冀其懲創告和，[1]以息吾民耳。宋果行成，[2]尚欲用兵乎。卿等當識此意。"規進曰："帝王之兵貴於萬全，昔光武中興，[3]所征必克，猶言'每一出兵，頭須爲白'。[4]兵不妄動如此。"上善之。四年三月，[5]上召群臣喻以陝西事曰："方春北方馬漸羸瘠，秋高大勢併來，何以支持。朕已喻合達盡力決一戰矣，[6]卿等以爲如何？"又言和事無益，撒合輦力破和議，[7]賽不言：[8]"今已遣和使，可中輟乎？"餘皆無言，規獨進曰："兵難遥度，百聞不如一見。臣嘗任陝西官，近年又屢到陝西，兵將冗懦，恐不可用，未如聖料。"言未終，烏古論四和曰：[9]"陳規之言非是，臣近至陝西，軍士勇鋭，皆思一戰。"監察御史完顏習顯從而和之，[10]上首肯，又泛言和事。規對曰："和事固非上策，又不可必成，然方今事勢不得不然。使彼難從，猶可以激厲將士，以待其變。"上不以爲然。明日，又令集議省中，欲罷和事，群臣多以和爲便，乃詔行省斟酌發遣，而事竟不行。

[1]懲創告和：意爲使敵方受到懲罰和挫敗以達成和解。

[2]行成：指和議告成。

[3]光武中興：光武，東漢開國皇帝劉秀的謚號。25年至57年在位。劉秀復興漢室，史稱"中興"。

[4]每一出兵，頭須爲白：《後漢書》卷一七《岑彭傳》作"每一發兵，頭髮爲白"。

[5]四年三月：中華點校本云，本書卷一一一《撒合輦傳》，"（正大）四年，大元既滅西夏，進軍陝西。四月丙申，召尚書温蒂罕壽孫、中丞烏古孫卜吉、祭酒裴滿阿虎帶、直學士滿察世達、右司諫陳規、監察烏古論四和完顏習顯、同判睦親府事撒合輦同議西事"。疑此處"三月"爲"四月"之誤。

[6]合達：女真人。即完顏合達，時爲平章政事。本書卷一一二有傳。

[7]撒合輦：女真人。時爲同判大睦親府事。本書卷一一一有傳。

[8]賽不：女真人。即完顏賽不，時爲右丞相。本書卷一一三有傳。

[9]烏古論四和：女真人。時爲監察御史，正大末年，任近侍局使。其名並見於本書卷一一一《撒合輦傳》、卷一二三《姬汝作傳》。

[10]完顏習顯：女真人。本書卷一一六《蒲察官奴傳》有"内族習顯"，即此人。

十月，規與右拾遺李大節上章，[1]劾同判大睦親事撒合輦諂佞，[2]招權納賄及不公事。由是撒合輦竟出爲中京留守，[3]朝廷快之。五年二月，又與大節言三事：一，將帥出兵每爲近臣牽制，不得專輒。二，近侍送宣傳旨，公受賂遺，[4]失朝廷體，可一切禁絶。三，罪同罰異，何以使人。上嘉納焉。

[1]右拾遺李大節：右拾遺，諫院屬官。與左拾遺同爲正七品，位在左拾遺之下。李大節，據本書卷一一六《蒲察官奴傳》，李大節於哀宗末年任近侍局副使。

[2]同判大睦親事：應作"同判大睦親府事"。爲判大睦親府事副佐，從二品。大睦親府，原名大宗正府，章宗泰和六年(1206)，爲避世宗父宗輔（一名宗堯）名諱，改爲大睦親府。

[3]中京留守：京府最高軍政長官，兼本府府尹和本路兵馬都總管之職。正三品。宣宗時，改河南府爲金昌府，號中京，治今河南省洛陽市。本書卷一一一《撒合輦傳》載，撒合輦出爲中京留守，兼行樞密院事。

[4]賂遺（wèi）：賄賂和贈與。

初，宣宗嘗召文繡署令王壽孫作大紅半身繡衣，[1]且戒以勿令陳規知。及成，進，召壽孫問曰："曾令陳規輩知否？"壽孫頓首言："臣侍禁庭，[2]凡宫省大小事不敢爲外人言，况親被聖訓乎。"上因歎曰："陳規若知，必以華飾諫我，我實畏其言。"盖規言事不假借，朝望甚重，凡宫中舉事，上必曰："恐陳規有言。"一時近臣切議，[3]惟畏陳正叔耳，挺然一時直士也。後出爲中京副留守，未赴，[4]卒，士論惜之。

[1]文秀署令王壽孫：文秀署令，文秀署長官。掌繡造皇帝和嬪妃服飾及燈燭花卉等事。從六品。王壽孫，生平不詳。

[2]禁庭：指皇宫之内。

[3]切議：誠懇的議論。

[4]中京副留守：中京留守副佐。亦稱同知中京留守事，兼本府同知和本路同知兵馬都總管。正四品。　未赴：尚未到任。按《歸潛志》作“未赴，卒於圍城”。元鮮於樞《困學齋雜録》則謂陳規終於右司諫，所記與本傳異。

規博學能文，詩亦有律度。[1]爲人剛毅質實，有古人風，篤於學問，至老不廢。渾源劉從益見其所上八事，[2]歎曰：“宰相材也。”每與人論及時事輒憤惋，蓋傷其言之不行也。南渡後，諫官稱許古、陳規，而規不以訐直自名，[3]尤見重云。死之日，家無一金，知友爲葬之。子良臣。

[1]律度：音韵格律。

[2]渾源劉從益：渾源，縣名。治所在今山西省渾源縣。劉從益，出身文學世家，大安元年（1209）中進士，官至翰林應奉文字。本書卷一二六有傳。

[3]訐（jié）直：剛直敢言。語出《論語・陽貨》：“惡訐以爲直者。”

許古字道真，汾陽軍節度使致仕安仁子也。[1]登明昌五年詞賦進士第。[2]貞祐初，自左拾遺拜監察御史。[3]

時宣宗遷汴，信任丞相高琪，無恢復之謀，古上章曰：

[1]汾陽軍：州軍名。治所在今山西省汾陽市。　安仁：《歸潛志》卷四載："許古，河間人。父安仁，字子静，爲名士。"

[2]登明昌五年詞賦進士第：《中州集》作"承安中進士"，與本傳異。

[3]左拾遺：諫院屬官。與右拾遺同爲正七品，位在右拾遺上。

自中都失守，廟社、陵寢、宫室、府庫，[1]至于圖籍、重器，百年積累，一朝棄之。惟聖主痛悼之心至爲深切，夙夜思懼所以建中興之功者，未嘗少置也。爲臣子者食禄受責，其能無愧乎。且閭閻細民猶顒望朝廷整訓師徒，爲恢復計。而今纔聞拒河自保，又盡徙諸路軍户河南，彼既棄其恒産無以自生，土居之民復被其擾，臣不知誰爲此謀者。然業已如是，但當議所以處之，使軍無妄費，民不至困窮則善矣。

[1]社廟：指宗廟和祭祀天地的神社。

臣聞安危所繫在於一相，孔子稱："危而不持，顛而不扶，則將焉用？"[1]事勢至此，不知執政者每對天顔，何以仰答清問也。今之所急，莫若得人，如前御史大夫裴滿德仁、工部尚書孫德淵，[2]忠諒有敏，可以大用，近皆許告老，願復起而任之，必能有所建立以利國家。太子太師致仕孫鐸，[3]雖頗衰疾，如有大議猶可賜召，或就問之。人才自古所難，凡知治體者皆當重惜，况此耆舊，豈宜輕棄哉。若乃臨事不盡其心，雖盡心而不明於理，得無益、失無損者，縱其尚壯，亦安所用。方時多難，固不容碌碌之徒備員尸素，以塞賢路也。惟陛下宸衷剛斷，[4]黜陟一新，以幸天下。臣前爲拾遺時，已嘗備論擇相之道，乞取臣前奏並今所言，加審思焉。

[1]危而不持，顛而不扶，則將焉用：語出《論語·季氏篇》。許古借此把宰相比作皇帝的助手。

[2]御史大夫裴滿德仁：御史大夫，御史臺長官。有左、右御史大夫，主管糾察朝儀，彈劾百官，勘鞫官府公事及重大獄案。金初爲正三品，世宗大定十二年（1172），升爲從二品。裴滿德仁，女真人，生平不詳。　孫德淵：興中府人。世宗大定十六年（1176）進士，宣宗時官至工部尚書。本書卷一二八有傳。

[3]太子太師致仕孫鐸：太子太師，皇太子東宫的宫師官。掌保護和輔導太子等事。正二品。孫鐸，恩州歷亭縣人。世宗大定十三年（1173）進士，章宗泰和七年（1207）官參知政事。本書卷九九有傳。

[4]宸衷剛斷：聖明的決斷。

臣又聞將者民之司命，國家安危所繫，故古之人君必重其選，爲將者亦必以天下爲己任。夫將者貴謀而賤戰，必也賞罰使人信之而不疑，權謀使人由之而不知，三軍奔走號令以取勝，然後中心誠服而樂爲之用。邇來城守不堅，臨戰輒北，[1]皆以將之不才故也。私於所暱，賞罰不公，至於衆怨，而懼其生變則撫摩慰籍，一切爲姑息之事。是兵輕其將，將畏其兵，尚能使之出死力以禦敵乎？願令腹心之臣及閑於兵事者，各舉所知，果得真才，優加寵任，則戰功可期矣。如河東宣撫使胥鼎、山東宣撫使完顔弼、涿州刺史内族從坦、昭義節度使必蘭阿魯帶，[2]或忠勤勇幹，或重厚有謀，皆可任之以扞方面。

[1]北：敗北，失敗。

[2]胥鼎：人名。代州繁峙縣（今山西省繁峙縣）人，尚書右丞胥持國之子。大定二十八年（1188）進士，官至平章政事，封英國公，爲金末一代名相。本書卷一〇八有傳。　完顔弼：蓋州猛安女真人。宣宗元光末，官至山東西路兵馬都總管、宣差招撫使。本書卷一〇二有傳。　涿州刺史：涿州軍政長官。正五品。治所在今河北省涿州市。　從坦：完顔宗室女真人。宣宗興定元年（1217），從坦爲權元帥左監軍，行元帥府事，與參知政事李革領兵守平陽。二年平陽城破，從坦自殺殉國。本書卷一二二有傳。　昭義：州軍名。治所在今山西省長治市。

又曰：

河北諸路以都城既失，軍户盡遷，將謂國家舉而棄之，州縣官往往逃奔河南。乞令所在根括，立期遣還，違者勿復録用。未嘗離任者議加恩賚，如願自効河北者亦聽陳請，仍先賞之，減其日月。[1]州縣長貳官並令兼領軍職，[2]許擇軍中有才略膽勇者爲頭目，或加爵命以收其心，能取一府者即授以府長官，州縣亦如之，使人懷復土之心。别遣忠實幹濟者，[3] 以文檄官賞招諸脅從人，[4] 彼既苦於敵役，來者必多，敵勢當自削。有司不知出此，而但爲清野計，事無緩急惟期速辦，今晚禾十損七八，遠近危懼，所謀可謂大戾矣。[5]

[1]減其日月：指減免其任官期限，提前遷官。

[2]州縣長貳官：指州縣長官及其副佐。

[3]忠實幹濟者：忠於朝廷而又有辦事能力的人。

[4]脅從人：指被迫降敵的金人。

[5]戾（lì）：原意是乖張、暴戾，引申爲違反、相反。

又曰：

京師諸夏根本，[1] 況今常宿重兵，緩急征討必由于此，平時尚宜優於外路，使百姓有所蓄積，雖在私室猶公家也。今有司搜括餘糧，致轉販者無復敢入，宜即止之。

[1]諸夏：春秋時，稱中原列國爲華、夏，亦稱華夏、諸華。華爲中原族稱，夏爲中原地稱。金以全國爲華夏，此諸夏指金之全國。

臣頃看讀陳言，見其盡心竭誠以吐正論者率皆草澤疏賤之人，[1] 況在百僚，豈無爲國深憂進章疏者乎？誠宜明勑中外，使得盡言不諱，則太平之長策出矣。

詔付尚書省，略施行爲。

［1］草澤：指身居鄉里而没有官位的人。

尋遷尚書左司員外郎，[1]兼起居注，無何，轉右司諫。時丞相高琪立法，職官有犯皆的決，[2]古及左司諫抹撚胡魯剌上言曰：[3]"禮義廉耻以治君子，刑罰威獄以治小人，此萬世不易論也。近者朝廷急於求治，有司奏請從權立法：[4]職官有犯應贖者亦多的決。[5]夫爵禄所以馭貴也，貴不免辱，則卑賤者又何加焉。車駕所駐非同征行，[6]而凡科徵小過皆以軍期罪之，[7]不已甚乎。陛下仁恕，决非本心，殆有司不思寬静可以措安，而專事督責故耳。且百官皆朝廷遴選，多由文行、武功、閥閲而進，[8]乃與凡庶等，則享爵禮者亦不足爲榮矣。抑又有大可慮者，爲上者將曰官猶不免，民復何辭，則苛暴之政日行。爲下者將曰彼既亦然，吾□何耻，[9]則陵犯之心益肆。其弊豈勝言哉。伏願依元年赦恩'刑不上大夫'之文，[10]削此一切之法，幸甚。"上初欲行之，而高琪固執以爲不可，遂寢。

［1］尚書左司員外郎：金在尚書省下設有左、右司，各分管尚書省三部事務，左司分管吏、户、禮三部，右司分管兵、工、刑三部。右司員外郎是右司郎中副佐，協助郎中主管本司奏事，總察三部受事付事，兼修起居注官。正六品。

［2］的决：杖刑。

［3］抹撚胡魯剌：女真人。按本書卷一五《宣宗紀中》興定二

年（1218），“以禮部侍郎抹撚胡魯剌爲汾陽軍節度使，權元帥右都監，與嵐州元帥古里甲石倫完復河東”。卷一一一《古里甲石倫傳》作“汾州權元帥右都監抹撚胡魯剌”。但《宣宗紀中》興定三年又有“禮部郎中抹撚胡魯剌”。四年有“禮部郎中權右司諫抹撚胡魯剌”。疑時有二人同名，興定二年與《古里甲石倫傳》所記者爲一人，興定三年、四年與本傳所記者爲另一人。待考。

[4]從權立法：根據一時需要權宜立法。

[5]職官有犯應贖者：金法律規定，在職官員犯輕罪者可以錢物抵罪，免受處罰。

[6]車駕所駐非同征行：皇帝鑾駕所在地（喻指京師）不同於行軍打仗。

[7]科徵小過：科徵，即派收税捐。此指因科徵而犯有小的過失。

[8]文行、武功、閥閱：文行指科舉出身，武功指戰功，閥閱指世襲和門蔭。

[9]吾□何耻：所闕字，中華點校本據殿本補爲“復”。

[10]刑不上大夫：語出《禮記·曲禮》，原作“刑不尚大夫”。一種解釋是：古代統治階級在法律上的一種特權，意爲士大夫既使觸犯法律也不能受刑罰；“刑不尚大夫”還有一種解釋是：對士大夫也不會在量刑上受到優待。在這裏此句之意取前者。

四年，以右司諫兼侍御史。時大兵越潼關而東，[1]詔尚書省集百官議，古上言曰：“兵踰關而朝廷甫知，此盖諸將欺蔽罪也。雖然，大兵駐閿鄉境數日不動，[2]意者恐吾河南之軍逆諸前，陝西之衆議其後，或欲先令覘者伺趨向之便，[3]或以深入人境非其地利而自危，所以觀望未遽進也。此時正宜選募鋭卒併力擊之，且開其歸路，彼既疑惑，遇敵必走，我衆從而襲之，其破必矣。”上以示尚書省，高琪沮其議，遂不行。是月，始置招賢所，[4]令古等領其事。

[1]潼關：關隘名。在今陝西省潼關縣北。

[2]閿（wén）鄉：縣名。治所在今河南省靈寶縣境内。

[3]覘（chān）者：偵察敵情的人。

[4]招賢所：官署名。專管采訪和延攬人才之事。本書卷一四《宣宗紀上》貞祐四年（1216）十月，“辛未，置官領招賢所事，命内外官采訪有才識勇略能區畫防城者具以聞，得實超任，仍賞舉主。内負長才不爲人所知者，聽赴招賢所自陳”。

興定元年七月，上聞宋兵連陷贛榆、漣水諸縣，[1]且獲僞檄，[2]辭多詆斥，因諭宰臣曰：“宋人構禍久矣，朕姑含容者，衆慮開兵端以勞吾民耳。今數見侵，將何以處，卿等其與百官議。”於是集衆議于都堂，[3]古曰：“宋人孱弱，畏我素深，且知北兵方强，將恃我爲屏蔽，雖時跳梁，[4]計必不敢深入，其侮嫚之語，特市井屠沽兒所爲，烏足較之。止當命有司移文，諭以本朝累有大造，及聖主兼愛生靈意。彼若有知，復尋舊好，[5]則又何求。其或怙惡不悛，[6]舉衆討之，顧亦未晚也。”時預議者十餘人，雖或小異而大略則一，既而丞相高琪等奏：“百官之議，咸請嚴兵設備以逸待勞，此上策也。”上然之。

[1]贛榆、漣水：縣名。贛榆縣治所在今江蘇省贛榆縣，漣水縣治所在今江蘇省漣水縣。

[2]僞檄：指宋方發布的征討文書和布告。

[3]都堂：尚書省總辦公處。唐代尚書省總辦公處居中，吏、户、禮三部辦公處居東，兵、刑、工三部辦公處居西。宰相與尚書省左、右司官員總領各部，稱都省，所以稱尚書省總辦公處爲都堂。金朝仍沿襲其制。

[4]跳梁：亦作“跳踉”，意爲騰躍、跳動。此喻宋經常製造磨擦和進行挑釁。

[5]復尋舊好：按金、宋之間共簽署三次和議，第一次是金熙宗時的“紹興和議”，第二次是金世宗時的“隆興和議”，第三次是金章宗時的“嘉定和議”。所謂復尋舊好就是按以往的慣例，重新修好。

[6]怙（hù）惡不悛（quān）：一慣作惡，不肯悔改。語出《左傳》隱公六年，原文作“長惡不悛”。

時朝廷以諸路把軍官時有不和不聽，[1]更相訴訟，古上言曰：“臣以爲善者有勸，惡者有懲，國之大法也。苟善惡不聞，則上下相蒙，懲勸無所施矣。”上嘉納之。

[1]把軍官：統領軍隊的軍官。

古以朝廷欲舉兵伐宋，上疏諫曰：“昔大定初，宋人犯宿州，[1]已而屢敗，世宗料其不敢遽乞和，[2]乃勑元帥府遣人議之，自是太平幾三十年。泰和中，[3]韓侂胄妄開邊釁，[4]章宗遣駙馬僕散揆討之。[5]揆慮兵興費重不能久支，[6]陰遣侂胄族人齎乃祖琦畫像及家牒，[7]僞爲歸附，[8]以見丘崇，[9]因之繼好，振旅而還。夫以世宗、章宗之隆，府庫充實，天下富庶，猶先俯屈以即成功，告之祖廟，書之史册，爲萬世美談，今其可不務乎？今大兵少息，[10]若復南邊無事，則太平不遠矣。或謂專用威武可使宋人屈服，此殆虛言，不究實用。借令時獲小捷，亦不足多賀。彼見吾勢大，必堅守不出，我軍倉猝無得，須還以就糧，彼復乘而襲之，使我欲戰不得、欲退不能，則休兵之期殆未見也。況彼有江南蓄積之餘，我止河南一路征斂之弊，可爲寒心。願陛下隱忍包容，速行此策，果通和，則大兵聞之亦將斂跡，以吾無掣肘故也。河南既得息肩，[11]然後經略朔方，[12]則陛下享中興之福，天下賴涵養之慶矣。惟陛下略近功、慮後患，不勝幸甚。"上是其言，即命古草議和牒文，[13]既成以示宰臣，宰臣言其有哀祈之意，自示微弱，遂不用。

[1]宿州：州名。治所在今安徽省宿州市。

[2]世宗：廟號。即完顏烏祿，漢名雍。1161 年至 1189 年在位。本書卷六至卷八有紀。

[3]泰和：金章宗年號（1201—1208）。

[4]韓侂（tuō）胄：北宋名臣韓琦的曾孫。南宋寧宗時，韓侂胄專擅朝政，發動北伐戰爭，失敗後被宋朝反對派所殺，函其首以獻金朝。《宋史》卷四七四有傳。

[5]章宗：廟號。即完顏麻達葛，漢名璟。1189 年至 1208 年在位。本書卷九至卷一二有紀。　僕散揆：女真人。左丞相僕散忠義之子，娶世宗女韓國大長公主，章宗時官至尚書右丞。本書卷九三有傳。

[6]兵興：朝廷徵集財物以供軍用稱"兵興"，亦稱"軍興"。

[7]乃祖琦：指韓侂胄曾祖韓琦。　家牒：家譜，譜牒。

[8]僞爲歸附：假裝歸降宋朝。因韓侂胄祖籍北宋相州安陽（今河南省安陽市），時在金朝境內，所以僕散揆暗使韓氏族人帶韓

琦畫像及韓氏家譜僞附南宋。《宋史》卷三九八記載，僕散揆所遣使的韓氏族人爲韓元靖。

[9]丘崈：《宋史》作"丘崈"。時爲南宋端明殿學士、侍讀、簽書樞密院，總督兩淮兵馬。《宋史》卷三九八有傳。

[10]大兵：指蒙古軍隊。因《金史》爲元朝人所修，故稱蒙古軍隊爲"大兵""大軍"。

[11]息肩：意爲停止戰争，使百姓得到休养生息。

[12]朔方：泛指河朔和北方地區。

[13]議和牒文：和議公文。

監察御史粘割梭失劾榷貨司同提舉毛端卿貪污不法，[1]古以詞理繁雜輒爲删定，頗有脱漏，梭失以聞，削官一階，解職，特免殿年。[2]三年正月，尚書省奏諫官闕員，因以古爲請，上曰："朕昨暮方思古，而卿等及之，正合朕意，其趣召之。"復拜左補闕。八月，削官四階，解職。初，朝廷遣近侍局直長温敦百家奴暨刑部侍郎奥屯胡撒合徙吉州之民於丹以避兵鋒，[3]州民重遷，遮道控訴，百家奴諭以天子恐傷百姓之意，且令召晋安兵將護老幼以行。[4]衆意兵至則必見强也，迺譟入州署，[5]索百家奴殺之。胡撒合畏禍，矯徇衆情，[6]與之會飲歌樂盡日，衆肩舁導擁、讙呼拜謝而去。[7]既還，詔古與監察御史紇石烈鐵論鞫之，[8]諭旨曰："百家奴之死皆胡撒合所賣也，其閲實以聞。"奥屯胡撒合既下獄，上怒甚，亟欲得其情以正典刑，而古等頗寬縱之，胡撒合自縊死，有司以故出論罪，遂有是罰。

[1]粘割梭失：女真人。生平不詳。　榷貨司同提舉毛端卿：

榷貨司同提舉，金宣宗貞祐四年（1216），置提舉南京榷貨司，其副佐是榷貨司同提舉。正六品。毛端卿，生平不詳。

[2]特免殿年：特旨批准免去殿年。金官員違犯有關規定削奪官職，需停一年然後再得升遷，稱“殿一年”。

[3]近侍局直長温敦百家奴：近侍局直長，爲近侍局屬官，正八品。温敦百家奴，女真人，生平不詳。　奥屯胡撒合：女真人。生平不詳。　吉州：州名。章宗明昌元年（1190），改耿州爲吉州，治所在今山西省吉縣。　丹：州名。治所在今陝西省宜川縣。

[4]晋安：府名。本爲絳州，置絳陽軍節度使。宣宗興定二年（1218）升爲晋安府，總管河東南路兵馬，治所在今山西省新絳縣。

[5]迺：“乃”的異體字。

[6]矯循衆情：假裝隨和衆人情緒。

[7]讙：與“歡”字通。

[8]紇石烈鐵論：女真人。生平不詳。

哀宗初即位，召爲補闕，俄遷左司諫，[1]言事稍不及昔時。未幾，致仕，居伊陽，[2]郡守爲起伊川亭。古性嗜酒，老而未衰，每乘舟出村落間，留飲或十數日不歸，及泝流而上，[3]老稚争爲挽舟，數十里不絶，其爲時人愛慕如此。正大七年卒，年七十四。古平生好爲詩及書，然不爲士大夫所重，時論但稱其直云。

[1]哀宗初即位，召爲補闕，俄遷左司諫：《歸潛志》卷四載略同。但復載此前“竟爲高琪所中，貶鳳翔幕”，本傳未載。《滏水文集》趙秉文爲哀宗撰許道真致仕制文，謂“起于田里退閑之間”。或貶鳳翔幕後即曾乞致仕，哀宗乃召之於“田里退閑之間”，爲補闕，後遷左司諫。本傳亦未言。

[2]伊陽：縣名。時爲嵩州依郭縣，治所在今河南省嵩縣。

[3]泝：又寫作“溯”，意爲逆水而上。

天興間，有右司諫陳岢者，[1]遇事輒言無少隱，上嘗面獎。及汴京被兵，屢上封事言得失，[2]《請戰》一書尤爲剀切，其略云：“今日之事，皆出陛下不斷，將相怯懦，若因循不決，一旦無如之何，恐君臣相對涕泣而已。”可謂切中時病，而時相赤盞合喜等沮之，[3]策爲不行，識者惜焉。岢字和之，滄州人，大安元年進士。[4]

[1]陳岢（kě）：人名。哀宗天興元年任司諫。

[2]上封事：上奏章。

[3]赤盞合喜：女真人。時爲參知政事、權樞密副使。本書卷一一三有傳。

[4]大安：金衛紹王年號（1209—1211）。

贊曰：宣宗即位，孜孜焉以繼述世宗爲志，而其所爲一切反之。大定講和，[1]南北稱治，貞祐用兵，生民塗炭。石琚爲相，[2]君臣之間務行寬厚。高琪秉政，惡儒喜吏，[3]上下苛察。完顏素蘭首攻琪惡，謂琪必亂紀綱。陳規力言刀筆吏殘虐，恐壞風俗。許古請與宋和，辭極忠愛。三人所言皆切中時病，有古諍臣之風焉。[4]宣宗知其爲直，而不用其言，如是而欲比隆世宗，[5]難矣。

[1]大定講和：指世宗大定五年（1165），與南宋罷戰言和，

簽訂“隆興和議”。

[2]石琚（jū）：定州人。熙宗天眷二年（1139）詞賦科一甲第一名進士，官至尚書右丞相，爲世宗時漢人名宰相。本書卷八八有傳。

[3]惡儒喜吏：厭惡文士，喜歡刀筆吏出身的人。

[4]諍臣：敢於直言規諫的忠臣。

[5]比隆世宗：與世宗等列齊高。

金史　卷一一〇

列傳第四十八

楊雲翼　趙秉文　韓玉　馮璧　李獻甫　雷淵　程震

楊雲翼字之美，其先贊皇檀山人，[1]六代祖忠客平定之樂平縣，[2]遂家焉。曾祖青、祖郁、考恒皆贈官于朝。[3]雲翼天資穎悟，初學語輒畫地作字，日誦數千言。登明昌五年進士第一，[4]詞賦亦中乙科，[5]特授承務郎、應奉翰林文字。[6]承安四年，[7]出爲陝西東路兵馬都總管判官。[8]泰和元年，[9]召爲太學博士，[10]遷太常寺丞，[11]兼翰林修撰。[12]七年，簽上京、東京等路按察司事，[13]因召見，章宗咨以當世之務，[14]稱旨。大安元年，[15]翰林承旨張行簡薦其材，[16]且精術數，[17]召授提點司天臺，[18]兼翰林修撰，俄兼禮部郎中。[19]崇慶元年，[20]以病歸。貞祐二年，[21]有司上官簿，[22]宣宗閱之，[23]記其姓名，起授前職，兼吏部郎中。[24]三年，轉禮部侍郎，[25]兼提點司天臺。

[1]贊皇：縣名。治所在今河北省贊皇縣。　檀山：地名。在贊皇縣境内。

[2]六代祖忠：生平不詳。　平定之樂平縣：平定，州名。治所在今山西省平定縣。樂平縣治所在今山西省昔陽縣。

[3]曾祖青：《遺山文集》卷一八《内相楊公神道碑銘》作“曾祖處士君青”。　贈官：追封官爵。據上引《内相楊公神道碑銘》，追封官爵祇有其祖、父，而不及曾祖。其祖鬱（郁），追封正議大夫，父恒，中奉大夫。

[4]明昌：金章宗年號（1190—1196）。　進士第一：檢金有關科舉記載，知楊雲翼爲明昌五年（1194）經義進士科殿試第一名。

[5]詞賦亦中乙科：詞賦，金科舉科目名。爲漢進士科之一。乙科，第二等。《歸潛志》謂雲翼先擢詞賦科第一，又奪經義魁。據孔叔利《改建題名碑》，明昌五年詞賦科一甲第一名是張楫。故《歸潛志》所謂雲翼擢詞賦第一當爲誤記。

[6]承務郎：文官散階，從七品上。　應奉翰林文字：翰林院屬官。從七品。金進士第一名釋褐首除應奉翰林文字，所以楊雲翼得此職。

[7]承安：金章宗年號（1196—1200）。

[8]陝西東路兵馬都總管判官：陝西東路，指京兆府路，治所在今陝西省西安市。兵馬都總管判官，爲總管府屬官，主管紀綱總府衆務，分判兵案之事。從六品。

[9]泰和：金章宗年號（1201—1208）。

[10]太常博士：太常寺屬官。主管檢討禮典。正員二人，正七品。

[11]太常寺丞：太常寺屬官。主管禮樂、郊廟、社稷、祭祀之事。正六品。

[12]翰林修撰：翰林院屬官。分掌詞命文字，分判院事。無定員，從六品。

[13]簽上京、東京等路按察司事：即簽上京路按察司事、簽東

京路按察司事。金制，各路置按察司，原名提刑司，章宗承安四年（1199）改爲按察司，掌審察刑獄、照刷案牘、糾察貪官污吏及奸豪之徒、禁私鹽私酒等事。簽按察司事，爲按察司屬官，正五品。上京路，治所在今黑龍江省哈爾濱市阿城區東南金上京舊城址。

［14］章宗：廟號。金朝第六任皇帝，即完顔麻達葛，漢名璟。1189 年至 1208 年在位。本書卷九至卷一二有紀。　咨：與“諮”字通，意爲詢問。

［15］大安：金衛紹王年號（1209—1211）。

［16］翰林承旨張行簡：翰林承旨，即翰林學士承旨，爲翰林院長官，主管制撰詞命。原爲正三品，宣宗貞祐三年（1215）升爲從二品。張行簡，莒州日照縣人。世宗大定十九年（1179）詞賦科一甲第一名進士，官至禮部尚書。本書卷一〇六有傳。

［17］術數：指天文曆法星象之學。

［18］提點司天臺：亦稱司天臺提點，主管天文曆法、風雲氣色等事。正五品。

［19］禮部郎中：禮部屬官。從五品。

［20］崇慶：金衛紹王年號（1212—1213）。

［21］貞祐：金宣宗年號（1213—1217）。

［22］官簿：指記載官員升遷、出身、級别等檔案的簿籍。

［23］宣宗：廟號。金朝八任皇帝，即完顔吾睹補，漢名珣。1213 年至 1223 年在位。本書卷一四至卷一六有紀。

［24］吏部郎中：吏部屬官。正員二人，從五品。

［25］禮部侍郎：禮部尚書副佐。正四品。

四年，大元及西夏兵入鄜延，[1]潼關失守，[2]朝議以兵部尚書蒲察阿里不孫爲副元帥以禦之。[3]雲翼言其人言浮於實，必誤大事。不聽，後果敗。

[1]大元：元朝的國號。按，當時蒙古國尚未改國號爲大元，因《金史》是元人所修，所以稱蒙古國爲“大元”。　鄜（fū）延：路名。治所在今陕西省延安市。

[2]潼關：關隘名。在今陕西省潼關縣北。

[3]兵部尚書蒲察阿里不孫：兵部尚書，爲兵部長官，主管兵籍、城隍、鎮守、厩牧、鋪驛、車輅、儀仗、郡邑圖志、險阻、障塞、遠方歸化之事。正三品。蒲察阿里不孫，女真人。　副元帥：都元帥副佐，有左、右副元帥，同爲正二品。據本書卷一四《宣宗紀上》，時蒲察阿里不孫爲右副元帥。

興定元年六月，[1]遷翰林侍講學士，[2]兼修國史，[3]知集賢院事，[4]兼前職，詔曰：“官制入三品者例外除，[5]以卿遇事敢言，議論忠讜，故特留之。”時右丞相高琪當國，[6]人有請榷油者，[7]高琪主之甚力，詔集百官議，户部尚書高夔等二十六人同聲曰：“可。”[8]雲翼獨與趙秉文、時戬等數人以爲不可，[9]議遂格。[10]高琪後以事譖之，雲翼不卹也。[11]二年，拜禮部尚書，[12]兼職如三年，築京師子城，[13]役兵民數萬，夏秋之交病者相籍，雲翼提舉醫藥，[14]躬自調護，多所全濟。四年，改吏部尚書。[15]凡軍興以來，入粟補官及以戰功遷授者，[16]事定之後，有司苛爲程式，[17]或小有不合輒罷去，雲翼奏曰：“賞罰國之大信，此輩宜從寬録，以勸將來。”

[1]興定：金宣宗年號（1217—1222）。

[2]翰林侍講學士：翰林院屬官。從三品。

[3]兼修國史：國史院屬官。主管修撰國史，判院事，多爲

兼職。

[4]知集賢院事：宣宗貞祐五年（1217）始設集賢院，知集賢院事爲長官，從四品。

[5]官制入三品者例外除：金制，在朝職官升至三品者要出任地方官，然後才能入朝升遷。

[6]右丞相高琪：右丞相，尚書省宰相之一，掌丞天子，平章萬機。從一品。高琪，女真人。即术虎高琪。本書卷一〇六有傳。

[7]榷油：油類專賣。

[8]户部尚書高夔（kuí）：户部尚書，爲户部長官，掌天下户籍、賦税等事。正三品。高夔，《歸潛志》卷五記“高尚書夔，字唐卿，保州永平人”。

[9]時戩（jiǎn）：滄州人。少爲人奴，後讀書爲學，第進士。金廷南遷，戩爲監察御史，歷清要。見《歸潛志》卷四。

[10]議遂格：格，阻止。意爲榷油之議受阻止停議。

[11]不卹：不擔憂。“卹”爲“恤”的異體字。

[12]禮部尚書：禮部長官。主管禮樂、祭祀等事。正三品。

[13]子城：指當時的南京内城。修南京内城事見本書卷一〇六《术虎高琪傳》和卷一五《宣宗紀中》。

[14]提舉醫藥：主管醫藥之事。

[15]吏部尚書：吏部長官。主管文武官員選授、勛封、考課等事。正三品。

[16]入粟補官：以輸粟於朝廷而補任官職，是賣官鬻爵的一種形式。

[17]程式：有關的具體條文規定。

是年九月，上召雲翼及户部尚書夔、翰林學士秉文於内殿，皆賜坐，問以講和之策，或以力戰爲言，上俯首不樂，雲翼徐以《孟子》事大、事小之説解之，[1]且曰："今日奚計哉，使生靈息肩，[2]則社稷之福也。"上色乃和。

[1]《孟子》事大、事小之説：《孟子·梁惠王下》齊宣王問交鄰國之道，孟子對"惟仁者能以大事小"，"惟智者能以小事大"，"以大事小者，樂天者也。以小事大者，畏天者也。樂天者保天下，畏天者保其國"。時金爲宋宗主國，所以楊雲翼引用孟子的話開導宣宗，力主與宋講和。

[2]息肩：喻指講和罷兵，使百姓得到修養生息。

十一月，改御史中丞。宗室承立權參知政事，[1]行尚書省事於京兆，[2]大臣言其不法，詔雲翼就鞫之，獄成，廷奏曰："承立所坐皆細事，不足問。向大兵掠平涼以西，[3]數州皆破，承立坐擁彊兵，瞻望不進。鄜延帥臣完顏合達以孤城當兵衝，[4]屢立戰績。其功如此，而承立之罪如彼，願陛下明其功罪以誅賞之，則天下知所勸懲矣。自餘小失，何足追咎。"承立由是免官，合達遂掌機務。

[1]承立權参知政事：承立，女真人。本名慶山奴，本書卷一一六有傳。權，代理。参知政事，副宰相。金以尚書左、右丞，参知政事二員並爲副宰相，亦稱執政官。参知政事正员二人，從二品。

[2]行尚書省：行政官署名。簡稱行省，是在地方設立代行尚書省權事的官署機構，其官员品级比中臺低一等。　京兆：府、路名。治所在今陕西省西安市。

[3]大兵：指蒙古軍隊。元人修《金史》，所以稱蒙古軍爲

"大兵""大軍"。　平凉：府名。治所在今甘肅省平凉市。

[4]完顔合達：女真人。金末名將，宣宗元光元年（1222），任元帥左監軍、參知政事，行省於京兆府。哀宗正大九年（1232），金兵主力潰敗於鈞州三峰山，合達被殺。本書卷一一二有傳。

哀宗即位，首命雲翼攝太常卿，[1]尋拜翰林學士。[2]正大三年二月，[3]復爲禮部尚書，兼侍讀。[4]詔集百官議省費，雲翼曰："省費事小，户部司農足以辦之。[5]樞密專制軍政，[6]蔑視尚書。尚書出政之地，政無大小皆當總領。今軍旅大事，社稷繫焉，宰相乃不得預聞，欲使利病兩不相蔽得乎。"上嘉納之。

[1]哀宗：廟號。亦稱義宗，金朝末代皇帝。本名寧甲速，漢名守禮，後改名守緒。1224 年至 1234 年在位。本書卷一七至卷一八有紀。　攝太常卿：攝，代理。太常卿，爲太常寺長官，主管太廟、廪犧、郊社、諸陵、大樂等署。從三品。

[2]翰林學士：翰林院屬官。正三品。

[3]正大三年：正大，金哀宗年號（1224—1232）。三年，中華點校本據本書卷一七《哀宗紀下》和卷五六《百官志二》，改爲"二年"。

[4]侍讀：即翰林侍讀學士，爲翰林院屬官。從三品。

[5]司農：官署名。即司農司，原名勸農使司。金宣宗興定六年（1222）罷，改設司農司，主管勸課天下農桑力田之事。

[6]樞密：軍政官署名。即樞密院，掌國家軍務機密之事。

明年，設益政院，[1]雲翼爲選首，每召見賜坐而不名。時講《尚書》，雲翼爲言帝王之學不必如經生分章析句，[2]但知爲國大綱足矣。因舉“任賢”“去邪”“與治同道”“與亂同事“ “有言逆於汝心”“有言遜於汝志”等數條，一皆本於正心誠意，敷繹詳明。上聽忘倦。尋進《龜鑑萬年録》《聖學》《聖孝》之類凡二十篇。

[1]益政院：官署名。金哀宗正大三年（1226），設益政院於宮廷之内，以學問深博、議論宏遠之文臣數人兼職。每日二人當值，以備皇帝詢問，替皇帝講解《尚書》《資治通鑒》《貞觀政要》。

[2]經生：專門研讀經術的學生。

當時朝士，廷議之際多不盡言，顧望依違，[1]寖以成俗。[2]一日，經筵畢，[3]因言：“人臣有事君之禮，有事君之義。禮，不敢齒君之路馬，[4]蹴其芻者有罰，[5]入君門則趨，見君之几杖則起，[6]君命召不俟駕而行，[7]受命不宿於家，[8]是皆事君之禮，人臣所當盡者也。然國家之利害，生民之休戚，一一陳之，則向所謂禮者特虛器耳。君曰可，而有否者獻其否。君曰否，而有可者獻其可。言有不從，雖引裾、折檻、斷鞅、軔輪有不恤焉者。[9]當是時也，姑徇事君之虛禮，而不知事君之大義，國家何賴焉。”上變色曰：“非卿，朕不聞此言。”

[1]顧望依違：觀望遲疑不決。

[2]寖：與“浸”字通。意爲逐漸、漸漸。

[3]經筵（yán）：按“筵”是竹席。古人席地而坐，所以後人把坐位也叫作“筵”。經筵，意爲坐在坐位上講論經學。

[4]不敢齒君之路馬：意爲作臣子的不敢與君王之馬並行。

[5]蹴其芻者有罰：踐踏了君主的喂馬草就要受到懲罰。

[6]見君之几杖則起：看到君主的几案與手杖馬上就起立，表示恭敬。

[7]君命召不俟駕而行：接到君主之命，不等備好車馬就立即上路。不敢怠慢之意。

[8]受命不宿於家：接受君主的重要使命就不敢回家過宿，以避洩露機密之嫌。

[9]引裾、折檻、斷鞅、軔輪：引裾，扯住君主衣袖犯顔直諫（參見《三國志·魏志》卷二五《辛毗傳》）；折檻，扯斷君主車軒前欄而諫（參見《漢書》卷六三《朱雲傳》）；斷鞅，扯斷君主馬脖子上的皮帶而諫（參見《左傳》襄公十八年）；軔輪，以頭抵住君主的車輪而諫（參見《後漢書》卷二九《申屠剛傳》）。

雲翼嘗患風痹，[1]至是稍愈，上親問愈之之方，對曰："但治心耳。心和則邪氣不干，治國亦然，人君先正其心，則朝廷百官莫不一於正矣。"上矍然，[2]知其爲醫諫也。[3]

[1]風痹（bì）：中醫學病症名。受風寒而關節疼痛。

[2]矍（jué）然：吃驚的樣子。

[3]醫諫：用治病作比喻進行委婉規諫。

夏人既通好，[1]遣其徽猷閣士李弁來議互市，[2]往返不能決，朝廷以雲翼往議乃定。五年卒，年五十有九，謚文獻。

[1]夏人：指西夏國人。

[2]徽猷閣士：即徽猷閣學士，西夏官名。　李弁：西夏人。按，李弁來議互市之事，本書《交聘表》失載。

雲翼天性雅重，自律甚嚴，其待人則寬，與人交分一定，死生禍福不少變。其於國家之事，知無不言。貞祐中，主兵者不能外禦而欲取償於宋，故頻歲南伐。有言之者，不謂之與宋爲地，[1]則疑與之有謀。至於宰執，[2]他事無不言者，獨南伐則一語不敢及。雲翼乃建言曰："國家之慮，不在於未得淮南之前，而在於既得淮南之後。蓋淮南平則江之北盡爲戰地，進而争利於舟楫之間，恐勁弓良馬有不得騁者矣。彼若扼江爲屯，潛師於淮以斷饟道，[3]或决水以瀦淮南之地，則我軍何以善其後乎。"及時全倡議南伐，[4]宣宗以問朝臣，雲翼曰："朝臣率皆諛辭，天下有治有亂，國勢有弱有彊，今但言治而不言亂，言彊而不言弱，言勝而不言負，此議論所以偏也。臣請兩言之。夫將有事于宋者，非貪其土地也，第恐西北有警而南又綴之，則我三面受敵矣，[5]故欲我師乘勢先動，以阻其進。借使宋人失淮，且不敢來，此戰勝之利也。就如所料，其利猶未可必然。彼江之南其地尚廣，雖無淮南豈不能集數萬之衆，伺我有警而出師耶。戰而勝且如此，如不勝害將若何？且我以騎當彼之步，[6]理宜萬全，臣猶恐其有不敢恃者。蓋今之事勢與泰和不同，泰和以冬征，今我以夏往，此天時之不同也。冬則水涸而陸多，夏則水潦而塗淖，此地利之不同也。泰和舉天下全力，驅糺軍以爲前鋒，[7]

今能之乎，此人事之不同也。議者徒見泰和之易，而不知今日之難。請以夏人觀之，向日弓箭之手在西邊者一遇敵則搏而戰、袒而射，[8]彼已奔北之不暇。今乃陷吾城而虜守臣，敗吾軍而禽主將。[9]曩則畏我如彼，今則侮我如此。夫以夏人既非前日，奈何以宋人獨如前日哉。願陛下思其勝之之利，又思敗之之害，無悦甘言，無貽後悔。”章奏不報。時全果大敗於淮上，一軍全没。宣宗責諸將曰：“當使我何面目見楊雲翼耶。”

[1]與宋爲地：爲宋朝設身處地，即替宋朝説話。

[2]宰執：指宰相和執政官。

[3]饟（xiǎng）道：運輸軍糧的道路。“饟”與“餉”字通。

[4]時全：滕陽人。本紅襖軍首領，後歸降金廷，時爲同簽樞密院事，與元帥左監軍完顔訛可統領三路兵馬伐宋。

[5]三面受敵：指北方的蒙古、西部的西夏和南方的南宋。

[6]騎：指騎兵。　步：指步兵。時金人善騎射，多騎兵，而南宋的主力部隊則是步兵。

[7]乣軍：按“乣”字讀音有 yǎo、jiū 等多種説法，莫衷一是。劉鳳翥近年認爲應讀“又”（參見劉鳳翥《契丹文字的解讀與遼史研究》，載《遼金史研究》，中國文化出版社 2003 年版）。其字義也衆説紛紜。金乣軍是指由契丹人爲主體所組成的一支軍隊。

[8]弓箭之手在西邊者：中華點校本據文義將“之手”改爲“手之”。

[9]禽：與“擒”字通。

河朔民十有一人爲游騎所迫，[1]泗河而南，有司論罪當死，雲翼曰：“法所重私渡者，防姦僞也。今平民爲兵所迫，奔入於河，爲逭死之計耳。[2]今使不死於敵而死於法，後惟從敵而已。”宣宗悟，盡釋之。哀宗以河南旱，詔遣官理冤獄，而不及陝西，雲翼言：“天地人通爲一體，今人一支受病則四體爲之不寧，豈可專治受病之處而置其餘哉。”朝廷是之。

[1]河朔：地區名。泛指黄河大曲折以東，今山西省中南部及河北之地。

[2]逭（huàn）：逃避。

司天有以《太乙新曆》上進者，[1]尚書省檄雲翼參訂，摘其不合者二十餘條，曆家稱焉。所著文集若干卷，校《大金禮儀》若干卷，[2]《續通鑑》若干卷，[3]《周禮辨》一篇，[4]《左氏》《莊》《列》賦各一篇，[5]《五星聚井辨》一篇，[6]《縣象賦》一篇，[7]《勾股機要》《象數雜説》等著藏于家。[8]

[1]《太乙新曆》：曆法名。本書卷一〇六《張行簡傳》及《遺山文集》卷一八《内相楊公神道碑銘》均作《太一新曆》。本書卷二一《曆志上》載，大定年間司天監趙知微重修《大明曆》，應奉翰林文字耶律履制《乙未曆》，終金之世使用趙曆。《太乙新曆》，不詳爲何人所制。

[2]《大金禮儀》：書名。即《大金集禮》，爲張暐、張行簡父子所撰，記載章宗以前的金朝禮制。

[3]《續通鑑》：書名。即《續資治通鑑長編》，南宋李燾著。

[4]《周禮辨》：書名。《周禮》爲儒家經典之一，《周禮辨》是研究《周禮》的學術專著。

[5]《左氏》：書名。即《左傳》，亦稱《春秋左氏傳》《左氏春秋》，相傳爲春秋時魯國史官左丘明所撰。　《莊》：書名。《莊子》的簡稱，亦稱《南華經》，戰國時期莊周撰。　《列》：書名。《列子》的簡稱，戰國時列禦寇撰。　賦：是楊雲翼以這三部書爲對象所寫之辭賦。

[6]《五星聚井辨》：書名。屬天文著作。五星，指金、木、水、火、土五大行星。井是二十八宿的南方七宿之一。

[7]《縣象賦》：書名。天象著作。縣爲"懸"之古字。縣象，即天象。

[8]《勾股機要》：書名。有關幾何學的著作。　《象數雜説》：書名。有關象數的著作。即龜筮占卜吉凶之學，象爲龜之象示，數是筮之數告。楊雲翼所撰上述之書均佚。

趙秉文字周臣，磁州滏陽人也。[1]幼穎悟，讀書若夙習。登大定二十五年進士第，[2]調安塞簿，[3]以課最遷邯鄲令，[4]再遷唐山。[5]丁父憂，用薦者起復南京路轉運司都勾判官。[6]

[1]磁州滏陽：磁州，州名。治所在今河北省磁縣。滏陽，縣名。爲磁州依郭縣，治所與州治同。

[2]大定：金世宗年號（1161—1190），章宗即位後又延用一年。

[3]安塞簿：即安塞縣主簿。爲縣級屬官，主管户籍文書等事。正九品。安塞縣治所在今陝西省延安市北。

[4]課最：古官制術語。官吏考核成績優異。　邯鄲令：即邯鄲縣令。邯鄲縣治所在今河北省邯鄲市。

[5]唐山：縣名。治所在今河北省隆堯縣西南。

[6]南京路轉運司都勾判官：南京路治所在今河南省開封市。

轉運司都勾判官，爲轉運司屬官，主管紀綱衆務，分判勾案，並兼上林署丞。從六品。

明昌六年，入爲應奉翰林文字，[1]同知制誥。[2]上書論宰相胥持國當罷，[3]宗室守貞可大用。[4]章宗召問，言頗差異，於是命知大興府事内族膏等鞫之。[5]秉文初不肯言，詰其僕，[6]歷數交游者，秉文乃曰："初欲上言，嘗與修撰王庭筠、御史周昂、省令史潘豹、鄭贊道、高坦等私議。"[7]庭筠等皆下獄，決罰有差。[8]有司論秉文上書狂妄，法當追解，[9]上不欲以言罪人，遂特免焉。當時爲之語曰："古有朱雲，今有秉文，朱雲攀檻，[10]秉文攀人。"士大夫莫不耻之。[11]坐是久廢，後起爲同知岢嵐軍州事，[12]轉北京路轉運司支度判官。[13]承安五年冬十月，陰晦連日，宰相張萬公入對，[14]上顧謂萬公曰："卿言天日晦冥，亦猶人君用人邪正不分，極有理。若趙秉文曩以言事降授，聞其人有才藻、工書翰，又且敢言，朕非棄不用，以北邊軍事方興，姑試之耳。"泰和二年，召爲户部主事，[15]遷翰林修撰。十月，出爲寧邊州刺史。[16]三年，改平定州。[17]前政苛於用刑，每聞赦將至，先掊賊死乃拜赦，而盜愈繁。秉文爲政一從寬簡，旬月盜悉屏跡。歲饑，出禄粟倡豪民以賑，全活者甚衆。

[1]入爲應奉翰林文字：據《遺山文集》卷一七《閑閑公墓銘》，趙秉文是遭母喪之後，起復爲應奉翰林文字。

[2]同知制誥：官銜名。本書卷五五《百官志一》，翰林學士

承旨，銜内帶“知制誥”。直學士以上同，翰林待制銜内帶“知制誥”。中華點校本卷五五《百官志一》校勘記認爲翰林待制銜内帶“知制誥”原脱“不”字，並以文義補“不帶知制誥”，乃是誤補。據《山左金石志》卷二〇《節度副使張公神道碑》党懷英“奉議大夫充翰林待制同知制誥”。又黄久約“中憲大夫充翰林待制同知制誥”。可知銜内帶知制誥，非脱“不”字。乃是在“知制誥”上脱“同”字。即翰林直學士以上“銜内帶知制誥”、以下“銜内帶同知制誥”。此應奉翰林文字與翰林待制同在直學士以下，所以“銜内帶同知制誥”。

[3]胥持國：代州繁峙縣（今山西繁峙縣）人。經童科出身，章宗時官至尚書右丞，與章宗元妃李氏結黨，專擅朝政，頗受非議。本書卷一二九有傳。

[4]守貞：女真人。即完顔守貞，完顔希尹之孫，爲金代名相。本書卷七三有傳。

[5]知大興府事内族膏（róng）：知大興府事，即大興府尹，主管宣風易俗，肅清所部，總判大興府事，兼領中都路兵馬都總管之職。正三品。膏，女真人。即完顔膏，出身宗室，生平不詳。

[6]僕：指趙秉文的家僕。

[7]修撰王庭筠：修撰，即翰林修撰，爲翰林院屬官，分管詞命文字，分判院事。從六品。王庭筠，蓋州熊岳縣渤海人。大定十六年（1176）詞賦科一甲進士，是金代中期著名文學家和書畫家。本書卷一二六有傳。　御史周昂：御史，即監察御史，爲御史臺屬官，主管糾察百官、檢查諸官署賬目並監祭禮及出使之事。正員十二人，正七品。周昂，真定人。大定年間中進士，金代後期著名文學家，官至權行六部員外郎，後死於國難。本書卷一二六有傳。　省令史潘豹、鄭贇道、高坦：省令史，爲尚書省屬吏，正員七十人，漢、女真各三十五人。潘豹、鄭贇道、高坦，人名。生平皆不詳。

[8]庭筠等皆下獄，決罰有差：據《歸潛志》卷一〇，趙秉文

上書案發生後，胥持國十分震怒，窮究其事，賴參政孫鐸在章宗面前婉言開釋，最後庭筠、周昂等“各杖七十，左貶外官”。

[9]追解：追官罷職。

[10]朱雲攀檻：朱雲，漢朝人。漢成帝時朱雲上書，願借尚方寶劍斬佞臣張禹。帝怒欲殺雲，雲攀殿檻乃折，因辛慶忌救免。後欲治檻，帝命不易，以之旌直臣。後以此贊直諫者。《漢書》卷六七有傳。

[11]士大夫莫不恥之：《歸潛志》卷一〇記，周昂原與秉文不認識，被累受杖卧於家，秉文登門謝罪，“大爲昂母所詬”。秉文後官至三品禮部尚書，主文壇，大安間出使寧夏，翰林學士李純甫作詩譏之，如“明昌黨事起，實夫子爲根”，“株逮及見黜，公獨擁朱轓”。

[12]同知岢（kě）嵐軍州事：即岢嵐州同知，爲刺史副佐，通判州事。正七品。治所在今山西省岢嵐縣。

[13]北京路轉運司支度判官：支度判官，原作“度支判官”，中華點校本據本書卷五七《百官志三》改爲“支度判官”。北京路轉運司支度判官，爲北京路轉運司屬官，主管勾判、分判支度案事。正員二人，從六品。北京路治所在今内蒙古自治區寧城縣大明鄉古城址。

[14]張萬公：東平府東阿縣人。海陵王正隆二年（1157）進士，時爲平章政事。本書卷九五有傳。

[15]户部主事：户部屬官。主管户度金倉，兼提控編附條格，管勾架閣庫等事。正員五人，從七品。

[16]十月，出爲寧邊州刺史：按，《遺山文集》卷七《閑閑公墓銘》記，趙秉文出任寧邊州刺史是在衛紹王大安元年（1209），所以“十月”上應加“大安元年”四字。寧邊州刺史，爲寧邊州軍政長官，正五品。治所在今内蒙古自治區清水河縣西南。

[17]三年，改平定州：中華點校本本卷校勘記云，按《閑閑公墓銘》記，趙秉文改任平定州刺史是在衛紹王大安二年（1210），

證之《閑閑老人滏水文集》所記詩文，與《墓銘》皆合，所以此"三年"應爲"二年"。平定州，治所在今山西省平定縣。《歸潛志》卷一，"後再入館爲修撰、待制，轉禮部郎中，出典岢嵐、平定、寧邊三郡"。與本傳互異，當從本傳所載。

大安初，[1]北兵南向，召秉文與待制趙資道論備邊策，[2]秉文言："今我軍聚於宣德，[3]城小，列營其外，涉暑雨器械弛敗，人且病，俟秋敵至將不利矣。可遣臨潢一軍擣其虚，[4]則山西之圍可解，兵法所謂'出其不意、攻其必捄'者也。"衛王不能用，[5]其秋宣德果以敗聞。尋爲兵部郎中，[6]兼翰林修撰，俄轉翰林直學士。[7]

[1]大安初：按，從"大安初"至"其秋宣德果以敗聞"，其記事應置於趙秉文出爲寧邊州刺史記事之前，見上引《閑閑公墓銘》。

[2]待制趙資道：待制，即翰林待制。趙資道，生平不詳。

[3]宣德：州名。治所在今河北省宣化縣。

[4]臨潢：府名。治所在今内蒙古自治區巴林左旗遼上京舊城址。

[5]衛王：封爵名。次國封號，明昌格第三位。這裏指金朝第七任皇帝衛紹王，1209 年至 1213 年在位。本書卷一三有紀。

[6]兵部郎中：兵部屬官。從五品。

[7]翰林直學士：翰林院屬官。不限員，從四品。

貞祐初，建言時事可行者三：一遷都，[1]二導河，[2]三封建。[3]朝廷略施行之。明年，上書願爲國家守殘破一州，以宣布朝廷恤民之意，且曰："陛下勿謂書生不知兵，顔真卿、張巡、許遠輩以身許國，[4]亦書生也。”又曰：“使臣死而有益於國，猶勝坐縻廩禄爲無用之人。”上曰：“秉文志固可尚，然方今翰苑尤難其人，[5]卿宿儒當在左右。”不許。

[1]遷都：據《閑閑公墓銘》，趙秉文當時主張金朝遷都山東。

[2]導河：趙秉文主張開鑿黄河下游的新河道，從今徐州、邳州市導河入海。

[3]封建：時趙秉文主張采用古制，分封皇族諸王爲節度使，以保衛國家。

[4]顔真卿、張巡、許遠：顔真卿，唐代京兆萬年縣（今陝西省西安市）人。進士出身，書法家。安禄山叛，真卿時爲平原太守，聯絡附近十七郡兵馬共二十餘萬，與叛軍作戰，使安禄山不敢急攻潼關，被封爲“魯郡開國公”。《新唐書》卷一五三有傳。張巡，唐代鄧州南陽縣（今河南省南陽市）人，進士出身。安禄山叛，張巡以孤城爲唐守，城破被俘，不屈殉國。許遠，唐右相徐敬宗曾孫，安禄山叛，許遠爲睢陽太守，與張巡同爲唐守孤城，同時殉國。張巡、許遠，《新唐書》卷一九二各有傳。

[5]翰苑：指翰林院。

四年，拜翰林侍講學士，[1]言：“寶券滯塞，[2]蓋朝廷初議更張，市肆已妄傳其不用，因之抑遏，[3]漸至廢絶。臣愚以爲宜立回易務，[4]令近上職官通市道者掌之，[5]給以銀鈔粟麥縑帛之類，[6]權其低昂而出納。”[7]詔有司議行之。

[1]翰林侍講學士：翰林院屬官。從三品。

[2]寶券滯塞：寶券，金代紙幣名。原名“交鈔”，宣宗貞祐三年（1215）改名爲“貞祐寶券”。寶券滯塞，指寶券在市場上流通不暢。

[3]抑遏：指寶券貶值和流通受阻。

[4]回易務：官署名。回收和兑换寶券的官辦機構。

[5]通市道者：懂得市場規律的人。

[6]縑帛：絲織品。

[7]權其低昂而出納：權衡其價格的高低而買賣。

興定元年，[1]轉侍讀學士。[2]拜禮部尚書，兼侍讀學士，同修國史，知集賢院事。又明年，知貢舉，[3]坐取進士盧亞重用韵，[4]削兩階，[5]因請致仕。金自泰和、大安以來，科舉之文其弊益甚。蓋有司惟守格法，所取之文卑陋陳腐，苟合程度而已，稍涉奇峭，[6]即遭絀落，[7]於是文風大衰。貞祐初，秉文爲省試，[8]得李獻能賦，[9]雖格律稍疏而詞藻頗麗，擢爲第一。舉人遂大喧噪，[10]愬於臺省，[11]以爲趙公大壞文格，且作詩謗之，久之方息。俄而獻能復中宏詞，[12]入翰林，而秉文竟以是得罪。

[1]興定：金宣宗年號（1217—1222）。

[2]侍讀學士：即翰林侍讀學士。翰林院屬官，從三品。

[3]知貢舉：主持進士科禮部考試。禮部試又稱會試、省試，後代會試的主考官就稱“知貢舉”。

[4]坐取進士盧亞重用韵：按本書卷一〇〇《李復亨傳》興定五年（1221）三月，“廷試進士，復亨監視，進士盧元謬誤，濫放及第。讀卷官禮部尚書趙秉文、翰林待制崔禧、歸德治中時戩、應

奉翰林文字程嘉善當奪三官降職”。卷一七《哀宗紀上》及《金石粹編》卷一五九，記盧亞爲哀宗正大四年（1227）狀元。所以此處“又明年”當作“興定五年”，“盧亞”應爲“盧元”。

[5]削二階：降散官階二級。

[6]奇峭：指文章風格奇特，與衆不同。

[7]絀（chù）落：斥逐落榜。“絀”與“黜”字通。

[8]省試：科舉考試名。省試是集天下考生於尚書省的一級考試，所以稱“省試”，又稱“會試”。因省試爲尚書省禮部主管所以又稱“禮部試”。唐代省試爲最高級考試，考生中選者即爲進士。宋太祖增殿試之制，金初沿唐制，無殿試，海陵王時始加殿試，此後循而不改。

[9]李獻能：河中府人。金宣宗貞祐三年（1215）特賜詞賦進士廷試第一名，官至翰林院修撰。後出任河中帥府經歷官，四十三歲遇害於陝州。本書卷一二六有傳。　賦：文體名。講究文采、韵節，兼具詩歌和散文的性質。金漢進士分詞賦和經義兩科，詞賦進士科試“賦”。

[10]舉人：指參加考試的考生。與明清兩代稱鄉試中選者爲舉人的概念不同。

[11]愬於臺省：愬，訴説、陳述。臺省，指御史臺和尚書省。

[12]宏詞：科舉科目名。又稱制舉宏詞科，始設於章宗明昌初年，是常科考試外的一種特科考試，專門選拔學問深博、文才突出的文士。進士及第後亦可參加宏詞科考試，中選後授官從優。

五年，復爲禮部尚書，[1]入謝，上曰：“卿春秋高，以文章故須復用卿。”秉文以身受厚恩，無以自効，願開忠言、廣聖慮，每進見從容爲上言，人主當儉勤、慎兵刑，所以祈天永命者，上嘉納焉。哀宗即位，再乞致仕，不許。改翰林學士，同修國史，兼益政院説書官。[2]以上嗣德在初，[3]當日親經史以自裨益，進《無逸直解》《貞觀政要》《申鑒》各一通。[4]

［1］五年，復爲禮部尚書：按，據《遺山文集》卷一七《閑閑公墓銘》，趙秉文因科舉事削官致仕，“不數日，復起爲禮部尚書，兼官如故”。與本書卷一〇〇《李復亨傳》所記興定五年（1221）三月殿試事時間相吻合。

［2］益政院説書官：益政院始設於哀宗正大三年（1226），官員均爲兼職。每日兩大臣值班，備顧問，替皇帝講論經史。本書卷五六《百官志二》，“名則經筵，實内相也”。説書官即講論經史的官員。

［3］嗣德在初：喻指哀宗初登皇位。

［4］《無逸直解》《貞觀政要》《申鑒》：書名。《無逸》，《書·周書》篇名。《貞觀政要》，唐吴兢撰，記載唐太宗與魏徵等大臣們政論的一部著作。《申鑒》，漢荀悦撰，見《諸子集成》。

正大九年正月，汴京戒嚴，[1]上命秉文爲赦文，[2]以布宣悔悟哀痛之意。秉文指事陳義，辭情俱盡。及兵退，大臣欲稱賀，且命爲表，秉文曰：“《春秋》‘新宮火，三日哭’。[3]今園陵如此，酌之以禮，當慰不當賀。”遂已。時年已老，日以時事爲憂，雖食息頃不能忘。每聞一事可便民，一士可擢用，大則拜章，[4]小則爲當路者言，[5]殷勤鄭重，不能自已。三月，草《開興改元詔》，[6]閭巷間皆能傳誦，洛陽人拜詔畢，[7]舉城痛哭，其感人如此。是年五月壬辰，卒，年七十四，[8]積官至資善大夫、上護軍、天水郡侯。[9]

[1]汴京：京城名。原北宋首都，金稱南京，治所在今河南省開封市。

[2]赦文：寬免罪犯的詔令。

[3]《春秋》：書名。傳爲孔子删定。　新宫火，三日哭：《春秋》成公三年二月甲子作，“新宫灾，三日哭”。新宫指宣公之宫，或稱“禰宫”。

[4]拜章：具疏上奏。

[5]當路者：指當政者。

[6]三月，草《開興改元詔》：按，本書卷一七《哀宗紀上》記，天興元年本正大九年，是年正月庚子日改元“開興”，四月甲子日又改元“天興”。此載秉文於三月草《開興改元詔》，實誤。應爲《天興改元詔》。秉文三月草詔，四月詔告天下乃改元。

[7]洛陽：縣名。時爲金河南府依郭縣，與府同治，即今河南省洛陽市。

[8]卒年七十四：《歸潛志》卷一謂“卒年七十三”。

[9]資善大夫、上護軍、天水郡侯：資善大夫，文官散階，正三品下。上護軍，勳級名。正三品上。天水郡侯，封爵名。郡侯封號，正、從三品。

正大間，同楊雲翼作《龜鑑萬年録》上之。又因進講，與雲翼共集自古治術，[1]號《君臣政要》爲一編以進焉。秉文自幼至老未嘗一日廢書，著《易叢説》十卷，《中庸説》一卷，《揚子發微》一卷，《太玄箋贊》六卷，《文中子類説》一卷，《南華略釋》一卷，《列子補注》一卷，删集《論語》《孟子解》各一十卷，《資暇録》一十五卷，所著文章號《滏水集》者三十卷。

[1]治術：指治國之道。

秉文之文長於辨析，極所欲言而止，不以繩墨自拘。[1]七言長詩筆勢縱放不拘一律，律詩壯麗，小詩精絶多以近體爲之，至五言古詩則沉鬱頓挫。字畫則草書尤遒勁。朝使至自河、湟者，[2]多言夏人問秉文及王庭筠起居狀，其爲四方所重如此。

[1]不以繩墨自拘：意爲不受傳統文格的束縛。

[2]河、湟：河名。河，指黄河。湟，指黄河上游的湟水，流經今青海省西寧市。

爲人至誠樂易，與人交不立崖岸，未嘗以大名自居。仕五朝，[1]官六卿，[2]自奉養如寒士。楊雲翼嘗與秉文代掌文柄，[3]時人號楊趙。然晚年頗以禪語自污，[4]人亦以爲秉文之恨云。

[1]仕五朝：五朝指世宗、章宗、衛紹王、宣宗、哀宗。

[2]六卿：尚書省所轄的六部長官，即六部尚書，稱“六卿”。趙秉文官至禮部尚書，所以稱“官六卿”。

[3]掌文柄：主盟文壇，爲文壇領袖。

[4]禪語：指佛語。

贊曰：楊雲翼、趙秉文，金士巨擘，[1]其文墨論議以及政事皆有足傳。雲翼《諫伐宋》一疏，宣宗雖不見聽，此心何愧景略。[2]庭筠之累，秉文所爲，兹事大愧高允。[3]

[1]巨擘（bò）：大拇指，比喻突出的人物。

[2]景略：人名。即王猛，字景略。北海巨（今山東壽光東南）人。桓温入關，王猛入見"捫虱而論天下勢"。後爲前秦苻堅謀士，曾勸阻苻堅伐東晋，未被采納，苻堅遂有淝水之敗。

[3]高允：北魏渤海蓨（今河北省景縣）人，初被徵爲中書博士，遷侍郎，授太子經書，與崔浩同修《國記》，世祖怪罪，高允主動承攬責任，替崔浩開脱。後崔浩以史案被殺，高允得太子營救得免。《魏書》卷四八有傳。

韓玉字温甫，其先相人，[1]曾祖錫仕金，以濟南尹致仕。[2]玉明昌五年經義、辭賦兩科進士，[3]入翰林爲應奉，應制一日百篇，文不加點。又作《元勳傳》，稱旨，章宗歎曰："勳臣何幸，得此家作傳耶。"泰和中，建言開通州潞水漕渠，[4]船運至都。陞兩階，[5]授同知陝西東路轉運使事。[6]

[1]韓玉字温甫，其先相人：按，《歸潛志》卷五，"韓府判玉，字温甫，燕人"。《中州集》卷八，"其先相人，後爲漁陽人"。相，州名。治所在今河南省安陽市。

[2]濟南尹：即濟南府尹，正三品。治所在今山東省濟南市。

[3]經義、辭賦兩科進士：按，金進士科有三，經義詞賦兩科爲漢進士科，策論進士科專取女真文士。漢士應舉可同時跨科考試，所以韓玉同時取得兩科進士第。"辭賦"即"詞賦"。

[4]通州：州名。治所在今北京市通州區。　潞水：河名。即今北京市通州區潮白河。

[5]陞兩階：升散官階兩級。

[6]同知陝西東路轉運使事：即陝西東路轉運同知。爲轉運使副佐，從四品。陝西東路即京兆府路，治所在今陝西省西安市。

大安三年，都城受圍。[1]夏人連陷邠、涇，[2]陝西安撫司檄玉以鳳翔總管判官爲都統府募軍，[3]旬日得萬人，與夏人戰，敗之，獲牛馬千餘。時夏兵五萬方圍平涼，[4]又戰于北原，[5]夏人疑大軍至，是夜解去。當路者忌其功，驛奏玉與夏寇有謀，朝廷疑之，使使者授玉河平軍節度副使，[6]且覘其軍。

[1]都城：時金都城爲中都，即今北京市。

[2]邠、涇：州名。邠州治所在今陝西省彬縣，涇州治所在今甘肅省涇川縣。

[3]安撫司：官署名。原名宣撫司，章宗泰和六年（1206）始設陝西路宣撫司，節制陝西兵馬公事。八年，改爲安撫司。金末全國共設陝西、山東東西、大名、河北東西、河東南北、遼東咸平、上京、隆州、肇州、北京等十處安撫司。掌鎮撫人民、譏察邊防軍旅、審録重刑事。　鳳翔總管判官：總管府屬官。主管本府紀綱衆務，分判兵案。從六品。鳳翔府路治所在今陝西省鳳翔縣。　都統府：軍政官署名。金末招募義軍，以四萬户爲一副統，兩副統爲一都統。都統官爲正七品，都統的官署即爲都統府。1972年，在河南密縣徵集一方金代“義軍都統之印”，印背刻小字爲“天興元年行部造”（見景爱《金代官印集》，文物出版社1991年版，第140頁）。

[4]平涼：府名。治所在今甘肅省平涼市。

[5]北原：地名。今地不詳。

[6]河平軍節度副使：河平軍節度州屬官。從五品。河平軍節度使治衛州，即今河南省衛輝市。

先是，華州李公直以都城隔絶，[1]謀舉兵入援，而玉恃其軍爲可用，亦欲爲勤王之舉，[2]乃傳檄州郡云：[3]“事推其本，禍有所基，始自賊臣貪容姦賂，[4]繼緣二帥貪固威權。”[5]又云：“裹糧坐費，盡膏血於生民。棄甲復來，竭資儲於國計。要權力而望形勢，連歲月而守妻孥。”又云：“人誰無死，有臣子之當然。[6]事至于今，忍君親之弗顧。勿謂百年身後，虚名一聽史臣。只如今日目前，何顔以居人世。”公直一軍行有日矣，將有違約、國朝人有不從者，[7]輒以軍法從事。京兆統軍便謂公直據華州反，[8]遣都統楊珪襲取之，[9]遂置極刑。公直曾爲書約玉，玉不預知，其書乃爲安撫所得，及使者覘玉軍，且疑預公直之謀，即實其罪。玉道出華州，被囚死於郡學，[10]臨終書二詩壁間，士論冤之。

[1]華州：州名。治所在今陝西省華縣。李公直，本書卷一三四《外國傳》載，李公直興定元年（1217）任安定堡馬家平總押。

[2]勤王：臣下率兵赴王室或國家之難稱“勤王”。

[3]傳檄：傳遞討伐或徵召的布告和公文。

[4]賊臣：此暗指當時任西京留守兼行樞密院事的紇石烈執中。

[5]二帥：指當時以平章政事督軍的獨吉千家奴和以參知政事督軍的胡沙，二人會河堡之戰被蒙古擊潰，導致居庸關失守。

[6]有臣子之當然：“然”字，《歸潛志》卷五作“爲”。

[7]將有違約：《中州集》卷八作“將佐違約”。

[8]京兆統軍便：“便”，當爲“使”字之誤。即京兆統軍使，爲京兆統軍司長官。京兆統軍司又名陝西路統軍司，始設於海陵王天德二年（1150），治所在今陝西省西安市。見本書卷二六《地理志下》、卷四四《兵志》。

[9]都統楊珪：都統，武職，金末義軍以四萬户爲一副統，兩副統爲一都統。都統官爲正七品。楊珪，本書卷一四《宣宗紀上》載，楊珪爲長勝軍都統，與李友直（李公直）相勾結，後又誘李擒之以送陝西安撫使。不久，楊珪亦伏誅。

[10]郡學：學校名。即華州州學，是當時州級官辦學校。

子不疑，字居之。以父死非罪，誓不禄仕。[1]藏其父臨終時手書云："此去冥路，[2]吾心皓然，剛直之氣，必不下沉。兒可無慮。世亂時艱，努力自護，幽明雖異，[3]寧不見爾。"讀者惻然。

[1]禄仕：食俸作官。

[2]冥路：指陰間。迷信説法，認爲人死後靈魂赴陰間。

[3]幽明："幽"喻指陰間。"明"指陽世間，即人世間。

馮璧字叔獻，[1]真定縣人。[2]幼穎悟不凡，弱冠補太學生。[3]承安二年經義進士，制策復優等，[4]調莒州軍事判官，[5]宰相奏留校祕書。[6]未幾，調遼濱主簿。[7]縣有和糴粟未給價者餘十萬斛，[8]散貯民居，以富人掌之，有腐敗則責償於民，民殊苦之。璧白漕司，[9]即日罷之，民大悦。

[1]馮璧字叔獻：按，《中州集》卷八《馮璧小傳》及《遺山文集》卷一九《内翰馮公神道碑銘》均載馮璧"别字天粹"。

[2]真定縣：時爲真定府依郭縣，治所在今河北省正定縣。據《遺山文集》卷一九《内翰馮公神道碑銘》，馮氏原爲定州中山（今河北省定州市）人，馮璧之父馮子翼任臨海軍節度副使，死後

葬真定縣三里橋，其子孫遂占籍真定縣。

[3]弱冠：《禮記·曲禮上》，“二十曰弱，冠”。按，“弱”指年少。古代男子行冠禮，所以“弱冠”一般指年齡二十歲左右的男子。　太學生：官學生名。金世宗大定六年（1166）始設太學，定太學生四百人，以五品以上官子孫及通過府試的終場舉人充當太學生。太學生是古代社會最高級的官學生。

[4]制策：進士中第後進行的時事政治測驗考試，叫“制策”，類似清代科舉考試中的“朝考”。

[5]莒州軍事判官：莒州屬官。掌簽判州事，專掌通檢推排簿籍。從八品。莒州治所在今山東省莒縣。

[6]留校祕書：留在秘書監作校勘工作，即擔任秘書監校書郎。從七品。

[7]遼濱主簿：遼濱縣属官。主管文書簿籍等事。正九品。遼濱縣治所在今遼寧省新民市的遼濱塔鎮。

[8]和糴（dí）：買入糧食。　斛（hú）：容量單位。古以十斗爲一斛，南宋末年改爲五斗。

[9]漕司：官署名。轉運司的別稱。

四年，[1]調鄜州録事。[2]明年，伐蜀，[3]行部檄充軍前檢察，[4]帥府以書檄委之。[5]章宗欲招降吴曦，[6]詔先以文告曉之，然後用兵。蜀人守散關不下，[7]金兵殺獲甚衆，璧言：“彼軍拒守而並禍其民，無乃與詔旨相戾乎?”主帥憾之，以璧招兩當潰卒，[8]璧即日率鳳州已降官屬淡剛、李果偕行。[9]道逢軍士所得子女金帛牛馬皆奪付剛，使歸其家，軍士則以違制决遣之。比到兩當，軍民三萬餘衆鼓舞迎勞，璧以朝旨慰遣之。及還，主帥嘉其能，奏遷一官。五年，自東阿丞召補尚書省令史，[10]用宗室承暉薦授應奉翰林文字，[11]兼韓王府記室參軍。[12]俄轉太學博士。[13]至寧初，[14]忽沙虎弑逆，[15]遂去官。[16]

[1]四年：中華點校本據《遺山文集》卷一九《内翰馮公神道碑銘》、本書卷一一《章宗紀三》和卷八九《完顔綱傳》的相關記載，在“四年”前補“泰和”二字，並認爲下文的“明年”當爲“六年”。

[2]鄜（fū）州録事：金代州級屬官中並無録事官名。檢本書《百官志》與新、舊《唐書·百官志》，知金代州級屬官中的“知法”與唐録事官職相似，所以此“鄜州録事”應爲“鄜州知法”。爲鄜州屬官，從九品。鄜州治所在今陝西省富縣。

[3]蜀：四川。時四川由南宋統治。

[4]行部檄充軍前檢察：《遺山文集》卷一九《内翰馮公神道碑銘》“行部”作“刑部”，當以“刑部”爲是。軍前檢察，即元帥府檢察官的别稱，主管檢斷取法之事。從八品。

[5]書檄：泛指文書、公文之類。

[6]吴曦（xī）：南宋人，金章宗時宋韓侂胄舉兵北伐，吴曦在四川叛宋附金，被封爲蜀國王。不久被宋將安丙所殺。《宋史》卷四七五有傳。

[7]散關：關隘名。即大散關，在今陝西省寶鷄市西南。

[8]兩當：縣名。治所在今甘肅省兩當縣。

[9]鳳州：州名。治所在今陝西省鳳縣。　淡剛、李果：二人生平均不詳。

[10]東阿丞：即東阿縣丞。爲東阿縣令副佐。正九品。東阿縣治所在今山東省東阿縣。　尚書省令史：尚書省屬吏名。正員七十人，漢、女真各三十五人。

[11]承暉：女真人。即完顔承暉。本書卷一〇一有傳。

［12］韓王府記室參軍：官名。爲韓王府屬官，主管表箋書信之事。世宗大定七年（1167）始設此職，大定二十年（1180）定制，以後此職不專除，由王府文學兼之。韓王，封爵名。次國封號，明昌格第四位。時封韓王者爲後來的衛紹王允濟。

［13］太學博士：國子監屬官。分掌教授太學生。正員四人，正七品。

［14］至寧：金衛紹王年號（1213）。

［15］忽沙虎弒逆：忽沙虎，女真人。亦作“胡沙虎”，即紇石烈執中本名。本書卷一三二有傳。弒逆，爲人臣者殺其君主叫“弒逆”。至寧元年（1213）九月，紇石烈執中廢衛紹王，擁立宣宗，不久又派人殺衛紹王，所以稱執中“弒逆”。

［16］遂去官：馮璧曾於衛紹王封韓王時任韓王府記室參軍，被視爲衛紹王黨羽，所以衛紹王遭弒後被迫離任。

宣宗南遷，[1]璧時避兵東方，由單父渡河詣汴梁，[2]時相奏復前職。貞祐三年，遷翰林修撰。時山東、河朔軍六十餘萬口，仰給縣官，率不逞輩竄名其間。詔璧攝監察御史，[3]汰逐之。總領撒合問冒券四百餘口，[4]劾案以聞，[5]詔杖殺之，故所至爭自首，減幾及於半。復進一官。初，監察御史本溫被命汰宗室從坦軍於孟州，[6]軍士欲謀變，本溫懼不知所爲，尋有旨北軍沈思忠以下四將屯衛州，[7]餘衆果叛入太行。[8]於是，密院奏以璧代本溫竟其事。[9]璧馳至衛，召四將喻以上意，思忠等挾叛者請還奏之，璧責以大義，將士慚服，不日就汰者三千人。

［1］宣宗南遷：金宣宗即位後，爲避蒙古，貞祐二年（1214）

將金都城從中都（今北京市）遷黄河之南的開封府（今河南省开封市）。

[2]單（shàn）父：縣名。治所在今山西省單縣。　汴梁：古城名。指金朝南遷後的都城開封府。

[3]監察御史：御史臺屬官。掌糾察内外百官，刷勘官署賬目，並監祭禮及出使之事。正員十二人，正七品。

[4]總領撒合問：總領，武職，金末招募義軍，以四萬户爲一副統，兩副統爲一都統，都統之外另設一官叫總領。從五品。撒合問，女真人。《遺山文集》卷一九《内翰楊公神道碑銘》作“撒合門”。　冒券：虚報。

[5]劾（hé）案以聞：審清案情，上奏朝廷。

[6]本温：生平不詳。　從坦：女真人。即完顔從坦。本書卷一二二有傳。　孟州：州名。治所在今河南省孟州市。

[7]沈思忠：生平不詳。　衛州：州名。治所在今河南省衛輝市。

[8]太行：山名。在今山西省東部。

[9]密院：軍政官署名。即樞密院。

六月，改大理丞，[1]與臺官行關中，[2]劾奏姦贓之尤者商州防禦使宗室重福等十數人，[3]自是權貴側目。

[1]大理丞：大理寺屬官。主管審斷天下奏案、詳讞疑獄。從六品。

[2]臺官：指御史臺官員。　關中：地區名。函谷關以西，西至大散關，南至武關，北至肅關之地，相當於今陝西全省。

[3]商州防禦使：商州軍政長官。掌防捍不虞，禦制盗賊，主州事。從四品。商州治所在今陝西省商洛市。　重福：女真人。完顔宗室子弟。

四年，[1]以宋人拒使者於淮上，[2]遣兵南伐，詔京東總帥紇石烈牙吾塔攻盱眙，[3]牙吾塔不從命，乃率精騎由滁州略宣化，[4]縱兵大掠。故兵所至原野蕭條，絶無所資，宋人堅壁不戰，乃無功而歸。行省奏牙吾塔故違節制，[5]詔璧佩金符鞫之。[6]璧馳入牙吾塔軍，奪其金符，易以他帥攝。牙吾塔入獄，兵士譁譟，以吾帥無罪爲言，璧怒責牙吾塔曰："元帥欲以兵抗制使耶，[7]待罪之禮恐不如此，使者還奏，獄能竟乎。"牙吾塔伏請死，璧曰："兵法，進退自專，有失機會以致覆敗者斬。"[8]即擬以聞，時議壯之。

[1]四年：中華點校本據本書卷六二《交聘表下》、卷一五《宣宗紀中》、王鶚《汝南遺事》卷二的相關史料，在"四年"前補"興定"二字。

[2]宋人拒使者於淮上：按，《遺山文集》卷一九《内翰楊公神道碑銘》載，馮璧於興定元年（1217）七月遷南京路轉運副使，三年，偕吕子羽使宋，"宋人拒於淮上，使者不得行。明年，行臺兵南伐"。知馮璧使宋在興定三年，金兵攻宋在興定四年。

[3]紇石烈牙吾塔：女真人。漢名志。本書卷一一一有傳。盱（xū）眙（yí）：縣、軍州名。治所在今江蘇省盱眙縣。

[4]滁州：宋州名。治所在今安徽省滁州市。　宣化：鎮名。在今江蘇省南京市長江北岸。

[5]行省：官署名。即行尚書省，亦稱行臺尚書省，是當時在地方設立代行尚書省權事的官署機構。

[6]金符：即黄色銅兵符，爲虎形。兵符分爲一左一右，左符留御前，右符主兵長官持之。如欲改易主兵官，或有重要軍事命

令，皇帝派專使持一左符馳軍中，與主兵官所持右符相吻合，則主兵官奉行命令。如有參差，主兵官有權拒絶執行命令。金宣宗貞祐三年（1215）定制，樞密院用鹿形兵符，宣撫司用魚形，統軍司用虎形。

[7]制使：傳達皇帝命令的專使。

[8]機會：此指戰機。　覆敗：慘敗。

十月，改禮部員外郎，[1]權右司諫、治書侍御史。[2]詔問時務所當先者，璧上六事，大略言減冗食，[3]備選鋒，緩疑似以慎刑，擇公廉以檢吏，[4]屯戍革朘削之弊，權貴嚴請托之科。又條自治之策四，謂別賢佞，信賞罰，聽覽以通下情，貶損以謹天戒。[5]

[1]禮部員外郎：禮部屬官。從六品。

[2]治書侍御史：御史臺屬官。主管奏事，判臺事。正員二人，從六品。

[3]冗（rǒng）食：清人方苞撰《周官集注》，冗食者，“以其人自有廩禄，因給事内、外朝，不暇自爲食而官共之也”。引申爲吃閑飯、食官禄而不幹實事的官吏。

[4]公廉：公正廉潔。　檢吏：檢查吏治。

[5]貶損：指減少費用實行節儉。

詔以東方飢饉，盗賊並起，以御史中丞完顔伯嘉爲宣慰使，[1]監察御史道遠從行。[2]道遠發永城令簿姦贓，伯嘉與令有違，[3]付令有司，釋簿不問，燕語之際又許參佐克忠等臺職，[4]璧皆劾之，伯嘉竟得罪去。

[1]御史中丞完顔伯嘉：御史中丞，爲御史大夫副佐，從三品。完顔伯嘉，女真人。本書卷一〇〇有傳。

[2]道遠：人名。生平不詳。

[3]永城令簿：指永城縣令和主簿，永城縣治所在今河南省永城市。　有違：有嫌隙。

[4]燕語：酒席間的話。“燕”與“宴”字通。　參佐克忠：參佐，副佐、助手。克忠，人名。生平不詳。

初，諜者告歸德行樞密院言，[1]河朔叛軍有竊謀南渡者，行院事胡土門、都水監使毛花輦易其人，[2]不爲備。一日，紅衲數百聯筏南渡，[3]殘下邑而去。[4]命璧鞫之。璧以二將托疾營私，聞寇弛備，且來不戰、去不追，在法皆當斬。或以爲言：“二將皆寵臣，而都水者貲累巨萬，[5]若求援禁近，[6]必從輕典，君徒結怨權貴，果何益耶?”璧嘆曰：“睢陽行闕東藩，[7]重兵所宿，門廷之寇且不能禦，有大於此者復何望乎。”即具所擬聞。

[1]歸德行樞密院：軍政官署名。行樞密院是樞密院的代行機構。歸德行樞密院治所在今河南省商丘市。

[2]胡土門：女真人。即陀滿胡土門，時爲權簽樞密院事、知歸德府。本書卷一二三有傳。　都水監使：掌川澤、津梁、舟楫、河渠之事。原爲正四品，宣宗興定五年（1221），又兼管沿河漕運之事，降爲從五品。　毛花輦：生平不詳。

[3]紅衲：农民起义军一支，紅襖軍餘部。　南渡：指渡淮降宋。

[4]下邑：縣名。治所在今河南省夏邑縣。

[5]貲：與“資”字通，意爲財産。

[6]禁近：指皇帝身邊的近臣。

[7]睢陽：泛指當時的睢岔河以北之地，即開封京畿地區。東藩：京師以東藩屏。

四年，遷刑部郎中。[1]關中旱，詔璧與吏部侍郎畏忻審理冤獄。[2]時河中帥阿虎帶及僚屬十數人皆以棄城罪當死，[3]繫同州獄待報。[4]同州官僚承望風旨，問璧何以處之，璧曰："河中今日重地，朝議擬爲駐蹕之所，[5]若失此則河南、陝西有脣亡之憂。以彼宗室勳貴故使鎮之，平居無事竭民膏血爲浚築計，一旦有警乃遽焚蕩而去，此而不誅，三尺法無用矣。"竟以無冤上之。

[1]刑部郎中：刑部屬官。從五品。

[2]吏部侍郎畏忻：吏部侍郎，爲吏部尚書副佐，正四品。畏忻，女真人。即赤盞尉忻，同名異譯。本書卷一一五有傳。

[3]河中：府名。治所在今山西省永濟市西南。　阿虎帶：女真人。即完顏阿虎帶，本書卷一一一《完顏訛可傳》作"阿禄帶"。宣宗南遷後以完顏阿虎帶爲元帥都監，行帥府事於河中府，後棄河中南逃，被繫同州獄。

[4]同州：州名。治所在今陝西省大荔縣。

[5]駐蹕之地：皇帝鑾駕駐扎之地。金朝初議遷都時，有人建議遷都河中府。見本書卷一一一《完顏訛可傳》。

冬十月，出爲歸德治中。[1]未幾，改同知保静軍節度使，[2]又改同知集慶軍節度使，[3]到官即上章乞骸骨，[4]進一官致仕。正大九年，[5]河南破，北歸，又數年卒，[6]年七十有九。

[1]歸德治中：即歸德府治中。按，本書《百官志》所記金府級屬官中並無治中之名。漢代有治中，唐改稱司馬，金代稱少尹。少尹爲正五品。

[2]同知保静軍節度使：即保静軍同知節度使，爲保静軍節度使副佐，正五品。保静軍節度使治所在今安徽省宿州市。

[3]集慶軍：軍州名。治所在今安徽省亳州市。

[4]乞骸骨：請求皇帝批准辭官退休的一種卑恭的説法。

[5]正大：金哀宗年號（1224—1232）。

[6]又數年卒：據《遺山文集》卷一九《内翰馮公神道碑銘》，馮璧卒於金亡之後的庚子年七月十四日，即元太宗十二年（1240）農曆七月十四日。

李獻甫字欽用，[1]獻能從弟也。[2]博通書傳，尤精《左氏》及地理學。爲人有幹局，心所到則絶人遠甚，故時人稱其精神滿腹。興定五年登進士第，歷咸陽簿，[3]辟行臺令史。[4]

[1]李獻甫：按，《歸潛志》卷二載，李獻甫爲河中府（治所在今山西省永濟市西）人。

[2]獻能：即李獻能。本書卷一二六有傳。

[3]咸陽簿：即咸陽縣的主簿，主管簿籍、糧税及文書之事。正九品。咸陽縣治所在今陝西省咸陽市東北。

[4]行臺令史：即行尚書省令史。

正大初，夏使來請和，朝廷以翰林待制馮延登往議，[1]時獻甫爲書表官，[2]從行。夏使有口辯，延登不能折，往復數日不定，至以歲幣爲言，[3]獻甫不能平，從旁進曰："夏國與我和好百年，今雖易君臣之名爲兄弟之國，[4]使兄輸幣寧有據耶。"使者曰："兄弟且不論。宋歲輸吾國幣二十五萬疋，[5]典故具在，君獨不知耶。金朝必欲修舊好，非此例不可。"獻甫作色曰："使者尚忍言耶。宋以歲幣餌君家而賜之姓，[6]岸然以君父自居，夏國君臣無一悟者，誠謂使者當以爲諱，[7]乃今公言之。使者果能主此議，以從賜姓之例，弊邑雖歲捐五十萬，[8]獻甫請以身任之。"夏使語塞，和議乃定。後朝廷録其功，授慶陽總帥府經歷官。[9]

[1]翰林待制：翰林院屬官。主管詞命文字，分判院事。不限員，正五品。　馮延登，吉州吉鄉縣人。章宗承安二年（1197）進士，哀宗正大七年（1230），爲國子祭酒，假翰林學士承旨，出使蒙古被成吉思汗扣留，不屈。二年後放還，官至權禮部尚書。汴京被圍，延登在逃難途中被俘，遂投城邊井中自殺殉國。本書卷一二四有傳。

[2]書表官：金代有典客署表、館伴所書表、隨府書表等，是一種低級吏員。

[3]歲幣：當時夏使提出條件，要求金朝每年送給西夏一定數量的白銀、絹等，叫"歲幣"。

[4]易君臣之名爲兄弟之國：按，金太宗天會二年（1124），西夏以事遼之禮奉表向金稱臣。至金宣宗貞祐初年，夏金交惡，鏖戰十年，至金哀宗正大元年，雙方達成和議，互稱兄弟之國。

[5]宋歲輸吾國幣二十五萬疋：西夏景宗李元昊 1038 年建國後，與北宋鏖兵多年，宋軍事失利。宋仁宗慶曆四年（1044），與西夏簽署和議，李元昊名義上接受宋的册封，宋每年送給西夏白

銀、絹、茶葉共計二十五萬有奇。

［6］賜之姓：宋夏議和條件中還有，賜李元昊“國姓”，即宋皇帝的“趙”姓，所以李元昊歷史上亦稱“趙元昊”。

［7］當以爲諱：應避諱不談此事。

［8］弊邑：外交謙詞。稱自己的國家爲“弊邑”，或稱“弊國”。

［9］慶陽總帥府經歷官：帥府屬官。正七品。慶陽爲府名，治所在今甘肅省慶陽市。

尋辟長安令。[1]京兆行臺所在，[2]供億甚繁，獻甫處之常若有餘，縣民賴之以安。入爲尚書省令史。天興元年，充行六部員外郎，[3]守備之策時相倚任之。以功遷鎮南軍節度副使，[4]兼右警巡使，[5]死於蔡州之難，[6]年四十。所著文章號《天倪集》，留汴京。獻甫死，其家亦破，同年華陰王元禮購得之，[7]傳于世。

［1］長安令：即長安縣令。正七品。長安縣爲京兆府依郭縣，治所在今陝西省西安市。

［2］京兆：路、府名。即京兆府路，治所在今陝西省西安市。

［3］行六部員外郎：即行尚書省六部員外郎。尚書省六部員外郎爲從六品，金“行臺官品皆下中臺一等”，所以行六部員外郎應爲正七品。

［4］鎮南軍節度副使：節度州屬官。從五品。鎮南軍節度使治所在蔡州，即今河南省汝南縣。

［5］右警巡使：金諸京設警巡院，長官爲警巡院使，簡稱警巡使，主管平理獄訟，警察本部，總判院事。正六品。於京師則設左、右兩警巡院，各置警巡使，因稱左、右警巡使。

［6］蔡州之難：指1234年蔡州城破、金亡的國難。

［7］同年華陰王元禮：同年，科舉時代，稱同榜及第的進士爲

"同年"。華陰，縣名。治所在今陝西省華陰市。王元禮，人名。生平不詳。

雷淵字希顏，一字季默，應州渾源人。[1]父思，[2]名進士，仕至同知北京轉運使，[3]注《易》行於世。[4]淵庶出，年最幼，諸兄不齒，[5]父歿不能安於家，乃發憤入太學，衣弊履穿，坐榻無席，自以跣露恒兀坐讀書，[6]不迎送賓客，人皆以爲倨。[7]其友商衡每爲辯之，[8]且賙卹焉。[9]後從李之純游，[10]遂知名。登至寧元年詞賦進士甲科，[11]調涇州録事，[12]坐高庭玉獄幾死。[13]

[1]應州渾源：應州，治所在今山西省應縣。渾源，縣名。應州屬縣，治所在今山西省渾源縣。

[2]父思：《歸潛志》卷一載，雷淵的父親雷思，字西仲。

[3]同知北京轉運使：即北京路轉運同知，爲北京路轉運使副佐。從四品。北京路治所在今内蒙古自治區寧城縣大明鄉古城址。

[4]《易》：書名。即《周易》，亦稱《易經》。

[5]諸兄不齒：哥哥們不把他當作同輩看待。

[6]兀坐：獨自端坐。

[7]倨：高傲不謙恭。

[8]商衡：曹州人，至寧元年（1213）特恩賜第一名進士。哀宗時爲陝西行省左右司員外郎，秦藍總帥府經歷官。天興元年（1232），陝西行省徒單兀典兵敗於鐵嶺，商衡被俘，自刎殉國。本書卷一二四有傳。

[9]賙（zhōu）卹（xù）：周濟，資助。

[10]李之純：即李純甫，弘州襄陰縣人。出身文學世家，章宗

承安二年（1197）經義進士。曾兩入翰林，是金末著名的文學家。本書卷一二六有傳。

[11]登至寧元年詞賦進士甲科：《遺山文集》卷二一《希顏墓銘》載，雷淵崇慶二年（1213，即至寧元年）中黄裳榜進士乙科。與此稍異。

[12]涇州録事：即涇州知法官，爲涇州屬官。從九品。涇州治所在今甘肅省涇川縣。

[13]高庭玉獄：《歸潛志》卷四載，高庭玉，遼東人（《中州集》作“恩州人”），少第進士，官至尚書省右司郎中。貞祐初，出任河南府（治今河南省洛陽市）治中，與主帥温蒂罕福興不合，福興誣告庭玉謀反，構冤獄，雷淵亦受其株連，被逮入獄。高庭玉死獄中，雷後遇赦獲釋。

後改東平，[1]河朔重兵所在，驕將悍卒倚外敵爲重，自行臺以下皆摩撫之，淵出入軍中偃然不爲屈。不數月，閭巷間多畫淵像，雖大將不敢以新進書生遇之。尋遷東阿令，轉徐州觀察判官。[2]

[1]東平：府名。治所在今山東省東平縣。

[2]徐州觀察判官：徐州屬官。主管紀綱，觀察衆務，分判吏、户、禮案事，通檢推排簿籍。正七品。徐州治所在今江蘇省徐州市。

興定末，召爲英王府文學兼記室參軍，[1]轉應奉翰林文字。拜監察御史，言五事稱旨，又彈劾不避權貴，出巡郡邑所至有威譽，奸豪不法者立箠殺之。至蔡州，杖殺五百人，時號曰“雷半千”，坐此爲人所訟，罷去。

久之，用宰相侯摯薦，[2]起爲太學博士、南京轉運司户籍判官，[3]遷翰林修撰。一夕暴卒，年四十八。[4]

[1]英王府文學：英王府屬官。主管贊導禮儀，資廣學問。正員二人，從七品。英王，封爵名。次國封號，明昌格第二十八位。宣宗第二子守純，興定末封爲英王，《中州集》作荆王，誤。守純，本書卷九三有傳。　記室參軍：親王府屬官。主管王府表箋書信之事。世宗大定八年（1168）始置，不專除，以本府文學兼之，正八品。

[2]侯摯：東阿縣人。章宗明昌二年（1191）進士，哀宗時官至平章政事。本書卷一〇八有傳。

[3]南京轉運司户籍判官：南京轉運司屬官。專管拘收徵剋之事。正員二人，從六品。南京轉運司治所在今河南省開封市。

[4]年四十八：按，《遺山文集》卷二一《希顔墓銘》載，雷淵死時爲四十六，與本傳異。

正大庚寅倒迴谷之役，[1]淵嘗上書破朝臣孤注之論，引援深切，灼然易見，主兵者沮之，策竟不行。

[1]正大庚寅倒迴谷之役：按，正大庚寅爲正大七年（1230），據《遺山文集》卷二七《贈鎮南軍節度使良佐碑》、本書卷一二三《完顔陳和尚傳》，倒迴谷之役發生在正大八年（1231）。所以“庚寅”應爲“辛卯”。倒迴谷，《完顔陳和尚傳》作“倒回谷”。唐貞元中，刺史李西華以七盤山險峻，開新道七百里，回山取途，因名倒回。倒回谷口，在今陜西省藍田縣東南。

爲人軀幹雄偉，髯張口哆，[1]顔渥丹，[2]眼如望洋，遇不平則疾惡之氣見於顔間，或嚼齒大罵不休，雖痛自懲創，然亦不能變也。爲文章詩喜新奇。善結交，凡當塗貴要與布衣名士無不往來。[3]居京師，賓客踵門未嘗去舍，家無餘貲，及待賓客甚豐腆。莅官喜立名，[4]初登第攝遂平縣事，[5]年少氣鋭，擊豪右，發姦伏，一邑大震，稱爲神明。嘗擅笞州魁吏，州檄召之不應，罷去。後凡居一職輒震耀，亦坐此不達。

[1]哆（chǐ）：張口貌。

[2]顔渥丹：臉上像塗了一層厚厚的硃砂，即紅臉膛。

[3]布衣名士：指没有取得科舉功名、没有官爵的知名之士。

[4]莅（lì）官：到職任官。

[5]遂平縣：縣名。治所在今河南省遂平縣。

程震字威卿，東勝人。[1]與其兄鼎俱擢第。[2]震入仕有能聲。興定初，詔百官舉縣令，震得陳留，[3]治爲河南第一，召拜監察御史，彈劾無所撓。時皇子荆王爲宰相，[4]家僮輩席勢侵民，[5]震以法劾之，奏曰："荆王以陛下之子，任天下之重。不能上贊君父，同濟艱難。顧乃專恃權勢，蔑棄典禮，開納貨賂，進退官吏。[6]縱令奴隸侵漁細民，名爲和市，[7]其實脅取。諸所不法不可枚舉。陛下不能正家，而欲正天下，難矣。"於是，上責荆王，出内府銀以償物直，[8]杖大奴尤不法者數人。未幾，坐爲故吏所訟，罷官。[9]歲餘，嘔血卒。[10]

震爲人剛直有材幹，忘身徇國，不少私與。及爲御史，臺綱大振，以故小人側目者衆，不能久留於朝，士論惜之。

［1］程震字威卿，東勝人：《遺山文集》卷二一《御史程君墓表》，程氏先世居洛陽，“元魏遷兩河豪右實雲中三州，遂爲東勝人”。東勝爲州名，治所在今內蒙古自治區托克托縣。

［2］與兄鼎俱擢第：據上引墓表，程鼎爲程震長兄（見《歸潛志》卷五），以六赴廷試賜第。程震排行第三，章宗明昌二年（1191）經童科出身，後中王剛榜詞賦進士乙科。檢金代科舉史料，知王剛爲衛紹王大安元年（1209）詞賦進士第一名，程震爲該年詞賦進士。

［3］陳留：縣名。治所在今河南省開封市東南的古陳留城。

［4］荊王：封爵名。次國封號，明昌格第二十六位。此皇子荊王指宣宗第二子完顏守純。按本書卷九三《完顏守純傳》，守純於宣宗興定元年（1217）三月封英王，哀宗正大元年（1224）正月進封荊王，則守純興定初實爲英王。本傳的三處荊王均應爲“英王”。

［5］席勢：依仗勢力。

［6］進退官吏：意爲貪贓蔑法，把持官員升降大權。

［7］和市：買賣交易。

［8］直：與“值”字通。

［9］坐爲故吏所訟，罷官：《遺山文集》卷二一二《御史程君墓表》，程震既劾荊王（英王），“荊王積不平，密遣諸奴誘姦民徐璋造飛語訟君於臺”。後竟以此罷官，與本傳所記稍異。

［10］歲餘，嘔血死：據上引墓表記，程震卒於正大元年（1224）三月二十一日，終年四十四歲。

贊曰：韓玉、馮璧、李獻甫、雷淵皆金季豪傑之士也。邠、涇之變，玉募兵旬日而得萬人。牙吾塔之兇暴，璧以王度繩之，卒不敢動。夏人援宋例以邀歲幣，獻甫以宋賜夏姓一事折之，夏使語塞而和議定。淵爲御史，權貴斂避，古之國士何加焉。玉以疑見冤，璧、淵疾惡太甚，議者以酷譏之，瑕豈可以掩瑜哉。程震劾荆抵罪，[1]比蹤馮、雷，然亦以群小齟齬而死，直士之不容於世也久矣。吁。

[1]程震劾荆抵罪：荆，指荆王守純。